U0874885

广播电视播音主持艺术系列丛书

节目主持人通论

（修订版）

俞　虹　著

中国广播电视出版社

图书在版编目（CIP）数据

节目主持人通论/俞虹著．—修订版．—北京：中国广播电视出版社，2004.1（2013.7 重印）
（广播电视播音主持艺术系列丛书）
ISBN 978-7-5043-4207-2

Ⅰ．节…　Ⅱ．俞…　Ⅲ．①电视节目-主持人-理论研究②广播节目-主持人-理论研究　Ⅳ．G222.2

中国版本图书馆CIP数据核字（2003）第113882号

节目主持人通论（修订版）

作　　者：	俞　虹
责任编辑：	李亚明
责任校对：	张　哲
监　　印：	陈晓华
出版发行：	中国广播电视出版社
电　　话：	86093580　86093583
社　　址：	北京市西城区真武庙二条9号（邮政编码　100045）
经　　销：	全国各地新华书店
印　　刷：	廊坊报业印务有限公司
开　　本：	850毫米×1168毫米　1/32
字　　数：	250（千）字
印　　张：	12
彩　　页：	19面
版　　次：	2004年1月第1版　2013年7月第3次印刷
印　　数：	10001-13000册
书　　号：	ISBN 978-7-5043-4207-2
定　　价：	27.00元

（版权所有　翻印必究·印装有误　负责调换）

作 者 简 介

俞虹，浙江大学新闻与传播学系教授、硕士生导师，广播电视艺术研究所副所长。中国广播电视学会节目主持人委员会学术部主任。中国电视艺术家协会高校电视艺术委员会理事。多次担任中国播音主持作品政府奖、全国节目主持人金话筒奖评委，中国电视金鹰奖（首届节目主持人类）评委（2003 年）。

目录

第四章 节目主持人的基本素质

第五章 节目主持人的个性魅力

第六章 主持人的节目构思

第七章 主持人的采访艺术

第十二章　主持人的发展与未来的思考

一本好书一位新人

（第一版序）

白谦诚

我怀着七分喜悦、三分激动的心情，向广大读者，特别是全国广播电视节目主持人推荐一本好书，这就是您已开始翻阅的《节目主持人通论》。

我以同样的心情，向我国广播电视理论界，特别是广播电视节目主持学研究者引荐一位新人，这就是本书的作者——杭州大学新闻与传播学院的教师俞虹同志。

一

我与俞虹结识不过一年多。记得先是收到她的一封信，说是她正在教主持人课，需要这方面的书籍和资料，并询问她可否以个人身份加入主持人节目研究委员会。我给她回了封信，并寄去了入会的表格。很快，俞虹便寄回了填好的表格，同时还拉上了她的两位同事一起入了会。

1995 年夏季，俞虹来京参加国家级普通话水平测试员培训班，特地到办公室来看望我。这时，我才一睹其“庐山真面目”——身材高挑、戴副眼镜、风度优雅、性情温柔，一副典型的中年女教师或学者型电视节目主持人的形象。我们初次见面，聊了不到半个小时，便握手道别了。

10月，我应邀出席浙江省广播电视“十佳”节目主持人的评选会议，俞虹到宾馆来看望我。这次，她带来了本书的目录和部分书稿，说她正在赶写书稿，学校和出版社催得很紧，压力很大。她还希望能请有关的专家作序，我不幸（或者说有幸）被她选中。我明白作序不同于写其他文章，至少要翻阅一遍书稿。尽管我身体不太好，日程又安排得很满，但我觉得这是一本研究主持人理论的书稿，帮作者这个忙是我的份内之事，义不容辞，便毫不犹豫地答应下来了。

12月1日，我从港澳考察回京，行装甫卸，便接到俞虹的电话，说她正在北京广播学院参加一个进修班，已带来了全部书稿，等了我10天了。

这样，从第二天起，我就利用工作之余，埋头通读这部20万字的书稿。也许因为我们是同行——节目主持人理论研究工作者的缘故，我读这本书，感到一种亲切感和知音感。读稿不仅没有成为一种负担，反而变成了一种享受。我相信，节目主持人及其理论、教学工作者在阅读本书时，也会与我有同感。这就是我要把本书推荐给各位的原因之一。

本书作者过去是教文学、美学的，因教学工作的需要，近两年才转入主持人的研究，并开了这门课。本书就是应教学工作的急需而赶写出来的。看来，写文章要逼（例如我这篇序），写书也要逼。俞虹向我讲述过她躲进娘家，杜门谢客，伏案写作的艰辛情景。她的敬业精神令我感动，而她在这样短的从业时间里，就拿出这样一部有相当学术造诣的书稿，则令我惊叹！

二

关于主持人节目和节目主持人的专著（不算论文集），我国已出版几本了。以前的几本，大都写作于80年代末，出版于90年代初。那几本书的作者为我国节目主持人的理论建设做出了开拓性的贡献，功不可没。俞虹同志的这本书，问世于90年代中期，这使她有机会总结近几年的实践经验，汲取新鲜的理论研究成果，加上作者本身的优势——扎实的理论功底、客串广播电视主持的亲身感受、纯熟而优美的文笔……这一切凝结于本书，把它推到了这样一个位置：在现已出版的有关节目主持人的专著中，本书是较好、较有新意的一本。这就是笔者对本书的总体评价。

对本书，我只匆忙地通读了一遍，尚未认真地推敲和仔细地品味。再说，作序不同于写书评，本文既无可能，也无必要对本书进行深入的剖析。因而，我简要地谈谈读后的几点印象吧。

我认为，本书具有以下几个鲜明的特色：

一、完整性。这是对一部专著的起码要求。本书由12章组成，作为一部研究和教授节目主持人基础理论的概论类专著，它是形成了一个比较完整的理论体系的。这一点，读者只要翻阅一下本书的目录即可一目了然，笔者不再多费笔墨。

二、学术性。有的专著，长于堆砌资料，少有理论升华。本书则相反，全书充溢着较强的思辨色彩，闪耀着理性的火花。我分析，这得助于作者的美学功底。从某种意义上说，观众看电视，听众听广播，都是一种审美行为，不管他是自觉的还是不自觉的。对于主持人节目和节目主持人尤其如此。我是一个对美学所知甚少的人，多年来一直企盼着有关专家能从美学的角度来研究广播电视节目，并逐步建立起广播电视节目美学这一分支学科。几年前，笔者参与组织《中国广播电视学》这部专著的编撰时，曾请广播电视理论界的一位专家撰写了一章“节目美”，两易其稿，编委们仍感“读不懂”，最后只好忍痛割爱。拜读了俞虹的这本书，笔者产生一种顿悟：美是贯穿于和渗透在广播电视节目的始终和方方面面的，研究广播电视的任何节目和任何主持人，都离不开美学，但若把“节目美”抽象出来研究，反而难乎其难了。笔者这一蒙胧的直觉是否有道理，有待于美学专家们指正，这已是题外话了。但不管我的直觉成立与否，本书作者借助于美学的理论和知识来研究节目主持人，这条路子看来是对头的，实践也是成功的。当然，除了美学外，本书作者也运用了大众传播学、新闻学、心理学等多种学科的理论和知识。同时，我们也不排除其他学者另辟蹊径，例如，侧重于从教育学或心理学的角度来研究主持人。“条条道路通罗马”，我们最终的目的，都是为了促进节目主持理论的发育与成熟。

三、创新性。一部专著，如果全部或大部是炒别人的冷饭，没有自己的思想观点和独到见解，那是失败之作。当然，如果作为“编著”，它可能仍有出版的价值，但它不能与专著同日而语。本书作为一本专著，既汲取了前人以及当代主持界的研究成果，又有作者的许多独到见解和创新的思想观点。例如，关于节目主持人的定义，十几年来，各种辞典、专著和论文提出了不下几十种，本书作者力排众议，作出了如下的表述：“节目主持人是在广播电视中，以个体行为出现，代表着群体观念，用有声语言、形态来操作和把握节目进程，直接、平等地进行大众传播活动的人。”这个定义也许还有需要完善之处，它能否取得理论界和主持界的认同，还需要时间来检验，但笔者认为，这个定义比较科学，比较完整，比较切合实际，也比较有新意。再如，本书的第六章“主持人的节目构思”、第十一章“节目主持的状态”等，是较少有人涉足的研究课题，本书对此作了较为科学和全面的论述。此外，作者还有很多独到见解，散见于其他章节中，就不一一列举了。

四、可读性。本书观点鲜明，资料丰富，古今中外，旁征博引。本书的文笔清新、活泼而又不失庄重、严谨，这对于一部学术性著作来说也是难能可贵的。

本书也有一些不足。譬如，作为一部概论性的专著来要求，主持人的选材与管理是应该专辟章节来论述的，但本书涉及较少。可能这是因为本书的读者对象是节目主持人和新闻系的大学生，舍弃“管理”这部分也是不无道理的。

评定一本书的价值，最权威的裁判是读者。对于本书来说，则是节目主持人。本书以及笔者的这篇序言能否站得住，最终要由广大节目主持人来裁定。我和作者一样，期待着主持人对本书的评论和反响。

三

这篇序言本来可以到此收笔了，但我还想借此机会多说几句话。

今年我在几个研讨会上的发言中，都谈到了我国节目主持人理论研究的现状和走向。我概括为四句话：热门话题，国际领先，滞后实践，前景美好。

我国各级广播电视机构目前办有五六十家理论、业务刊物，翻开任何一本刊物的任何一期，几乎都能看到关于主持人的研究文章。节目主持人是我国改革开放后出现的新生事物，节目主持学是广播电视学这一新兴学科的新兴分支，因此，它成为广播电视界、新闻教育界乃至广大受众关注的一个热门话题，是极其自然的。近两三年，笔者先后赴节目主持人的发源地美国以及台湾、香港考察过，发现他们都没有把节目主持作为一门学问、一门艺术来研究。

广播公司就不必说了，即使是名牌新闻学院和研究机构的教授、学者们，谈起主持人这个话题，也语焉不详，更遑论理论专著了。对比我国的情况，笔者心中油然升起一股自豪感与欣慰感。

当然，尽管我国关于节目主持的理论研究热气腾腾，令人振奋，但我们也要清醒地看到，节目主持这一新兴学科仍处于起步阶段，特别是与飞速前进的实践相比，仍处于相对滞后的状态。许多基础理论问题尚未搞清楚，实践中涌现出的大量新鲜经验和疑难课题又在等待着我们去总结和回答。除了新闻院校屈指可数的几位讲授主持人节目课程的教师外，我们没有专职的研究人员。实际工作的急需、研究课题的繁巨与理论队伍的势单力薄，形成了强烈的反差。解决这个矛盾，没有什么捷径可走，只能靠我们不断壮大理论队伍，以坚韧不拔的顽强毅力，披荆斩棘，开拓前进。我们需要发现和扶植中青年学者，组建跨世纪的理论队伍；我们需要向各相关学科的专家、学者们求援，吸引他们关注并参与节目主持人的理论建设；我们需要提倡和鼓励节目主持人撰文著书，总结自己的实践经验，提高自己的理论修养……。总之，我们要用自己的双手，逐步构筑起具有中国特色的广播电视节目主持学的理论大厦。笔者相信，依靠集体智慧，经过艰苦努力，这一宏图定会变为现实。

最后，笔者衷心地祝愿本书作者再接再厉，为节目主持人多写几本好书；笔者期待着有更多像俞虹这样的中青年学者脱颖而出，加入节目主持理论研究的行列，使我们这支队伍更加雄壮，更加年轻，更加充满生机和活力！

1995 年 12 月 19 日于北京

（本文作者为中国广播电视学会副秘书长兼学术部主任、主持人节目研究委员会理事长、高级编辑、北京广播学院新闻系兼职教授。）

修订版序言

这本书自1996年出版至今已有7年，连续印刷7次了。7年中，中国的节目主持人事业有了极大的发展，主持人不仅确立了独立的职业形式，而且建立了一定的学术地位，相关的理论研究涉及面广，视野开阔，成果累累。因此，对本书进行修订已势在必行。

本次修订是在不改变书名，不大动总体框架的前提下进行的。在这个基本指导思想下，修订本以老瓶装老酒为基础，即不动章节和基本内容为主；做了一些老瓶装新酒的工作，即在原有章节和观点下增加了新的内容；而新瓶装新酒偶尔穿插其中，即个别增加了新的节、和完全新的内容，成为修订版的亮点所在。

具体修订的主要内容:

一、更换了一些比较陈旧的案例和内容，努力使之更有说服力，有鲜活感。但是，有些虽然时间较早，可主持人与事例都非常精彩，属于经典案例，经得住时间考验的，当然要保留。比如，沈力、赵忠祥老师的，一个都没有动。

二、增加了一些新内容，新观点，比如：中外著名主持人简介；中国节目主持人的发展；节目主持状态概述；生存环境与未来发展分析等等。附件一“节目主持人谈主持”，沿用了原标题，但内容进行了大换血。我的研究生们查阅了大量专业书籍和相关网站，搜集整理了几倍于现在的资料，最后再从中进行了筛选。这些新内容、新观点为修订版增加了新的价值与可读性。

三、对许多章节中的语言、观点做了细节方面的微调，使之表达得更准确、或具有了时代感。比如，第四章的第一、二、三节的标题表述，第五章的三级标题，都经过反复斟酌，做了改动，比起从前的表述显然更到位或更精练了。这种修改散落于各个章节之中。

与一版书最明显的不同，就是增加了“中外著名电视主持人简介”。在《节目主持人通论》中有了“简介”，是对书中的史、论部分涉及到的主要主持人的补充介绍，增加了相关信息量，满足了读者深入了解的欲望。同时“简介”具有以下几个特点：其一，介绍角度新颖。本书选择的介绍角度是：出生地、父母职业、教育背景、职业生涯、主持生涯、特征描述、其他等七个类别。以此来收集、归纳资料，这在国内现有的资料中几乎还没有这样归结的。这种非明星化的选择角度本身就是一种理念的体现。这些资料对于了解、认识、研究主持人都具有积极的参考意义。其二，特别注意查找并保留了国外节目主持人的英文原名，为读者在网上获取更多资料提供方便。因为，我们深受没有英文原名查找不便之苦。其三，注意一手资料的获得。绝大多数国外主持人的资料，都直接来自其所属公司的英文网站，经过筛选、翻译后获得的。国内主持人虽然相对好找一些，但是要想满足我们的选择要求，也不容易。其中有的是通过电话、电邮直接核实和获得的。其四，所选的每一个主持人都配有彩色照片。使大家对耳熟能详的西方主持人有了直观的感性认识，从而弥补了以往资料的不足。这些照片都是经过精心选择的，有的直接由主持人自己提供。当然，很希望印刷以后依然很精美。

虽然“简介”是新版本的一个要点，但是另一方面它也是留下遗憾和可能出现问题的地方。由于资料和时间限制，只做了电视主持人，而没能做广播主持人，这不能不说是一个遗憾；同样由于上述的原因，再加之与有的主持人联系不上，致使个别主持人有空白项目或不够清晰之处，只有恳请谅解，相信下一个版本会更好。

俞　虹

2003/12/1

第一章 节目主持人概述

节目主持人，对于我们每一个当代人来说都不是陌生的字眼。随着现代化传播媒介广播电视的发展，主持人节目与节目主持人，已经广泛深入地走进当今社会的各个领域，与每个家庭和各个层面的受众相联系，成为人们日常生活重要的组成部分。

在我国，节目主持人经历了20年的探求，已经逐渐走出初创时期的稚嫩、浮躁和某些判断的误区，形成了一支由数万人组成的庞大而充满活力的队伍。他们勤奋而努力的工作，不仅为广大民众提供了丰富的精神食粮，也书写着中国节目主持人发展的非常历史。同样，伴随着主持人的成长，对于节目主持人的研究与管理，也越来越走向深入和有序。无疑，20年的发展历程已经坚实地确立了主持人节目与节目主持人独立的职业形式和重要的学术地位。

然而进入新世纪，面对高科技的飞速发展，多元文化的发展和日益加快的现代化步伐，尤其主持人在广播电视传播中越来越显现重要的地位，无论是传播者还是接收者，对主持人的职业化水准要求都更高，对其个性魅力的期待也更强。节目主持人在未来的传播领域中还有待进一步提高水准，大力发展，这是广大受众的呼唤，更是现代传播事业发展所提出的必然要求。因而，主持人的选拔、培养、管理需要在新理念的支撑下完成；主持人的自省、自强、自律必须在良好素质的基础上成为一种完全的自觉。这些都迫切地需要在这一领域中建立系统而完善的理论。对于任何事物来说，单纯靠实践经验的积累，其进展总是缓慢的、缺少方向感的；只有通过对理论的探索、总结、演绎、建构，才会对事物的发展产生根本的影响，形成质的变化，快速提高。

“节目主持人”是整个广播电视学科中的一个分支。对于“节目主持人”的研究，是广播电视领域中新兴的、重要的、又是涉及面比较广的边缘性学科领域。它已经引起了众多理论工作者的关注和探讨的兴趣，并相继有许多学术成果问世。可以说，节目主持人至今仍是个热门行业，对于它的研究在理论界也还是个热点话题。迄今为止，这一领域的研究依然跟不上实践发展的需要，对节目主持人的一些基本问题的科学化、系统化的认知尚需完善；对节目主持人与相关学科的关系探讨尚需深入、开放的研究；对其未来发展更需要前瞻性的思考。节目主持人涉及的学科门类多，知识范围广，可资借鉴的研究成果与资料有限，这给系统的理论阐述带来一定困难。但是，这一课题是实际应用所急需的，这一领域更是年轻而富有生命力的。正是怀着一种使命感和抱有充分的信心，我们开始了这一理论之路上的跋涉。

在本章中，我们首先探讨节目主持人的概念、特征与职责。

第一节　节目主持人的概念

一、概念的源流

节目主持人这个词最早是由美国哥伦比亚广播公司编导唐·休伊特于1952年提出的，他是用英文Anchor来表述的。Anchor的本义是："锚；危险时可以依靠的人。"即表示在关键时刻具有强劲支撑力的物或人。由此产生的引申义是：接力赛跑中跑最后一棒的运动员，也就是跑得最快、最具有冲刺力的人。唐·休伊特是在1952年美国总统大选的报道中使用了Anchor一词的，主要针对当时电视新闻对重要事件的报道通常表现出的板滞而零散的状况提出的，其目的是突出强调组织、串联总统竞选活动报道的人应该具有Anchor那样的素质与能力，能够承上启下衔接各方，有能力把各种渠道来源的新闻稿件，组织串联为一个有机的整体，从而获得良好的新闻效应。当时唐·休伊特选中的Anchor正是日后在节目主持人史上立下不朽丰碑的老牌记者沃尔特·克朗凯特。由此可见，节目主持人一词从提出，到付诸实施都明确表明了它的基本内涵，即电子媒介节目传播中的最关键的人物。

节目主持人源于西方，在英国用Presenter表示，意为展示者。在美国，对它的英文表述我们还能看到Moderator和Host。前者原意为缓和、调节的人，仲裁人或协调人，最初是对在游戏、竞赛节目中出现的主持人的称谓，以后随着一些轻松的讨论节目和辩论节目的出现，Moderator也随之应用到这类节目中。这些主持人在节目中主要起调节、客串和仲裁作用。后者 Host 原意是主人，多用来指谓在综艺表演节目和明星访谈节目中的主持人。他们以主人的身份出现在节目中，调控着节目的节奏、气氛和演进。①

这里应该指出的是，主持人节目的出现与节目主持人称谓的提出不是同步的。就像“美学”作为一门独立的学科是以 1750 年德国学者鲍姆嘉通的《Aesthetik》问世为标志的，但人类的审美意识和对美的研究却渊远流长，由来已久一样，主持人在电子媒介中出现是本世纪 20 年代后期，可主持人这一称谓及概念的提出却是 50 年代了。因此当我们在埃默里父子的《美国新闻史》中，看到他们对爱德华·默罗、沃尔特·克朗凯特等著名节目主持人的称谓都是电视评论员、新闻分析员时，也不必惊奇。我们不能以是否冠之主持人而作定论，而应以这些大师所从事的实际工作、职业特征来评定其本质。另一方面，如果将评论员与主持人截然割裂开来，将主持人定位于一定要主宰一个部门，是个“头儿”、制片人之类，都是不现实、不科学的。我们不能以称谓限制现实。我国主持人有自身的发展轨迹，从最初的播音员到主持人的出现，从单一主持人到制片人兼主持人，主编兼主持人。2003 年 5 月中央电视台新闻频道开播后，白岩松曾以中国第一个电视新闻评论员的身份出现在《央视论坛》中。虽然，在这个节目中白岩松事实上承担着嘉宾评论员的角色，这与真正意义上的以媒介、栏目言论旗帜出现的、独当一面的评论员尚有距离，但是在我国的电视新闻传播史上无疑具有深刻的意义，昭示着开放、发展

① 《中国应用电视学》第 669 页，北京师范大学出版社 1993 年 6 月版。

与进步。

因此，尽管我们至今没有一手资料可以明了西方理论家对节目主持人界定的确切定义，从而佐证他们的称谓依据，但是从 Moderator、Host、Anchor 词汇的选择使用表述中，我们还是可以清晰地看到主持人发源地的人们对其内涵的释义，其中明确表明了节目主持人在节目传播中所具备的基本要素：节目的协调者、主导者，总之是节目中的关键人物。

二、概念的纷争

节目主持人在我国出现已有 20 余年历史了，但是至今没有一个得到人们共识的确切的定义。这一方面显示了节目主持人职业自身的复杂性、多面性，另一方面也显露了我国广播电视理论研究的薄弱性。面对高科技导引下飞速发展的广播电视事业，和充满生机、蓬勃日上的主持人节目状况，理论总显得有些滞后。对于主持人节目与节目主持人的探讨，明显处于零散、纷繁的状态。节目主持人的概念究竟应该怎么定义，说法众多。

概念的纷繁，不仅使理论本身陷入困惑，更使操作者无所适从。人们谈论着一个个著名的节目主持人，如同在叨念着熟稔多年的老朋友，可一旦落笔下个定义却何其难也。于是像盲人摸象一般，难概其全貌、展其本质。这又使我们想到了美学的研究。大千世界，美无所不在。但是，到处存在的事物，并不就是清澈见底，一目了然的东西。美的本质究竟是什么？从柏拉图到黑格尔乃至当今的美学家们，数千年辛勤的探索，至今仍是一个难解的理论之谜。

正如马克思在揭示商品的本质时所说：“最初一看，商品好像是一种很简单很平凡的东西。对商品的分析表明，它却是一种很古怪的东西，充满形而上学的微妙和神学的怪诞。”①尽管节目主持人不存在神秘的微妙与怪诞，但是由于它外在形式的多样性与内在属性的复杂性，而影响人们对其本质的一般性与共同性的清晰认知；由于受众群体的广泛性与审美客体的差异性，而影响人们对其本质的普遍性与客观性的正确把握。在概念的阐述中，仁者见仁，智者见智。

虽然一些观点从不同角度和层面，也揭示或触及了节目主持人的基本属性，然而尚不能满足人们对其整体与深层次的把握，不能适应信息社会中主持人自身发展变化的新态势。固然，主持人自身尚处于一个发展的状态，远远没有达到完善的地步，因此我们也没有理由在学术理论上求其全而不疏。每一个对其进行理论探究的专家学者，都可以对之提出一己之见。任何学科理论的建设，不正是在众人垒砖中建构起来的吗？

三、概念的界定

广播电视节目的制作是一个多程序的过程。从策划、构思、采访到摄录、编辑、演播等等，每个节目主持人对于这一流程可能参与的成分、程度有所不同，但有一个共同点，这就是他必定是一个最后出场演播的人。这从表层意义上可以说是一切节目主持人共具的职责。受众也正是从这个基本点上对节目主持人有了最初的最直观的接触、了解和认识。

进一步从外在形式上看，大凡节目主持人都一定要开口说话，运用有声语言是他们共同的基本工作方式。当然电视节目

① 《资本论》,《马克思恩格斯全集》第23卷，第87页。

主持人同时还要亮出自己的形象，并辅以无声语言。讲到这里，人们也许会问，这与播音员、影视演员有何差异？对于他们之间的差异，我们将在后面的章节里进行论述，此处暂不赘言。然而这确实说明了，对于一个概念的界定仅仅只表明他们的外在共性尚不足以成论。只有也必须挖掘其本质特征，才具有一定的理论价值。因此，对于节目主持人概念的界定，本人的观点是：

> 节目主持人是在电子媒体中，以个体行为出现，代表着媒介群体观念，用有声语言、形态能动地操作和把握着节目进程，直接、平等地进行大众传播活动的人。

将节目主持人界定“在电子媒体中”，显然与“节目主持”一词宽泛的涵盖面有关。翻开《辞海》和《现代汉语词典》中，对“主持”的解释是：“负责掌握和处理，”而没有“主持人”的条目。“主持人”一词，是伴随着改革开放后广播电视节目主持人的出现、发展和兴盛而被人们所认识、熟悉和了解的。在现代汉语中，“主持人”存在着广义和狭义的区别。广义的“主持人”，是泛指在各种活动、项目中负责掌管和处理具体事宜的人。如寺庙主持、婚礼主持、报刊的版面或专栏主持等。狭义的“主持人”，即被当今人们约定俗成的，专指广播电视节目主持人。由于现在网络传播中也有主持人，从发展的角度考虑，我们将视野确立在电子传媒中。

节目主持人具体表现为：

其一，“以个体行为出现，代表着群体观念”。任何一个节目主持人无论是广播还是电视，无论是国外的还是国内的，无不是以个人的身份，个人的言谈举止，出现在受众面前的。他们每个人都有各自的语言风格、形象气质。受众耳闻目睹感受到的都是这一个具体的人。赵忠祥也罢，沃尔特·克朗凯特也罢。但是他们又都不是一个独立的形象，而是群体观念、群体行为的发言人、执行者。然而主持人又不是被动的、僵执的，而是主动的、灵活的，渗透着个性色彩，由此表达着群体观念的行为，这种群体观念主要体现在：

第一，在我国，新闻媒体是党和人民的喉舌，而节目主持人则是媒体的代言人；是一个电台、电视台的台标，一个频道、栏目的标识；也是媒体联系受众的桥梁。所以，他的一言一行受到群体的制约、社会的制约，是不以个人意志为转移，可以随心所欲、尽情发挥的，他代表着媒体的形象，肩负着沟通上下的重任。

第二，每一个主持人都至少与一个相对稳定的栏目联系在一起的。而每一个广播电视栏目就是一个相对独立的制作群体，一般少则几个人，多则数十人，即使是“节目主持人中心制”的形式，主持人依然很难独立完成全部节目制作过程，尤其电视节目。因此主持人的个体行为无不闪耀着制作群体的智慧，渗透着合作者共同劳动的辛勤汗水。由此可见主持人正确地处理好个人与群体的关系是至关重要的。

其二，“用有声语言、形态能动地操作和把握节目进程”。主持人是节目演播进行中的主人，对节目的演进起着主导的调控作用，是节目的主旨、内容、效果的最终体现者和实现者。不一定每个主持人都是采、编、播合一，参与节目制作的全过程。但是他应该了解、熟悉节目的各个环节，对节目的主旨能心领神会，对文稿要熟若已出，对节目的演播进程及各个环节的转换、衔接必须了如指掌，这样才能在现场演播中充分发挥主观能动性，真正担当起主人的角色，将节目表现得淋漓尽致。主持人至少是节目最后也是最关键一环的驾驭者，起着举足轻重的主导作用。

其三，是在广播电视中，“直接、平等地进行大众传播活动的人”。广播电视事业是一个宏伟壮观的事业。从事广播电视职业的人成千上万，但是他们更多的是默默无闻的幕后英雄，只有主持人是以传播者的身份对接收者进行面对面的传播活动。相对于荧屏后的媒介工作者，这种沟通是直接的、平等的，而不是间接的、有距离感的。这也正是主持人不同于其他传播者的独特优势所在，使人觉得可亲、可信，是智者，又是一个朋友。

应该指出的是，无论在过去还是在目前广播电视节目中，由于对主持人概念的不明确，在有关节目或著作文章中，有的将事实上的主持人称为评论员、分析员或者记者；而有的又将事实上的播音员、记者称为主持人。在后面文章中涉及到的主持人，我们皆以这里论述的概念来确认其是否是主持人，并引以为事例，而不为其实际称谓所左右。

第二节 节目主持人的基本特征

任何事物、任何职业，都有其与众不同的特点。节目主持人也是如此，诸多因素的综合，形成了他有别于其他新闻工作者的特点。主持人的基本特征是其概念的延伸、扩展，是其本质的更为丰富、详尽的体现。主要有以下几个方面：

一、社会性

主持人的社会性首先表现在他作为社会人的多重属性和对社会文化生态环境的依存。在主持人的概念中，我们强调了在一串定语界定之后的“人”。是的，主持人首先是人，是大众传播活动中一个非常重要的人，不是物。而“人的本质并不是单个人所固有的抽象物。在其现实性上，它是一切社会关系的总和”①。主持人既是人类社会中普通的一分子，又是多重属性复合的特殊的社会人。他在大众传播活动中，鲜明地表现出“是以双重身份出现的，既是非个性的社会角色执行者，又是独特的人的个性”②。因此对主持人的认识，要以人为本。对主持人的研究在一定程度上也是人学的研究。然而，主持既然不是个体行为，是由个体出面表现集体意识的，是大众传播活动中的中介，当然对其研究也不能就人论人，孤立地谈论主持人个体职业的状况，要透过表象深入其内核，认识其生存的社会文化生态环境，研究广播电视传媒的特征规律，研究作为接受主体的受众心理等，主持人正是在这种多重网络中，支撑、站立起来的“人”。

而“人们的观念、观点和概念，一句话，人们的意识，随着人们的生活条件、人们的社会关系、人们的社会存在的改变而改变”③，主持人的意识也无不打上他所生存的时代、社会、民族、文化的烙印。一定的社会文化环境孕育、哺养并造

① 《马克思恩格斯选集》第1卷，第18页。

② 安德烈耶娃：《社会心理学》第75页。

③ 《马克思恩格斯选集》第1卷，第270页。

就了他。主持人的言行中必定折射出一定的社会共性和不同的社会个性。不同的历史时期，不同的国家、民族，不同的地域环境，都会形成社会个性的差异，中国的和西方的不同；美国的和法国的不同；即使同在中国，北京、上海和广州也各有其地方色彩。任何“人的突出特征，人与众不同的标志，既不是他的形而上学本性，也不是他的物理本性，而是人的劳作（work）。正是这种劳作，正是这种人类活动的体系，规定和划定了‘人性’的圆圈”①。主持人永远不可能脱离他生存的社会环境这个“圆圈”，并且总是同一定社会或集团的利益紧密相联并受其制约。

第二，我国节目主持人的社会性还表现在以追求社会效益为第一。广播电视节目是社会精神生产活动和精神产品，属于意识形态。它的价值是由社会效果来衡量的，是由它所产生的政治意义、经济意义、文化意义、教育意义、认识意义和娱乐意义来决定的。它的基本功能是社会效益性而不是赢利性。这是我国的广播电视业与西方的商业台的本质区别。我们必须在充分考虑社会效益的前提下来考虑经济效益。主持人是广播电视节目播出的主导者，追求社会效益无疑也是他的最高原则，他们在我国社会主义精神文明建设中承担着义不容辞的重任。

二、可信性

作为“信息载体”的节目主持人，要为受众提供他们所需要的政治、经济、文化、服务娱乐等各种信息。要使信息成为有效信息，达到传播效果，主持人在受众心目中一定要具有

① 恩斯特·卡西尔：《人论》，第87页，上海译文出版社1985年12月版。

可信性。实践证明，传播者可信度的高低，直接影响接收者对信息源的选择与信任。古希腊哲学家亚里斯多德曾经说过："与其他人比较，人们更容易和更坚定地相信完美的人：无论是什么问题都是这样，而且当一个问题意见分歧又不能确切断定时，更是这样。某些作者在有关雄辩术的论文中认为，讲演者表现出的人格的完美丝毫不能增加其劝导能力，这种看法是错误的。恰恰相反，他的个人特点可以永远被看作是他所拥有的最有效的劝导手段。"① 这里讲演者的"个性特点"中的一个重要因素，便是可信性，拥有可信性，才可能产生劝服效果。在大众传播活动中，传播者的可信性，也是实现并提高传播效果的前提。

主持人的可信度，源自他高尚的道德情操、顽强的敬业精神、丰富的知识构架和扎实的业务功底。独具的人格力量是受众对之信任的保证。这不是一朝一夕短期内可以形成的，需要在一定的时间长度和一定的受众范围中认可，即要有一定的知名度。可信度往往与知名度相辅相成融为一体，共同构成传播活动得以良性循环的重要因素——威信。传播者的威信愈高，劝服力量就愈大，传播效果也就愈佳。

因此，主持人节目要提高传播效果，必须要挑选可信度高的主持人。对于专业性比较强的节目要尽量选择学有专攻的人员担任主持人。比如：法律、经济、健康门诊类的节目。这也是为什么现在我们许多节目，经常邀请有关方面的专家出任嘉宾主持人的主要原因。专家对这一专题内容学有所长，成果累累，无疑在受众心理上的可信系数增高，从而相信他在节目中

---

① 李彬：《传播学引论》第 193 页，新华出版社 1993 年 10 月版。

的所言所行。所以“健康信箱”有专家医生做嘉宾主持；“股市行情”有经济学家出面分析；中央电视台《今日说法》的主持人撒贝宁所以深受广大观众喜爱，除了他亲和流畅的主持风格外，显然与他北京大学法律系法学研究生的学科背景有着密切的关系，他的专业素养使他能够熟练地深入浅出地讲“法”，与专业嘉宾进行顺畅地交流、采访，对事件进行恰当点评。

当然，专家嘉宾主持虽然具备了一技之长，但大多不一定具备主持人优秀的综合素质，这也会影响节目播出的效果；另一方面主持人不可能是通才，样样精通。如何解决这个矛盾呢，朱光潜先生曾经说过：“不通一技莫谈艺。”主持人努力提高自身的综合素质，掌握一技之长，是增加其可信度的重要保证之一。在部分节目中再辅之以嘉宾主持，这将是行之有效的解决途径。

三、审美性

节目主持人是大众传播活动中的重要一员。传播真、善、美是主持人的天职。主持人理应是美的化身，美的使者。因此，审美性是主持人的突出特征。他（她）不仅仅是一个辛勤的美的播种者、灌溉者、耕耘者，而且在受众心中他（她）是一个审美容体，能为大众带来审美愉悦感受。

主持人的审美性主要表现在内容美和形态美上。

内容美首先就体现在主持人主体的内在美中。具有高尚的道德情操，孜孜的敬业精神，在进步的人生观指导下，拥有的正确的生命价值观。一句话，就是要心灵美。冰心曾经说过：“我写过这样三种女人，第一种是乍看是美，越看越不美；第二种乍看不美，越看越觉出美来；第三种是一看就美，越看越美。”理想的主持人应是“第三种”，“第二种”也未尝不可，关键都要能够“越看越美”。而支撑“越看越美”的内核就是心灵美。正如黑格尔所说：“人的躯体不是一种单纯精神的感性的自然存在，而是在形态和构造上既表示它是精神的感性的自然存在，又表现出一种更高的内在生活，因此就不同于动物的躯体，尽管它和动物的躯体大体上很一致。”① 显然，人的美除了人体美之外，还重在心灵美。一个人的言谈举止，无不透露出其内心世界的状态，表现着心灵的美与丑。主持人处在大众传播媒介的特殊位置，内在涵养尤为重要。人们也有理由对他提出理想的、完美的境界要求。而每一个主持人都应该努力加强自我修养，塑造自己美的心灵。

内容美还突出地体现在传播内容上的求真、向善、示美。真，是各个物种自身具备的客观规律性，人类要按照美的规律去创造社会，其前提和基础，就是要认识和把握这一规律。使自己的实践活动同客观世界的必然性相吻合。善，是人类在实践活动中所追求的有用或有益于人类的功利价值。因此，凡是美的东西，一般说来，首先都应当是真的，是蕴含着客观规律性的，同时又必须是善的，善是美的灵魂。这些在人类社会生活尤其精神产品中表现得特别明显。社会主义的大众传播媒体，担任着为人民大众提供精神产品的重任，必然以求真、向善、示美为主旨，体现在广播电视节目中，无不渗透着对美的追求。追求新闻的真实性更是每一个广播电视人的职责。主持人是节目的最直接的体现者，广大受众是从主持人这里接收到

---

① 黑格尔：《美学》第 3 卷上册，第 126 页。

传播内容的，节目内容的真与假、善与恶、美与丑，是由主持人表现出来的，因此，必然与主持人的内在涵养相会合共同构成其审美特性的重要组成部分。

形态美体现在主持人的语言、形象、服饰、风度、气质的美上。美的形态和存在方式是千姿百态的。美的内容是通过具体的感性形式表现出来的，离开了具体的形式，美的内容也就失去了感情上打动人、感染人的力量。上述主持人的五种形态美，有的与内容关系紧密些，有的疏远甚至根本没关系，比如人体美主要是天赋的自然条件。但是一并在形态中提出，强调它们的共性之处，即都是直观性强，直接诉诸于人的听觉、视觉，并产生美感。

主持人的语言，应该是字正腔圆、清晰流畅，音质甜美圆润、浑厚沉稳，同时又富有节奏感；主持人的形象，应该是五官端正，形体匀称，举止大方；主持人的服饰应该是和谐得体、富有个性；主持人的风度、气质，应该是潇洒、高雅。总之，给人以美的享受。这是人的审美心理使然。主持人的审美特性也正是符合了人们这种审美心理需求。

四、个性

个性化是主持人节目形式有别于播音员节目形式的重要特征。优秀的主持人节目和节目主持人必然具备鲜明的个性特征，这是吸引受众，使节目富有生命力，并走向成功的保证。

既然主持人是以个体行为出现，代表着群体观念，进行大众传播活动的，那么主持人的个性显然不是单一性的，而是节目个性与自身个性的有机融合体，是“非我”与“自我”的和谐统一。不同的节目有不同的节目内容、节目宗旨和不同的表现形式，也自然形成各自不同的节目风格个性，这是这个节目全体编播人员共同特色的结晶，而它又是由节目主持人集中体现出来的。主持人的个性形象是他们的政治素质、文化修养、生活阅历、审美情趣、语言表现力、风度气质、服饰仪表等多种因素的综合体现。主持人自身的个性就是在这众多的因素中，能够体现出的与众不同，从而也能独具魅力。

主持人的自身个性要尽量与节目个性相协调，首先是服从节目个性，在这个前提下将自身的个性融入节目，相得益彰。中央人民广播电台的名牌栏目《午间半小时》开办初期，在“确定这个节目应当既有探讨改革、针砭时弊的社会内容，又有轻松幽默的话题；既有新观念、新知识，又有为群众生活服务的内容”的方针后，即“按照这一节目方针，联系三位主持人本身各方面的特点，分别考虑了三个主持人的形象特征。虹云，应当是热情、善良、温柔，又有事业心的职业妇女的形象；陈希，应当是思想比较开放，反应敏捷，乐于并善于接受新知识，新观念的年轻女性；傅成励则应当知识面较宽、大度、有见解，经常对人们关心的问题发表看法。”节目播出两年后，“听众承认了这个节目独具的个性，也在心目中勾画了三位主持人的形象。概括听众反映，他们认为这个节目的个性主要表现三个方面：尖锐、敢讲真话、有自己的见解；热情，能为群众排忧解难；知识性强，不乏轻松和幽默。”① 而这三个方面，也正是节目方针所要求、全体编创人员所追求的三位主持人形象特征的综合体现。他们各自不同的独特个性，也与

① 傅成励：《广播电视播音与节目主持人》第151页，辽宁人民出版社1991年12月版。

节目要求相吻合，相辅相成，形成丰满成功的节目形象。

纵观当今主持人节目，在前期节目策划时，主持人的选择定位无不经过精心认真的考虑、筛选，或根据现有主持人量体裁衣，设计节目，或依据节目定位面向业内、业外寻觅人才。目的只有一个，让节目风格与主持人个性相互吻合，相得益彰，获取最佳的节目品格。

显然，主持人形象个性化是此主持人节目别于彼主持人节目的聚焦点。没有个性的主持人，势必是失败的主持人，她的节目也必将随之被淘汰。因此，树立节目形象从选择主持人时就要注意努力使选拔对象自身的个性特征的诸多因素，一一靠近节目追求的形象风格要求。主持人自己在可能的情况下，也要尽可能地选择适合发挥自己个性特长的节目，这样才有可能在节目中最大限度地发挥主观能动性将节目做得充满生气，既突出节目风格，也形成独特的主持人个性魅力。

五、情感性

主持人节目既然置身于人际传播的关系中，那么在传播过程中，不可避免地要以“情”为先导，与受众进行面对面的、直接的、平等的、心灵的、情感的沟通与交流。情感是人际交流中的润滑剂，是人与人进行顺利沟通的重要条件。很难想像一个情感上与你相悖，或充满距离感的人，向你传播信息，希望你参与或收看收听他的节目，你会情致盎然，欣然应允或锁定频道。倪萍曾经深有感触地说：“电视节目主持人应该是大众的‘情人’。当你从荧光屏上出现时，家家户户，不论男女老少，文化程度高低，也不论什么职业，大家都能喜欢你，都觉得你不烦人，这才行。”① 要做到这些，主持人首先就必须与自己的传播的对象在心灵上、情感上沟通。言谈举止要表现出自然、亲切、和善、平等，而这一切都是真诚、质朴的情感的流露。只有这样才能使受众觉得你可亲、可近、可信，才能真正拉近与受众的距离，达到传播的最佳效果。

主持人在主持节目中，既要以一颗平常人的心平等地、坦诚地与受众进行交流，又要善于让自己的内在情感始终处于一种饱满的、积极的状态，让受众自始至终都能体会到你的饱满的工作热情，感受到你在认真地处理每一个细节，因为你是在用一颗真诚的心对待面前每一个接收者。受众的满意，也将是对你的最好回报。关于这一点，我们在倪萍身上体会尤为深刻。在《综艺大观》的直播节目中看到的倪萍，无不是情绪激昂、真诚而朴实，那一腔热情仿佛是随时都将溢出的、满满的、一碗充满张力的虎跑水，清澈而透明。不仅现场观众就是成千上万的电视机前的观众，都为之牵动感染。同样，在中央电视台的《艺术人生》栏目中，主持人朱军投入了他对老艺术家们特别的尊重和发自内心的深厚情感，使节目充满了人文关怀和情绪感染力，增加了节目的魅力，提高了收视率。

六、能动性

主持人的能动性首先直接表现为主持人在节目中，不是处于被动、从属的地位，而是始终处于积极、主动、主导的地位。这是主持人的基本特征，强调提出来，目的在于深化认识。希望主持人以积极态度，能动地主持好每一次节目。

---

① 《主持人》第4辑，第242页，中国广播电视出版社1995年4月版。

节目主持的好与否，弹性很大。即使是同一节目、同一文本，不同的主持人，主持的结果也会情况迥然。抛开其他因素不谈，只讲主持状态。心理紧张会导致主持现场气氛僵持；情绪低落会使节目沉闷而无生气等等，诸如此类，症结都在主持状态不佳，或者是不能正确地把握主持人的身份。所谓主持人就是节目的主人，节目方针的体现者。主人就应该也有责任把节目方针最完满地体现出来。他要针对演播现场情况，充分调动自己的智慧、能力，及时能动地调整文本，敏捷地应变各种突发事件，这样才有可能使节目出彩、生动、丰满。这与被动地依照文本主持，甚至一个语气词都离不开文本的所谓“主持人”主持的节目，不可同日而语。优秀的节目主持人不仅给观众提供一幅幅现实生活的真实画面，更重要的是，能够提出自己独到的见解与分析。

当然，能动性不是随意性，更不是任意的自我张扬。主持人不能游离编导意图、节目宗旨随心所欲地添油加醋，或者自以为是，文不着题，废话连篇。主持人的现场能动性必须是在遵循节目宗旨、升华节目主题的前提下进行。

其次，主持人的能动性，不仅表现在对节目的现场主持中，还表现在主持人应该积极参与到节目的前期准备工作中。采编播合一的自不必说了，对于单一型的主持人，我们提倡应主动地融入节目的创作集体中，了解熟悉并掌握节目创作的每一个环节，积极思考，敢于发疑、善于解难。

第三，主持人能动性还表现在主持人的自我把握上。主持人的成功之路既非一蹴而就，也非一劳永逸，它需要主持人为之付出长期、艰辛的努力。在漫长的跋涉之路上，优秀的节目主持人，应该善于能动地把握自己、勤奋学习、虚心请教，取人之长、补己之短，从而塑造自身的完美的形象。

马克思曾经说过："最蹩脚的建筑师从一开始就比最灵巧的蜜蜂高明的地方，是他在用蜂蜡建筑蜂房以前，已经在自己的头脑中把它建成了。劳动过程结束时得到的结果，在这个过程开始时就已经在劳动者的表象中存在着，即已经观念地存在着。"① 主持人的活动是有目的、有意识的积极活动，能动性的特征，使他们必然应当是一个最灵巧的建筑师，为建构人类的精神文明贡献自己的聪明才智。

第三节 节目主持人的工作职责

节目主持人由于类型的不同，所承担的职责各有差异。各个电台、电视台人员结构管理机制的不同，也会造成主持人之间工作职责范围的差异。在这里我们主要求同求全，尽可能具体、全面地涉及到主持人应该能担当起的职责。而现实中主持人并非都在全程承担着工作，除了主持播出一定要担负，否则不成其为主持人，其他就或多或少，因人因地而异了。

其实，无论从现实还是长远的角度看，主持人应该是个"通才"，否则他怎么能在关键时刻驾驭好节目，真正起到主导作用呢？然而，我们又必须看到，主持人不可能是个"通才"，即使他具有非凡的才干，他也没有三头六臂，分身之术，将"制作群体"繁杂的事务独揽一身。因此，在以下论

① 《马克思恩格斯全集》第23卷，第202页。

述的主持人工作职责里，实际上对相当一批主持人来说有很大部分是他们背后的“制作群体”在担负着，但是这些职责完全属于主持人应该积极了解，参与的工作职责范畴。

一、构思、策划

构思与策划，主要是针对栏目设置、节目选题而言。这是节目孕育的过程。通过主持人个体的积极思维与“制作群体”的共同谋合，为节目确定出基调、主旨、主要内容、表现形式、基本框架。

二、案头准备

选题一经确定，就需要全力以赴投入到前期的案头准备工作中。努力熟悉选题所涉及的方方面面的有关资料，人物、事件、观点背景材料等等，制定出周密的工作计划，详实的采访提纲，根据情况做资料卡片。

三、采访与编辑制作

现场采访是很多主持人节目的重要内容，它能够增强节目的真实性、亲切感和可信度。同时也是主持人功力的直接体现。编辑的内容比较丰富，既包括根据记者、编辑或自己搜集的各种材料，按节目要求，撰写稿件或串联词，也包含对录制的声、像资料进行剪接、编辑的过程，以及对杂志型栏目的组织、串联及制作。

四、主持播出

这是节目主持人的基本工作职责。主持人应在全面了解节目构思、进程，非常熟悉演播稿，清楚各个环节转合的前提下，走进演播室。当摄像机对准他时，他应有能力、有自信调控、驾驭好整场节目，能够自如地组织、串联、协调好节目中的起承转合、承上启下，机敏地应对现场的突发情景，巧妙地引导观众全身心地参与到节目中。主持人主持节目的过程，实际是对节目的再创造的过程。他不可能依样画葫芦般地展现节目大纲，而是在自己的积极参与下再度创造节目，深化节目，拓展节目，使节目生花。将自己的审美理想传达给每个受众。

五、沟通与反馈

与受众沟通情感，直接而平等地进行交流是主持人的重要任务。主持人与受众的沟通交流是多方面的。有节目本身的，从前期的选题、策划，到征求受众意见，请受众参与；有节目播出时，受众直接参与的，这在目前的广播电视的娱乐节目、服务性节目中尤其多见；再有就是节目播出后，广泛听取方方面面的意见，认真处理好受众的来信来电。斟酌受众意见、积极改进并完善节目。

第二章　节目主持人的产生与发展

如果说语言的形成和使用，文字的发明和运用以及无线电的发明和运用是人类传播史上的三次本质意义上的革命，那么节目主持人的出现当是广播电视媒体自身运作上的一场革命。这一现象无论在形式还是内容上都是对以往电子媒介节目传播模式的革新，它极大地提高了节目的收听、收视率，给大众传播业带来了生机，并将在自身的发展与完善中对社会产生更加深远而富有价值的影响。

追寻节目主持人的源头，我们要将镜头摇向西方；探寻节目主持人形成的原因，我们要研究其生存的社会背景条件。正如我们“要了解一件艺术品，一个艺术家，一群艺术家，必须正确的设想他们所属的时代的精神和风俗概况”一样[①]，不同的时代，不同的民族，不同的地域环境，必然生成、造就各具特色的主持人。知己知彼，扬长避短，取长补短，方能进化，从而走向更加的辉煌。

① 丹纳：《艺术哲学》第 7 页，人民文学出版社 1983 年版。

第一节 西方节目主持人的形成

一、主持人产生的社会背景

社会背景的内涵是非常丰富的，它是酝酿一切新生事物的土壤，同样也孕育、萌生了节目主持人。节目主持人在本世纪20年代诞生于西方，发展兴盛于50年代。这一时期经历了两次大战洗礼的世界，历尽了种种磨难，也显示了勃勃生机。两次世界大战给西方各国人民的精神世界带来了重大创伤，战争摧残了人，破坏了科学事业的建设，这就决定了战后文化建设的使命，“主要是着眼于恢复欧洲最广泛意义上的人文主义和人道主义的传统”①。而西方当代文化更以其大胆执著的创新为显著标志。“不论在哪一方面，20世纪风格都共同具有对上一世纪不屑一顾的态度，文化创新者抛弃了他们祖辈的教训，有意识地选择了新的词汇来表现自己。”这是因为“在战后的年代，人们一次又一次宣告欧洲传统文化已经失败。他们认为欧洲上层资产阶级的那种悠闲的文化传统不再能表现新的生活现实，而必须创造一些更鲜明更有生命力的东西来代替它们，结果就涌现了本世纪内任何其他十年都无法与之相比的极丰富的文化和科学”②。广播电视节目主持人也正是在这样一个社会大背景下，在时代的呼唤中，应运而生。

① H. S. 休斯：《欧洲·现代史》第525页，商务印书馆1984年版。

② H. S. 休斯：《欧洲·现代史》第221－222页，商务印书馆1984年版。

1. 人类自身对传播形式更新的需要

交流与沟通是人类与生俱来的精神需要，翻开新闻传播史册我们会清晰地看到它与人类社会的历史一样源远流长，像艺术起源于劳动一样，人类的传播活动也在劳动中产生并发展。传播是人类得以组成社会的粘合剂。英国作家丽贝卡·韦斯特曾形象而生动地比喻说，社会之需要传播就像人之需要眼睛一样，社会在迈步之前也需要看清脚下的路，做到“心中有数”。因此，传播的发展从最初的人际间的个体新闻传播，到群体新闻传播，大众新闻传播，相伴着社会的发展进步向多层面、多样化地方向展开。然而千百年来传播手段的演变与发展，虽然冲破了时空的局限，使新闻传播能力有了一次次质的飞跃，但是随着世界的进步，人们的民主平等意识的增强，参与意识的加强，也不无遗憾地发现在印刷媒介传播活动中，他们更多地是一个被动的受传者，处于被大众传播媒介控制、灌输的地位，很难参与进去，使这种传播很难成为真正意义上的双向交流活动。

因此，当电子媒介以其绝对优势更直接、更生动的对接收者的视觉听觉产生强烈冲击力的时候，便唤起了人们对直接的、平等的、面对面交流的渴望与幻想，并且再无法忍受继续机械地接受单向的，缺乏交流感的单一传播形式。这种“传播媒介形式的单一化，主要表现为图书、报纸、广播、电视的阶段性发展和共生状态；传播过程的单一化，表现为传播者将信息单向传输及其对反馈的单向回收”。“单一化的结果造成公众对传播者的依赖，导致公众的被动化。”①

① 李盛之：《受众 · 一个过时的概念》，《现代传播》1995. 第2期，第9页。

随着现代文明的发展，公众的自我意识也日益增强，他们比以往更注重认识自我，发现自我，张扬自我，并且努力地表达自我，实现自我。“所谓自我实现的人（即更成熟、更完满的人），就是那种其基本需要已得到满足的情况下，又受到更高级的需要——超越性需要——所驱动的人。”“这种‘自我实现’的人的最大内在驱动力，不是来自对低级需要的追求，而是来自于对一种超越性的高级需要的追求。”① 这种需要一旦得到满足，便会产生一种更深刻的幸福感和丰富感。所以正是这种“超越性的高级需要”促使人们不愿再无声无息地只当听众、观众，而是希望与传播者产生交流，有所沟通。

同时，报纸的“我写你读”和最初广播电视的“我说你听”的板滞而缺乏人情味的形式，已不能满足人们在消闲时的情感需要。而主持人节目却从一开始便以轻松的生活气息、浓郁的人情味出现在大众面前，从心理和现实上满足了接收者这种需求。

因此，主持人形式从表层上看来仿佛是对原始社会人类最初的、直接的、线型传播方式的回归，但是从本质上讲是现代文明的发展导致人类自身对传播的内在需要深化发展的体现，同时也是社会生产力的进步使之成为可能。

2. 信息增殖对传统传播模式的冲击

人类社会飞速发展的一个突出标志就是进入了“信息时代”。20世纪中叶以来，各种各样的信息以惊人的速度在增殖，令人目不暇接，耳不及闻。这些千变万化、纷繁迅增的信

---

① A. H. 马斯洛：《超越性动机论》，《健康的人格》转引自滕守尧《审美心理描述》第47页，中国社会科学出版社1985年11月版。

息无疑对传播信息的新闻媒介发出了挑战，对已有的传播形式产生了极大的冲击力。如何才能以更快的速度去捕捉、选择、传播更多更精的信息，是传播工作者努力思考，并竭力解决的重要问题。正如联合国教科文组织的国际交流问题研究委员会研究报告中所说："在整个历史的进程中，人类一直在设法改进其对于周围事务的消息情报的接收能力和吸收能力，同时又设法提高自己本身传播消息情报的速度、清晰度，并使方法多样化。"① 电子媒介的发明已在扩大信息量、提高时效性上产生了积极影响，但是节目形式的单调、板滞阻碍了其潜在功能的发挥，使之无法应付信息迅猛增长的形势。因此丰富和完善节目形式时不我待。主持人节目应运而生，并以其形式的多样性、内容的丰富性取代了以往单调的节目样态。节目主持人集采、编、播于一身，采取灵活方式将各种内容组合串连成一个有机整体，不仅丰富了节目形式，尤其大大加快了对信息的采集、筛选、传播速度，以应对日益增殖的海量信息。新闻主持人节目可以把各种信息串联在一起分门别类，并对信息进行综合、分析、评论。这样既打破了过去新闻节目中一条条新闻的简单分割形式，也改变了新闻与评论机械分家的状态，使表面上看起来各不相关的信息有机地综合起来，并且随时对信息加以分析，评论，从而增加了信息传播的广度、深度，提高了节目质量。可以说没有二次大战信息爆炸的压力，便没有爱德华·默罗首创的《新闻联播》、《这里是伦敦》，也就没有为后世的广播电视人提出了"一个挑战、一个目标和一个榜样"

① 肖恩·麦克布赖德：《多种声音　一个世界》第4页，中国对外翻译出版公司，1981年11月版。

的杰出的节目主持人爱德华·默罗了。[①]

3. 竞争机制导致推陈出新

后人在评述法国著名的史学家兼批评家丹纳的《艺术哲学》时，认为书中尽管材料丰富，论证详尽，却仍让人有不全面的感觉，根本原因在于他虽然“考察了人类生活的各个方面，却忽略了或不够强调最基本的一面——经济生活”[②]。大众传播活动与艺术一样也是人类精神领域的活动，属于上层建筑的范畴，因此生产力对于它的考证也不能离开经济基础和社会。20世纪欧美国家的经济状况极大地受到时势变动的影响。和平时期的发展，战时的萧条以及战后的繁荣，作为以广告收入为重要经济支撑的西方传播媒体，势必更敏感地感受到这种经济形势变化的脉动。媒体之间的竞争始终存在，且日益白热化。“在电台和电视业兴起之后的岁月中，传播界为争取广告收入和吸引读者、听众或观众而展开的竞争是激烈的。”[③]确实，“电视节目频道属‘买方’市场，谁的节目好，观众就看谁的，这是铁的规律。所以，提高节目质量是在竞争中取胜的关键”[④]。这种激烈竞争的状况迫使各个广播电视台必须在节目质量上下功夫。使自己的节目形式、节目内容都较之以往更新颖、更丰富、更具吸引力。主持人节目与节目主持人，无疑以其耳目一新的形式和独特的个性魅力，增加了传媒体的竞

① （美）埃德温·埃默里、迈克尔·埃默里：《美国新闻史》第549页，新华出版社1982年12月版。

② 丹纳：《艺术哲学》第4页，人民文学出版社1983年7月版。

③ （美）埃德温·埃默里、迈克尔·埃默里：《美国新闻史》第572页，新华出版社1982年12月版。

④ 杨伟光：《中央电视台大事记》，人民出版社1993年7月版。

争力。竞争带来了良好的广告效益，竞争也是使传播活动更具活力，成为获得最佳效果的良好途径。追求效果是传播的重要目的，没有效果的传播也就失去了传播的意义。这种效果集中体现在收听、收视率的高低上，对于西方以商业性质为主导的传播媒体，传播效果还明显体现在广告的收益率上。两个比率相辅相成，既引起了竞争，也是促进广播电视节目推陈出新，不断发展进步的重要的内在动因。

4. *相关学科的发展影响着传、受双方*

理论的建树，对实践的发展往往起着积极的指导意义。同样，节目主持人的诞生与发展也与相关学科理论的建立发展有着密切关系。首先是西方传播学，诞生于20世纪20年代，兴盛于40年代，其间许多专家学者从政治学、社会学、心理学、教育学等多方位、多角度对大众传播理论进行深入研究，开拓性地建立了大众传播学理论，为节目主持人的诞生与发展提供了理论依据。

其次，“接受美学”和“信息论美学”的建立对大众传播界的渗透与影响。“接受美学”是西方20世纪文论中阅读现象学，文艺阐释学之后，在读者系统研究中最具代表性的一个学术流派。其核心内容是把作家、作品、读者联系起来考察，着眼于读者研究。认为“作品的意义只有在阅读过程中才能产生，它是作品和读者相互作用的产物，而不是隐藏在作品之中，等待阐释学去发现的神秘之物”①。同时接受美学家谈得最多的、对文艺理论贡献较突出的是对读者的审美经验与期待

① 伊塞尔：《文本的召唤结构》，转引自《西方二十世纪文论》第275页，中国社会科学出版社1988年版。

视野的研究。“信息论美学”把一切美的现象都看成一种信息，而信息的传播过程有三个单位：一是发送者，二是媒介者，三是接受者。20世纪的西方文论史是非常活跃、各种流派最多的时期，而“接受美学”和“信息论美学”将作家、作品、读者作为发送者、中介、接收者这样一个完整的信息流通过程来研究，尤其注重读者地位的观点，非常得到传播界的认同。特别在广播电视节目中作为传播者的媒介人，要使传播产生实效就必须重视节目的接收者：听众、观众。他们与文艺传播中的读者一样，是传播活动中的半边天，作为信息的发送者即节目的制作者，努力将自己的意识、审美观念注入于节目，赋予其具有发挥某种功能的潜力，而作为接收者应具有实现挖掘与发挥作品的潜力的能力。这样才构成完整的传播活动过程。要实现最佳效果，需要在传播接收双方引入中介，沟通双方，连接双方，这个角色由此而诞生——节目主持人。如同作品连接着作家与读者一样，主持人连接着传播者与接收者，成为广播电视传播活动中的最佳媒介者。

5. 传播手段的现代化使节目主持人出现成为了现实

我们所说的节目主持人，就是特指广播电视节目范畴的。因此没有电子传播媒介，主题便也不存在了。之所以仍然不嫌累赘，不避重复再独立提出，目的不仅在于强调传播手段的重要性，而且更在于强化一种认识，这就是现代科技的飞速发展，促使电子传播媒介始终处于一种动态的发展进化的状况，这种更新与进步，一直带动着主持人节目的丰富、发展与完善。这也就是说传播手段的现代化不仅仅是使节目主持人出现成为了现实，是主持人产生的先决条件，而且还是其迅速发展并为众多受众认可的必要条件。快捷的、多维的、日臻完善的现代化传媒手段，为大量主持人节目提供了物质条件，没有这个条件，主持人节目的生命力、生存力便无从谈起。它为新闻主持人节目的时效性、准确性、真实性、可信性，为娱乐主持人节目的丰富性、观赏性、参与性等，提供了传播手段上的保证，并使之得以强化。

正如美国学者施拉姆所说："电视是 20 世纪最伟大的发明，但人类能否享受它的好处，取决于我们运用它的智慧，有否与发明它的智慧并驾齐驱。"节目主持人的诞生正是人们智慧地发掘并张扬了电子媒介的潜力与功能，从而增强其传播能力，提高了传播效果。而随着人类社会的发展、高科技的日新月异，主持人节目也呈动态状态不断进步、发展。

二、西方节目主持人的发展

1. 广播节目主持人率先出台

像广播先于电视发展、兴盛一样，主持人节目与节目主持人也首先在广播节目中产生。1928 年荷兰对外广播开播了第一个主持人形式的节目《快乐的电台》。这"实际上是杂志式节目，它的内容包罗万象，重点是介绍荷兰各方面的情况。比如，关于荷兰的旅游事业，由若干专题组成，中间用音乐连起来"①。由主持人艾迪·勒达兹将这些充满生活气息的内容，轻松、愉快地传达给听众，很受听众欢迎。艾迪·勒达兹一生几乎都融入了这个节目，从 1928 年一直干到 1969 年退休，除二次大战停播 5 年以外。他是被后人公认的"历史最为悠久、

① 中国国际广播电台研究室编：《英国、荷兰对外广播概况》第 104 页，1988 年 5 月版。

最富个人独特风格的国际广播节目主持人了"①。

到了30、40年代，这是广播事业最初发展的辉煌时期。"在各大众传播界中，只有电台赚了更多的钱"②。而这也正是广播节目主持人遍地开花的时候。电台用了许多办法争取越来越多的听众，然而很得力于对30年代的一些重大新闻事件的报道。美国"各电台网不断发展自己的新闻采编队伍和新闻分析员及评论员。汉斯·冯·卡尔登邦是一大串电台评论员中率先涌现出来的"③。这位1922年就开始播音的播音员，于1930年成为哥伦比亚广播公司的评论员，在历时20天的慕尼黑危机期间，"卡尔登邦一直呆在纽约市他的第九播音室里，为哥伦比亚广播公司的欧洲记者张罗支撑，分析新闻报道，并且主持分析和评论节目。他把希特勒激烈的讲话翻译给美国听众听，并且预测针对事态发展会采取什么外交措施。在这三个星期中，人们听他讲了85次，工作间隙时他蜷缩在一张帆布床上打个盹。"④ 节目主持人所必具的敬业精神，在他们的先驱者身上就非常强烈地表现出来了。以后卡尔登邦作为全国广播公司的首席政治评论员主持新闻节目20年。爱德华·默罗是美国哥伦比亚广播公司最负盛名的节目主持人，他在二次大战时期关于欧洲战局的报道使他誉满欧美。50年代，他与麦

① 谷月：《国际广播节目形式的演变》，《新闻广播研究》1986年第3期。

② （美）埃德温·埃默里、迈克尔·埃默里：《美国新闻史》第533页，新华出版社1982年11月版。

③ （美）埃德温·埃默里、迈克尔·埃默里：《美国新闻史》第536页，新华出版社1982年11月版。

④ （美）埃德温·埃默里、迈克尔·埃默里：《美国新闻史》第537页，新华出版社1982年11月版。

卡锡主义的斗争，更使他赢得了人民的敬仰与爱戴，他无愧于广播电视的明星主持人。1938 年 3 月 12 日他安排了历史上第一次《新闻联播》，组织记者分别从维也纳、伦敦、柏林、巴黎，罗马将获得的战争信息向美国听众广播报道，这使美国和欧洲的听众获得了最迅速、最真实、最广泛的战争新闻。而这之后 1940 年 8 月 18 日开始进行的《这里是伦敦》的现场报道，更使默罗成为美国人心目中的传奇式英雄人物。他播出的时候，整个美国都在倾听着他的声音。默罗成功不仅在于时效性强，还在于信息量大，并且报道与评论并行，所以说默罗在节目形式上的突破，使他不再单纯的是一名记者，或者播音员，而是一个具有非常优秀的采、编、播能力的成功的节目主持人。

美国 30、40 年代的广播明星值得一提的还有不少，如全国广播公司的马克斯·乔丹是同默罗旗鼓相当的竞争对手；而接替卡尔登邦在哥伦比亚广播公司国内职务的前《纽约时报》工作人员埃尔默·戴维斯，以自己深具洞察力的报道，毫不造作的幽默感、尖刻的挖苦话，以及善于透过互相矛盾的报道和陈述事实真相的能力，博得了人们的高度赞扬，并且与默罗一起被后人称为“40 年代解释性广播的最优秀代表”。

主持人节目在广播媒介中一炮打响，各国广播同仁争相仿效，尤其在二次大战中，主战国的对外广播普遍采取了主持人形式。英国广播公司由林德里·法瑟主持对德国的广播，他的富有智慧、幽默和权威性的谈吐，回旋在德国上空，吸引着无数听众。在日本对美国广播中，主持人是被称为“东方玫瑰”的小姐，她用温馨而热情的语调，轻柔而甜美的音质与美国军队官兵进行亲切地交谈，话题无所不及，气氛轻松又充满人情味，勾起了人们思念家乡之情。对瓦解敌军，扰乱军心不能不说起到了一定作用。反之，当时美国的对日广播，也同用此招。不过主持人是海军少将艾里斯·沙查里丘，但同样以其诚恳坦率、真诚可亲的风格，获得日本人的好感。

总之，节目主持人率先在广播媒介中推出，尽管如同一切新生事物一样，是很稚嫩的。从娱乐节目的串联，到新闻的现场报道、解说与评析的结合，一步步在实践中羽翼丰满。莎士比亚曾经说过，听话人的热心，能加快说话人的舌头。主持人节目也是在热心听众的鼓励下，积极而快速地站立起来的。

2. 电视节目主持人后来居上

自 1936 年 11 月 2 日，英国广播公司开始提供世界上最早的定期电视服务后，到 40 年代后期随着电视的活跃，广播的黄金时代便逐渐衰落。有的广播人也将注意力转向了电视。确实，电视以其传播手段的优越性使其他传播媒介望洋兴叹。它声像并茂，具有强烈的现场感，可以使坐在家中的接收者有一种面对面的直接交流感。然而最初电视节目的形式与制作并没有让这些在休闲气氛中的受众感到满意。1949 年 3 月 4 日美国的《新闻周刊》尖锐地指出："电视作为新闻报道的手段是没有争议的。但是与报刊和无线电相比，电视则像乡巴佬一样落后。"这种落后，主要表现在节目的形式、内容制作上没法与已走向成熟与兴盛期的报刊和广播相比拟。电视要在激烈的商业竞争中，生存并发展，就必须张扬自身的优势，以新颖的节目形式、丰富的节目内容、精细的节目制作吸引广大观众。

1948 年 6 月，美国电视屏幕上推出了两个具有开创意义的综艺节目：《明星剧场》和《城中大受欢迎的人》。弥尔顿·伯尔勒和埃德·沙利文作为电视节目主持人在屏幕上亮相了，他们以出众的表演才华，调节、串联着节目。节目内容可观性极强，好莱坞的电影、百老汇的剧目，戏剧、歌舞、杂技应有尽有。节目一出台，便使观众耳目一新，引起轰动，成为电视史上的一次重要的突破。

1951年11月18日，广播主持明星爱德华·默罗随着《现在请看》栏目的开播，走到了电视观众面前。这是电视新闻节目主持人的先声。节目持续了一年，整个节目不落俗套，使美国人许多次领略了货真价实的新闻。美国学者戴维·哈尔伯斯在《无冕之王》中赞誉"《现在请看》节目几乎是惊人地代表着电视中最美好的东西，即不断勇敢地探索社会和政治问题的复杂领域"。爱德华·默罗从投身于新闻事业后，就一直表现出的无畏地追求真理的精神，得到了更完美的体现。在做新闻主持人的同时，1953年默罗开始了他的著名访问节目《面对面》。这个访谈型节目使默罗能够坐在演播室里，同美国的种种人物讨论生活中较为轻松的各种事情。从开播到1959年6月26日停办，先后有五百多位来宾走进了演播室，成为了默罗的访谈对象。该节目是当时美国收看率最高的十大节目之一。默罗受到美国无数广播电视收视者的爱戴。然而，长期的过度劳累严重地损害了默罗的健康，使他在1968年度过57岁生日之后两天，便与世长辞了。名记者埃里克·塞瓦赖德伤感地说："他是一颗流星，我们将很久很久地仍叨他的光……我们再也见不到像他这样的人了。"① 这是许许多多怀念默罗的人们共同的心声。

---

① （美）埃德温·埃默里、迈克尔·埃默里：《美国新闻史》第545页，新华出版社1982年11月版。

1952年正值美国34届总统大选之机，在激烈的大选报道新闻竞争中，哥伦比亚广播公司编导唐·休伊特首次提出了新闻节目主持人一词，并选中经验丰富、思维敏捷的老记者沃尔特·克朗凯特主持对共和党和民主党全国代表大会的电视新闻报道。他组织、串联来自各方面的信息，进行综合报道，分析评述，他的出色并有特点的报道使他在电视新闻界崭露头角。电视新闻节目主持人也从此踏上新台阶。十年以后，克朗凯特当上了哥伦比亚广播公司《晚间新闻》节目主持人，从此便以他庄重稳健、沉着冷静的报道风格，吸引着无数电视观众，也影响着各个层面人们的思想。他采访过他在职期间的历任美国总统和国际上许多政界首脑，采访题材无所不及，尤其对一些重大事件，如总统选举、越南战争、种族冲突、暗杀事件、水门事件等等的报道与分析，给电视观众留下极其深刻的印象。

作为电视节目主持人的开拓者、实践者，克朗凯特以其卓然的成绩多次获得包括美国总统自由勋章等各种大奖，曾五次被公众选为“美国十大最有影响的决策人物”之一。他是世界级的主持明星，在希腊，克朗凯特就是主持人的代名词。

在美国电视主持人的开创时期，不能不提及亨特利和布林克利。他们是1956年美国总统大选时期，由全国广播公司推出的《晚间新闻》节目主持人。他们各具所长，配合默契，在二人搭档的整整12年中，所主持的《晚间新闻》一直雄居三大广播公司新闻节目收视率之首。亨特利—布林克利以风格上的成功开创了伙伴型主持人节目的先河，启示了后来者，并成为合作型主持人的楷模。

70年代至80年代，美国的电视节目主持人已进入兴盛时期。这种兴盛的标志，主要体现在出现了一批家喻户晓，深入人心的明星主持人和与他们相互依存的知名栏目。最引人注目的当是：芭芭拉·沃尔特斯，她是美国电视网业出现的第一个固定女性节目主持人，1976 年被美国广播公司以高薪聘请，在社会上引起轰动。丹·拉瑟是继克朗凯特之后又一巨星级的主持人；与汤姆·布罗考和彼得·詹宁斯共同成为美国 80 年代“三大明星”，他们分别在美国三大广播公司主持《晚间新闻》节目，形成鼎足之势，并且至今依然活跃在荧屏上。他们享受着高额俸禄，“跻身于那些左右着我们这个世界的少数几个人的万神殿之中了，没有被邀请，没有被选举，公众也不曾争议，他们在那些总统、国会议员、劳工领袖以及其他决定公众政策和影响个人态度的人物旁边，取得了一席之地”①。

进入 90 年代后，电视谈话节目的大量出现，更造就了一批重量级的明星主持人。CNN 的《拉里·金直播》中的拉里·金，从 60 年代的广播明星，到今天的电视巨星，他在平和、轻松中隐含着犀利、敏锐，将热点、焦点新闻人物、事件的访谈节目做得有趣、有致、有内容、有观点，难怪吸引着全世界众多的眼球。同样，提起奥普拉·温弗瑞也几乎是家喻户晓。以她名字命名的《奥普拉·温弗瑞访谈》创办于 1986 年。这个以人际关系、心理分析和日常生活为主要话题的谈话节目，所以能够十多年来始终保持高收视率的市场份额，很大程度依赖于主持人执着的追求和独特的风格魅力。奥普拉·温弗瑞“在节目中以自己超乎寻常的直觉和非凡的才能与人交谈，了解人们最脆弱的隐秘，挖掘观众真正想听的个人故事。每天都

① （美）芭芭拉·马图索：《美国电视明星》第 1 页，中国广播电视出版社 1987 年 7 月版。

有近1400万观众收看她的节目，她的观众不受信仰、性别、文化程度和年龄的限制，包括那些寻求快慰的人群、赋闲尔追求新知的主妇、寻觅伴侣的孤独的离婚者以及那些渴望理解的非正统生活方式者。”① 哥伦比亚公司于1968年9月创办的《60分钟》杂志型电视新闻节目，已经走过了35年的历程，依然稳居收视率前茅，与它不可分割的是那些深入人心更为辉煌的名字：麦克·华莱士、丹·拉瑟、哈里·里森纳、莫里·塞弗等。

总之，美国电视节目主持人从出现、发展到兴盛，已越来越“飘逸出道德权威和智慧权威的芳香”，电视网也“借助于新闻节目主持人的威望为整个电视网带来好处，即，增加收看率和广告收入”②。从接收者来说，也对节目充满兴致。整个背景又促进着主持人节目的发展。这是一个良性循环的好氛围。

50～60年代美国电视节目主持人获得的巨大成功，引起了西方许多国家的注目，争相效仿，将主持人节目形式引入本国的电视媒介传播活动中。英国的电视机构，一向以传统正规的新闻报道而著称，70年代开始他们尝试打破传统的节目模式，将充满个性的主持人推向观众，其结果非但没有失去电视机构的权威感，反而增加了节目的真实性、可信度，深受接收者欢迎，从而一举成功。英国商业电视台的著名节目主持人阿拉斯泰尔·伯内特于1983年夏，英国女王伊丽莎白在庆祝生

① 汪文斌、胡正荣著：《世界电视前沿》（Ⅱ）第207页，华艺出版社2001年11月版。

② （美）芭芭拉·马图索：《美国电视明星》第3页，中国广播电视出版社1987年7月版。

日之际，被封为爵士。在英国，对一位新闻记者来说，这是绝无仅有的巨大荣誉。BBC 电视台于 1975 年推出了该台的第一位新闻节目女主持人，顿时产生轰动，各种媒介竞相报道。这就是日后闻名英吉利海峡的著名主持人安吉拉·里澎。

在法国，女节目主持人克里斯廷·奥克伦特居然成为全国电视观众议论中心。大名鼎鼎的日尔纳·比沃是法国电视二台《新书对话》节目的主持人，他以非凡的才华在法国知识界享有很高威望。法国电视一台为了提高主持人节目的整体水平，70 年代中期专门派出了一个主持人考察小组，到纽约观看考察克朗凯特究竟是怎么样主持节目的，以期谋求他山之玉。

日本是一个善于走捷径的民族，在广播电视发展史上亦可窥见一斑。日本广播协会在克朗凯特们的热潮中，也随潮而涌推出了自己的美式主持人，其成功的景象只要从 NHK 晚间新闻主持人木村太朗及其伙伴主持人宫崎绿产生的明星般的轰动效应便可一目了然。节目主持人一时间在日本成为最引人注目的人物。NHK1991 年在全国范围内投票选举的电视界“全国最受欢迎的十大男女艺员”中，名列榜首的北野武和山田邦子均是节目主持人。而男艺员中更几乎是清一色的主持或司仪。

在加拿大也产生了家喻户晓的主持明星，即加拿大广播公司晚间新闻节目主持人诺尔顿·纳什和周末节目主持人彼得·曼斯布里奇，他们既是电视台的支柱，又是观众心目中的偶像。①

节目主持人是一个方兴未艾的事业，它已被广播电视的传

① 参见《中国应用电视学》第 658—659 页，北京师范大学出版社 1993 年 6 月版。

播者与接收者共同认可，已在世界各地普及，并不同程度地发展着。然而无不依然面临着更新、挑战、竞争与完善。

3. 西方节目主持人的特点

①扎实的专业素质

任何一个职业都有其自身的专业素养要求，只是其中的知识与技术含量的多少、高低有所不同。节目主持人作为大众传播活动中的从业者，除需要一般媒介人的基本专业修养外，还必须具备特别强的传播能力，优秀的综合素质。不同的类别又有各自的要求与特点。西方节目主持人特别以美国节目主持人为代表的主持人群体，在整体上体现了扎实的专业素质。我们可以从几个方面去认识。

第一，优秀的新闻记者功底。

西方的新闻节目主持人大多出身于资深的记者，他们具有良好的新闻素质、敏锐的观察力、深刻的洞察力、清晰的表达力和丰富的实践经验，这使得他们转到主持人岗位后，能够驾轻就熟地应付各类新闻事件，并表现出自己独到的见解，令接收者信服乃至崇拜。美国最著名的杂志型电视新闻节目《60分钟》的总编导唐·休伊特谈起他的主持人时说："现时的六位主持人都是全国闻名的记者、电视明星。他们虽然共同主持这个节目，但每个人的个性和播报风格，又不尽相同。"

克朗凯特的记者生涯要追溯到他21岁进入合众通讯社开始，二战期间他是合众社的随军记者，是当时由最优秀的随军记者组成的"第六十九写作组"的一员。二战一结束就被派到合众社莫斯科分社任社长。直到1950年哥伦比亚公司终于雇佣到他。他之所以能在1952年主持对共和党和民主党全国代表大会的电视新闻报道中，能够在任何时候把各种消息综合起来，并以他的出色报道在电视新闻界崭露头角，不仅仅得利于他做了充分准备，查阅了大量卷宗、掌握了背景材料，实际上更得利于他多年的记者生涯和非凡的新闻素质。同样美国大名鼎鼎的节目主持人爱得华·默罗，1935 年大学毕业后就开始为哥伦比亚公司工作，1938 年开始了他举世闻名的二次大战欧洲现场战争报道。至于戴维·布林克利、约翰·钱塞勒、丹·拉瑟等这些明星主持人也无不有着长期的记者生涯，采访和写作都是他们的看家本领。因此，西方新闻节目主持人的选拔非常看重阅历中的记者经历。如果没有五年、十年的新闻一线经历，你根本没有问津新闻节目主持人职业的资格。

第二，出色的语言表现力。

节目主持人以语言为工具承担自己的职业角色，因此良好的语言表达能力对于主持人是至关重要的。无论是新闻、谈话节目主持人还是综艺、体育任何主持人，都要通过有声语言和神态、形体等无声语言与接收者进行交流。语言水平的高低在很大程度上决定了他实施传播能力的强弱。所以，西方新闻节目主持人最初的来源除了记者外还有一部分出身于播音员。像汉斯·冯·卡尔登邦、切特·亨特利，都曾是优秀的播音员。切特·亨特利，从小就擅长演讲。1934 年开始在西雅图电台做播音工作。1939 年又为哥伦比亚公司所属的洛杉矶 KNL 广播电台雇用，做广播评论员，以后进全国广播公司，1956 年开始与戴维·布林克利形成黄金搭档的明星主持人。人们一致认为亨特利的伟大力量在于他的语言表现才能。他以优美洪亮的嗓音，潇洒倜傥的风度，吸引着无数观众。即使不是播音员出身的主持人也同样要具备良好的语言素质，这是走向成功的重要条件。爱德华·默罗在上大学时，就以擅长辩论和演说而闻名，大学期间主修演讲学，演讲成绩全校第一，并且担任过美国全国学联主席，是个出色的活动家。在他长达25年的主持人生涯中，正是通过自己深厚的语言表现力，“善于把自己的正直感和准确感传到美国家庭的起居室里。他那为人熟悉的深沉而又富有说服力的声音，像他严肃的表情和庄重的举止一样，增强了节目的感染力”①。

第三，良好的主持状态。

状态从某种角度看几乎可以说是节目主持的灵魂。它是主持人综合素质、专业能力的集中体现，是主持人评判的第一要素。轻松、自然、积极的“无镜头”状态在许多西方节目主持人中是共有的。这总种“原生态”、非 show 的主持状态，使这些主持人都极具亲和力，有良好的观众缘。奥普拉·温弗瑞可以说是他们中最优秀的代表。“温弗瑞的亲和力给观众一种可触摸的真实美感。‘虽然她不是高挑完美的金发美女，但是她给了人们真实。’一位观众如是说。她的热情与率真使她能够谈论任何话题，而且无论谈论什么样的话题，她都能让观众动容。”② 我们看到她在每一个节目中都始终精神饱满，既积极热情又从容自定，充满亲和友善，与现场观众气氛融和，节目进展张弛有度。良好的主持状态，还包括善于渲染氛围，营造气氛，这点也是西方的一些谈话、竞技、游戏、综艺类主持人之所长。在这些节目中我们可以看到主持人的竭尽所能的

---

① （美）埃德温·埃默里、迈克尔·埃默里：《美国新闻史》第546页，新华出版社1982年12月版。

② 汪文斌、胡正荣著：《世界电视前沿》第212页。华艺出版社2001年11月版。

投入节目、进入节目、拉动节目。

② 新闻、谈话节目主持人唱主角

在西方节目主持人中，最具知名度，最具影响力的大都是新闻、谈话节目主持人。特别在美国，许多新闻访谈、综合谈话节目都是直接以主持人的名字命名的。如：CNN 的《拉里·金直播》、NBC《杰·雷诺谈话节目》、CBS 的《莱特曼夜间秀》等。据美国盖洛普民意测验调查表明，克朗凯特在美国人民心目中的威望比总统还要高。“在与外界打交道时，丹·拉瑟和汤姆·布罗考等人发现，对一般记者犹如远在天边的高级官员，对他们就像电话机一样近在眼前。”[①] 形成这种状况的重要原因，不仅仅在于这些新闻节目主持人自身的杰出才华，还在于社会背景。时势造英雄。二次大战时期的广播现场报道，本身就对无数关注着这场战争的人们形成极大的吸引力。“60、70 年代瞬息万变的时局和此起彼伏的爆炸新闻，更使声画并茂现场感强因而可信度较高的电视新闻变成美国人不可或缺的精神食粮。而美国电视网的商业性质又着意渲染捧出电视明星——希翼借助新闻节目主持人的道德权威和智慧权威为整个电视网增加收看率和广告客户。”因此，正是“电视观众渴望客观真实新闻的愿望和商业电视网追求最大利润的欲望相互推波助澜，将电视新闻节目主持人推到一种神通广大、法力无边的地位之上”[②]。

③ 主持人拥有较大的权力

---

① （美）埃德温·埃默里、迈克尔·埃默里：《美国新闻史》第 3 页，新华出版社 1982 年 12 月版。

② 《当代世界广播电视》第 115 页，复旦大学出版社 1991 年 8 月版。

西方的国情、新闻体制，决定了西方的节目主持人从一开始便拥有了比较大的权力范围，并且很快就走上了主持人中心制的轨道，使节目主持人在很大程度上真正成为了节目的主导者——主人。我国著名的节目主持人赵忠祥在出访美国之后，曾经谈到："在美国，主持人已是权力很大的职务，三大广播公司的新闻节目主持人，不仅在编采、报道上有极大的发言权，就是在周围一班人的组织安排上，也有极大的发号施令的权力。主持人实际上是'头儿'，他可以主宰一个部门。"从爱德华·默罗，沃尔特·克朗凯特到丹·拉瑟都有自己的工作班子。他们有权决定并安排人员去采写什么，报道思想如何，同时掌握最终修改权。在整个新闻节目制作过程中，由节目主持人负责协调一班人马，触角四布，可迅速捕捉到国内外各个地方的各类新闻，而最终的审定、播出尤其是评述更明显地表现出主持人的主观意识。比如"在 CBS 电视网，新闻节目主持人在很多方面是新闻部的精神领袖，有 1000 多人看着他如何定调子，不仅是为他自己的节目定调子，而且也是为整个电视网定调子"①。

节目主持人拥有较大的权力也就意味着对所主持节目拥有更大的控制空间，这对主持人主体观念的表达，能动地驾御节目，把握节目节奏与进程，加强节目质量、提高工作效率、减少运作障碍无疑是有益的。但同时也对节目主持人提出了更高素质的要求，不是单纯业务水平的尺度。必须在敬业精神、道德规范、协调管理诸方面表现得出类拔萃。因而也难怪在

① （美）芭芭拉·马图索：《美国电视明星》第 4 页，中国广播电视出版社 1987 年 7 月版。

《美国新闻与世界报道》1975—1977 年连续三年举办的关于美国领袖人物的典型调查中，克朗凯特均当选为最有影响的“决策人”之一，在尼克松时代，他的信任指数为73%，而尼克松仅为57%。从某种角度说，作为全方位的新闻节目主持人具有一定的领袖素质。当然需要指出的是，主持人的工作是以整体协调团队合作为特征的，因此一个名主持背后必然有一个强大的团队在支撑着。这是名主持获得成功的坚强后盾。

第二节 中国节目主持人的产生与发展

一、中国主持人形成产生的背景

20 世纪 60 年代前后，与沸沸扬扬、方兴未艾的西方主持人节目和节目主持人发展景状相比，虽然同在一片蓝天下，我国却显得冷冷清清、举步维艰、姗姗来迟了。1928 年荷兰出现第一个节目主持人后，西方许多国家几乎接踵而起，到 50、60 年代已形成了兴盛状态，涌现出了一批明星主持人。而我国，广播电视节目主持人从 1928 年整整走了 52 年，才开始有了第一个主持人节目。为什么会如此漫长？为什么我们从零的突破到今天几万人庞大队伍的形成却不过 20 年的路程？当我们在津津有味地看着热热闹闹的主持人节目时，是否应该对这些现象进行一番冷静地思考，从而以告诫未来呢？答案显然是肯定的。

1. 政治因素和新闻观念的影响

广播电视与政治的密切关系是无可否认的事实。无论是大众传播学还是现代政治学的研究都无法掩盖大众传播工具的政治属性、政治功能，以及它在政治体系、结构中的地位。即使美国的政治学家阿尔蒙德·鲍威尔也承认："政治体系不仅包括政府机构，如立法机关、法院和行政部门，而且包括所有机构中与政治有关的方面，还有诸如……大众传播工具之类的非政府性组织等。"① 问题的关键在于如何正确把握政治在其中的地位、作用。作为大众传媒的广播电视应是政治信息的交流机构，它理应兼备政治信息输出和输入的双重功能。同时另一方面我们应该看到进行政治信息的交流仅是广播电视传媒诸多功能中重要的一项，而不是惟一的功能。我国节目主持人起步缓慢的根本原因就是对这一问题的认识有失偏颇。

1958 年 4 月 29 日，中央广播事业局党组在给中央宣传部、国务院并转党中央的报告中提出："北京电视台应根据自己的工作特点，担负起宣传政治、传播知识和充实群众文化生活的任务。"② 我国初期的电视节目正是在这个方针指导下实施制作的。那时，广播电视新闻和重大的党事国务密切联系着；社会教育和知识传播节目也要注意和中心工作相配合；即使是文艺节目的选材也比较重视革命传统教育、阶级斗争教育和社会风尚教育。片面地强调了广播电视的政治宣传功能，缺乏对受众的基本交流，使之成为单纯的传声筒，播音员进行的是没有个性的演播活动。甚至广播电视的新闻节目的基本稿

① 《比较政治学》第 5 页，上海译文出版社 1987 年版。

② 《中央电视台大事记》第 4 页，人民出版社 1993 年 7 月版。

源，都是在依赖报纸、通讯社。因此，充满个性的节目主持人与这样的背景是格格不入的。

文化大革命时期，整个舆论界都走向了更大的偏激，以单一的强烈攻势进行“革命”的鼓吹，电视节目的设置在我们今天看来几近荒唐，广播电视为政治所吞噬。电视播音员都出不了图像，不报姓名，更何谈节目主持人。

只有当党的十一届三中全会后，改革开放的春风遍及祖国大地之时，我国广播电视事业才迎来了自己的春天，开始步入了充满生命力的黄金时期。以往单一的播出形式、内容安排、节目设置都远远不能满足传受双方的要求。广播电视已不再是单纯意义上的传声筒了，它不仅要上情下达、沟通四方，而且要满足人们的信息需求、审美需求、娱乐服务需求。无疑，宽松、开放的政治氛围和新闻观念的更新，是节目主持人产生的重要的背景条件，也是我国主持人事业得以迅猛发展扩大的根源。同时，主持人节目的诞生是我国广播电视工作者在党的改革开放政策指导下，对现代广播电视事业发展规律的有益探索。这种探索宏观上顺应了信息时代形势发展的需要，符合现代广播电视的发展规律，张扬了自身的优势。具体地看，它突破了以往几十年单一的播音形式，丰富了节目内容，缩短了与受众的距离，极大地提高了收听收视率，对我国广播电视事业的发展产生了积极影响。

大众传播与媒介语境有着密切的关系。什么样的语境决定什么样的表达语态，什么样的表达语态为什么样的语境服务。以直接、平等、面对面的人际传播的方式进行大众传播活动的主持人节目，只有沐浴着新时期的春风，在思想解放、锐意改革的媒介环境下，才可能出现并迅猛发展。倘若背离了时代的大背景也是无从谈起的。而今天，大力张扬的贴近实际、贴近生活、贴近群众的新闻宣传指导方针，对于传者而言不仅是内容的要求，也是形式的追求。谁能接受一个“三贴近”的内容用远离百姓的表达方式所进行的传播事实呢？因此，“三贴近”不是口号，不是模式化的政治，应从老百姓和国家利益出发，从国家发展进步的角度去认识。任何传播一定都应以最佳的表达去获得最大的传播效果为终极目的。探寻有针对性的、最适合的表达方式是寻求更多的接收对象的前提，是获取更大的社会影响力的保证。主持人恰恰是实现“三贴近”的最贴近的传播方式。所以，主持人事业的发展必定道路开阔。

2. 经济基础和技术设备条件的影响

经济基础是上层建筑发展的保证。我国落后的经济基础一直沉重地拖拽着上层建筑的翅膀。一个国家、一个地区经济实力的强弱，经济构成状况的不同，也必然影响着作为上层建筑意识形态领域的节目主持人事业的进展。当然，这种影响是多方面的，有的是直接的，有的是间接的，有的较为明显，有的则较为隐晦。另一方面，节目主持人属于电子媒体，他的产生与发展无疑要依赖于“硬件”——电子接收、发射设备的普及化和先进性。如果电台、电视台多了；或者传播的覆盖面广了，同时，人们拥有的收音机、电视机又有足够多的数量，节目的丰富性与质量自然会在需求与竞争中不断提高。然而这些“硬件”的发展，恰恰需要足够的经济实力。

很长一段时间，我国与西方国家在电子工业、高科技方面的前进步伐，有着相当一段差距。广播、电视进入普通家庭的时间，中西方相差了几十年。早在30、40年代，收音机便逐渐在西方各国普及，到了50年代，西方各国的家庭中又几乎都有了电视机。而我国的情况是：以1937年6月的统计数字，全国收音机的总数，包括已沦亡的东北三省在内，只有20万架左右。电视机的景况更令人失望，1958年我国电视事业初创时期，全国只有北京、上海两个电视台定期播放节目，电视接收机的数量屈指可数。60、70年代有所发展，但仍仅仅是一种高档消费品，只有企事业单位和极少数家庭拥有。“文革”结束后1978年全国电视机为150万台。从70年代末到80年代初电视机才以令人瞠目的速度普及到寻常百姓家。

我国的节目主持人也正是在我国经济建设突飞猛进的背景条件下，人民物质生活水平提高的基础上，出现并发展、兴盛起来的。截至2000年底，我国共有广播电视台2216座，其中广播电台294家，电视台343家。中央电视台现有在编主持人300多人，北京电视台主持人人数达100多名。1998年，参加浙江省主持人测试的人数已经上千。参加山东省主持人测试的人数达到1500人。目前全国主持人数量已在六万人左右。单从数量上，我们就能看到这十几年的节目主持人发展兴盛的状况，我们相信，随着国家经济基础的日益雄厚，高新科技的飞速发展，人们的精神文明水平的提高，对广播电视节目主持人发展进步，逐步走向成熟必将起着积极的推进作用。

3．开放的文化背景提供了适宜的土壤

如果说前两点侧重于对为什么我国节目主持人从无到有整整走了53年进行了分析阐述，那么这里将努力探讨为什么我们从零的突破到超5000人队伍的形成却仅仅只用了十几年的时间。鲁迅曾经用一句中国成语“知人论世”来表述研究了解艺术家不能离开对他所生活的时代的认识，并且在《魏晋风度及药与酒的关系》一文中，运用这个原则对魏晋时期的代表作家进行了精辟的分析。同理，在唐代，如果没有儒、释、道并行，西域文化渗透的开明宽松的文化氛围，也就没有盛唐气象，没有群星璀灿的唐诗盛况。我国改革开放后，在上层建筑领域最突出的征兆便是打开了国门，使封闭已久，人们疏远而陌生的西方现当代文化气息得以扑面而来，有关大众传播学、美学、文化学、新三论、老三论等等大量译著纷纷出版，拓展了国人的理论视野，冲击着人们习惯的思维模式。在广播电视界，随着改革开放国际交流明显增加，中央电视台记者小组频繁地随同国家领导人出访，这既是练兵又是取经的过程。同时积极参加国际有关组织活动，广泛建立联系、交流节目、联合拍片、人员培训等等，加之先进的卫星接收设备，更使得广播电视人可以耳闻天下事，眼观海外景了。

总之，宽松、开放的文化氛围，是我国节目主持人一经萌发便迅猛发展的重要条件，它为节目主持人的生长提供了最适宜的土壤。在这样的生存环境里，主持人的发展一开始起步就比较高。西方主持人节目和节目主持人成功道路使我们有了可以攻玉的他山之石，有了可以点评、借鉴的榜样。主持人节目取得的轰动效应，又使它得以迅速在全国范围内发展，形成良性循环。

二、中国节目主持人的发展状况

我国境内最早的广播电台创办于 1923 年初，真正给中国人民带来福音的中国共产党领导下的广播电台是在战火纷飞的 1940 年 12 月 30 日诞生的，中国第一个电视台即中央电视台的前身北京电视台开播于 1958 年。而主持人节目的推出不仅远离西方半个多世纪，也距离我国广播电视创建数十年。尽管此时，西方学者已经把笔端深入到现代传媒的深层肌理，开始“去理解媒介是如何直接干预着我们的理性和感性的生活、我们的政治、我们的工作、我们的审美态度以及我们的集体记忆”等等大众传播与文化渗透的研究领域①，但是毕竟我们迈出了关键的第一步。从1980年7月12日中央电视台《观察与思考》我国第一个节目主持人出现，至今已有23年了。纵观中国主持人发展的轨迹，大可划分为以下几个阶段：

1．初始阶段：1980年—1985年

1980年7月12日中央电视台开播的《观察与思考》首次正式打出“主持人”字幕。记者庞啸出任第一个主持人，节目主题《北京居民为什么吃菜难》，这也是我国最早的电视评论节目。播出后引起强烈反响。

1981年元旦，中央人民广播电台对台湾广播推出了《空中之友》节目。主持人“徐曼小姐”一改传统的“高调门、强语气”的播音方式，以亲切平易、甜美柔和的主持风格赢得了听众的喜爱。该栏目打破了长期以来大陆对台广播冷冷清清的局面。二十多天后，中央人民广播电台就辗转收到了台湾听众的来信，信中对主持人徐曼表示热情的肯定，说徐曼亲切、甜美的声音“每天都在吸引着台湾1700万中国人……，拨动着那些想要会见大陆亲人的台湾人的心弦”。

1981年4月，广东人民广播电台推出了李一萍、李东主持的《大众信箱》。他们二人对话、聊天式的可亲、可信的主持风格很快被听众认可，并亲切地称李一萍为“知心姐姐”。

① （美）丹尼尔·杰·切特罗姆：《传播媒介与美国人的思想》第3页，中国广播电视出版社1991年6月版。

广播主持人很快形成“北徐南李”的格局。

1981 年 7 月至 11 月，中央电视台推出了每周一场共 13 场的《北京中学生智力竞赛》节目，赵忠祥作为主持人主持了全部竞赛。从此知识竞赛节目掀起高潮。

1983 年元旦，中央电视台改版后的，《为您服务》推出了我国电视史上第一个固定栏目的专职主持人——沈力。沈力以充满亲和力的、真诚的、平等的主持风格给中国电视荧屏带来了久久让人记忆的暖风。

1983 年 8 月 7 日，中央电视台开始播出 500 分钟的大型系列专题片《话说长江》，其中设置了在演播室与观众交流的主持人：陈铎、虹云。这种崭新的节目样式的出现，令电视观众为之兴奋。

1985 年 6 月 1 日，中央电视台少儿节目《七巧板》改版播出，主持人“鞠萍姐姐”成为千千万万儿童及其家长喜爱的偶像。

与西方节目主持人发展态势不同的是，我国广播、电视节目主持人几乎从一开始就是齐头并进，竞争激烈。这种空中大战不仅表现在同类媒介间的竞争，还表现在电台与电视台之间的竞争。虽然电视具有声像兼并的优势，但电台依然不甘下风，充分发挥自身便携，不受时空限制的长处，把节目办得有声有色，红红火火。有了这些初创者们稳健地走出的第一步，中国广播电视节目主持人事业从此蓬蓬勃勃，迅猛发展兴盛起来了。

2. 迅速普及发展阶段：1986 年—1993 年 4 月

1986 年 12 月珠江经济广播电台成立，这是我国广播界实行全面改革的先声。“该台继承了我国人民广播的优良传统，借鉴并吸取了海外现代广播之精华，适应珠江三角洲地区听众的需要，创造了一套比较完整的节目样式：大板块节目；主持人具有编、采、播、控的综合素质；主持人‘提纲加资料’的现场直播（新闻和信息除外）；听众通过热线电话的同步深度参与等等。”这个“珠江模式”的核心正是主持人中心制，它的诞生“标志着我国广播工作者经过几十年的艰苦摸索，终于学会按照广播的特点和规律办广播了；它标志着我国的广播电台不仅学会了自己走路，而且开始走自己的路了”①。珠江经济电台的有益探索，对全国广播主持人节目的发展产生了积极并具有历史意义的影响。

这一时期，从中央电台到各地方电台纷纷出现了各种类型的主持人节目，有的影响很大，形成品牌节目。如中央电台的《午间半小时》、《今晚八点半》、上海东方广播电台的《蔚兰信箱》、海峡之声广播电台的《空中立交桥》等等。这些节目的主持人傅成励、虹云、蔚兰、钱锋等也深受听众喜爱并广为人知。

电视主持人的发展状况又是如何呢？继《为您服务》节目的成功，上海电视台推出了少儿节目主持人陈燕华，她先后主持过《娃娃乐》、《燕子信箱》、《快乐一刻》等少儿节目，深受孩子们欢迎。当年这些节目的忠实小观众，已经长大成人，当他们每周从东方电视台的《飞越太平洋》栏目再次看到主持人陈燕华时，依然亲切地管她叫“燕子姐姐”。当然陈燕华随着时间的流逝，生活地域环境的变化，已从一个单纯、甜美的少儿节目主持人转换为成熟、机敏的专栏节目主持人，在东西方文化的碰撞中，塑造了自己的新形象。

---

① 白谦诚文，《中国广播电视学刊》1994年第5期，第13页。

1987年6月，上海电视台推出了全国第一个社会多视角的杂志型电视新闻专栏节目——《新闻透视》。李培红作为电视新闻节目主持人率先出台亮相。这个栏目，从形式上突破了长期以来新闻节目的播报模式。从内容上按照新闻性、知识性和服务性的要求，及时捕捉、剖析观众关注的重大新闻、热点新闻与社会问题，直接反映观众的意见和呼声，成为观众心目中的社会窗口。主持人李培红走出演播室，努力融入节目，直接参与选题，现场采访拍摄和节目制作工作，也是节目成功的重要一环。《新闻透视》节目初战告捷，为我国以后发展新闻节目主持人开拓了美好的前景。这以后从中央台到各地方台类似节目相继推出。如中央电视台的《今日世界》，浙江电视台的《黄金时间》、山东电视台的《今日报道》等等。

1990年中央电视台先后推出两档不同风格的综艺节目，这就是《综艺大观》和《正大综艺》，主持人倪萍、杨澜也随着这两个节目走进千家万户，被亿万观众瞩目、喜爱，在中国节目主持人史册上留下灿烂的一页。

1991年11月18日纪录片《望长城》开播，节目中首次起用外景现场主持的节目形态，主持人焦建成硬朗、自然的主持风格获得人们一致好评。

依然与西方节目主持人截然不同，这一时期在我国最具知名度、最具影响力，以至由此而来拥有高收入机遇的主持人，都不是新闻节目主持人，而是综艺节目、少儿节目和部分专题节目的主持人。在最初的主持人大奖赛中，问鼎桂冠的也多是他们当中的佼佼者。导致这种状况的原因，其一，与接收者有关。大多数接收者对综艺节目情有独钟，紧张的工作之余，他们喜欢消闲、逗乐、轻松愉悦的心理需求，与综艺节目相吻合，因此使得这些主持人拥有大量的观众、听众群；其二，长期来我国新闻体制的局限，在新闻传播中形成了一定模式，约束着媒体，虽然已实施了一定改革，但真正意义上的新闻节目主持人还没有全面站立起来，抓住观众；其三，主持人自身素质导致，不具备良好的专业能力。

1990 年 6 月 16 日中国广播电视学会主持人节目委员会成立。从此，对主持人的研究、评奖有了专门的学术团体。

3. 质的变化飞跃阶段：1993 年 5 月—1998 年底

1993 年 5 月 1 日，中央电视台新闻杂志类节目《东方时空》开播，从此中国节目主持人发展进入一个崭新的阶段。其子栏目《东方之子》、《焦点时刻》中开始起用一批记者型主持人，经过一段时间最终优胜劣汰，集中推出敬一丹、白岩松、水均益等至今活跃在央视荧屏的优秀新闻节目主持人。

1993 年 5 月 10 日《一丹话题》开播，这是我国首个以主持人个人命名的电视栏目。敬一丹伴随着这个栏目从此被广大观众所熟悉。

1994 年 4 月 1 日，中央电视台评论节目《焦点访谈》开播，由张恒主持了《'94 国债发行第一天》。方宏进、敬一丹在相当一段时间成为这个栏目代表性的节目主持人。

1996 年 4 月 28 日，中央电视台电视谈话节目《实话实说》开播，崔永元以他特有的幽默、机智、亲和的主持风格赢得了各阶层的广泛地认同、喜爱。

1996 年 5 月 17 日，中国首个“调查性纪录片”栏目《新闻调查》在央视开播。由白岩松主持《宏志班》，编导夏骏。主要主持人王志、董倩、长江，随着新闻频道的开播，王志，董倩承担了新栏目，又有杨春、柴静等年轻的后来者。《新闻调查》栏目的主持人是典型的记者型主持人。平和的采访态度，扎实的记者功底，缜密的语言表达是他们这个群体共有的特征。

广播电台主持人节目这个时期以午夜热线节目、交通服务节目在社会上反响很大，是电台收听热点。上海电台的《相伴到黎明》，杭州西湖之声的《孤山夜话》是其中比较典型的例子。

这一时期中国节目主持人发生了明显的质的飞跃，伴随着中央电视台一系列新闻主持人节目的出现，给我国主持人事业带来了全新的主持人理念，造就了一批优秀新闻节目主持人，影响、震动、拉动了全国新闻主持人节目的发展，全面性地促进了主持人事业的发展与提高。

这些节目通过大胆地尝试与实践，逐渐形成了自身的节目风格——快捷、敏锐、深刻、沉稳，并开始冒出了名牌主持人：敬一丹、白岩松、崔永元、水均益、方宏进、王志、董倩等等。他们以扎实的记者功底，深刻的思辨能力，清晰的语言表达，或熟练的英语水平，沉稳地把握着节目。广播主持人节目随着节目样式的丰富，热线互动节目的增加，社会影响力也达到新的高峰。

从这个时期开始，对节目主持人的研究、评奖，以及各种大赛此时也非常活跃。中国节目主持人的最高奖项——金话筒奖于 1993 年正式设置。

4．全面发展走向成熟阶段：1998 年 1 月至今

以 1998 年作为分界，是由于这以后接踵出现的各类型的主持人节目丰富多彩，接收率高，影响力大，明星主持人与节目相伴而生。如 1998 年后开播的《元元说话》、《快乐大本

营》、《半边天》、《开心辞典》、《幸运52》、《艺术人生》等等，推出了一批优秀的节目主持人：元元、李湘、何炅、张越、王小丫、李咏、朱军。打造品牌栏目，增加竞争实力是当前各个电台电视台应对激烈竞争媒介市场的重要策略。而选拔、包装、造就名牌主持人，更是重中之重。

目前我国广播电视的主持人节目与节目主持人依然处于一种上升发展的趋势，竞争亦日趋激烈。在许多城市，往往可以同时收到几十个电视频道，十多家电台频率。各电台、电视台为了扩大收听、收视率，铆足了劲儿用在节目上，不断滚动变化出新栏目、新形象、新包装，而代表栏目与接收者直接交流的正是一个又一个节目主持人。媒介形势的发展，需要更多的主持人出现，媒介竞争的势态，更需要高质量的主持人担纲。而且随着高科技的发展，许多地方台都开始上卫星了，这就意味着我们的节目主持人所面对的不再仅仅是一个狭小的地方区域了，而将面对全国、甚至全世界的接收者。任重而道远，中国节目主持人拥有最广大的受众，在当今宽松、安定、充满生机的社会大背景中，必将走向辉煌。

三、中国节目主持人的特点

1．来源的多层次性

80年代后我国的各级电台、电视台如雨后春笋般地冒出来，节目主持人几乎与它们同步而出，并数倍于其增长着，这么大的需求量从哪里去满足呢？这也决定了主持人的来源必然要广开渠道，多方纳才。

其一，播音员。这是最初几年主持人的主要来源。他们的长处是，一般都经过专门的语音训练，能够做到字正腔圆，音质优美，语言表现力好。但从做主持人的状况看，良莠不一。有的综合素质非常好，在节目中就能游刃有余，充分发挥自身的潜在能力，从而创出名牌节目，并产生明星效应。我国主持人事业的开创者赵忠祥、徐曼、沈力、敬一丹、高丽萍就是这样。也有的从播音员转过来的主持人，由于文化根底不够厚实，主持人必备的采、编能力较弱，这样对节目的驾驭力就较弱，常表现出板滞有余，灵活不足。

其二，记者、编辑。这部分人具有较强的采编能力，能够在参与节目的策划、撰稿、现场采访、评论中显露其才华，如：傅成励、水均益。《焦点访谈》与《焦点时刻》的节目组，就拥有这样一批充满朝气、才气的记者，他们当中开始冒出值得我们骄傲的电视新闻主持人。当然现在有不少记者编辑不知是耐不住幕后的默默无闻，还是对他们出面的主持人不满意，也频频走出荧屏。但是如果不具备较强的语言表现力和现场应变力，往往适得其反，反而削弱了节目的吸引力。

其三，演员。这类人员最大的特点不存在语言表现力和镜头感觉问题。现场表现轻松、活跃，尤其在综艺节目中很能渲染气氛，如：倪萍、叶惠贤。对于这类人员来说知识的积累尤为重要。

其四，从高等院校毕业的各专业学生、其他行业的从业者。他们往往通过考试应聘或各种类型的主持人大赛走进广播电视主持人行业。

如果从学历状况来看，有来自各个专业的本科以上的专业人员。这类人员综合素质一般较好，比如外语专业的，由于具有较强的语言能力，加上大学本科的文化修养，在主持中显得轻松自如，得心应手，如杨澜、袁鸣、陈鲁豫。现在已有不少硕士学位，甚至博士学位的专业人才，加入到主持人队伍里，在新闻和专题节目中一展风采，这对提高电视节目的质量、品位，确实起着积极作用。

此外，社会上各行业中大专和高中毕业的年轻人，也积极应聘，加入主持人的队伍。他们的特点是充满青春活力，思维敏捷，不少是伶牙俐齿、英俊靓丽。但是多由于缺少一定的学历和阅历条件，在思想修养、认识水平、知识构架等方面显示出不足。

2. 起步偏差、观念渐进

我国节目主持人起步于1980年，由于当时的国情与外界的信息沟通受到方方面面限制，与国际传媒间的交流就更少，因此缺少信息，没有借鉴。在主持人的选择使用上以语音准确，音质良好，形象英俊秀丽为主要条件了。加之节目上马快，要人急，导致人员来源广，素质状况差异较大，相当一段时间主持人队伍以年轻，漂亮，浅薄为特征了。虽然这些年有所改观，但是最初留下的影子还是很明显的影响着人们。尤其从某种程度上培养，塑造了受众的一种收视心理与习惯，引导了大众的审美取向。这种影响至今在许多电视人和接收者思维中留有痕迹。甚至产生审美的两难，一方面对花瓶式肤浅的主持人不屑一顾，另一方面，又不能接受中年以上和形象一般的主持人。但是，从目前的发展趋势看，已经开始走出初创时期的误区，人们越来越在乎主持人的内涵了。在这种观念的指导下，从人员的选拔、培养都已经起点较高。很多电台电视台都将大学专科以上的学历作为主持人选拔的基本条件了。我们相信，随着时间的推移，主持人理论建设、选拔培训管理的机制都必然日趋完善。

3. 发展前景令人瞩目

进入90年代以后，与广播电视相关的各种技术，如微电子技术、通讯技术、数字技术，在我国发展很快，继中央台后，许多省级广播电视台也相继纷纷上了卫星，通过卫星传播广播电视节目，其结果不仅仅提高了节目传输信号的质量，而且高速度地扩大了广播电视的覆盖面，打破了广播电视的地域界限，从而形成了国内广播电视节目互相竞赛的态势。不仅如此，90年代后，我国行政区域性有线电视以空前迅猛的速度发展起来，各省、市甚至地、县都发展有线电视网。其中发展与竞争的态势，直接就反映在对节目主持人提出数量、质量的需求。据不完全统计，目前在我国这支队伍已经有6万人左右。我国节目主持发展的宏观前景，确实令人振奋。但是，千里之行，始于足下。踏踏实实地走好眼前的每一步，才能适应21世纪飞速发展的形势的需要。广播电视节目的竞争，最终在本质意义上将是人才的竞争，对于主持人节目而言，就是节目主持人的竞争。我国节目主持人生当逢时，宽松安定的社会环境、极为广阔的受众区域、日益繁荣强盛的经济市场，为他们事业的发展提供了极为有利的保障。这些是我国节目主持人值得骄傲的特点。

第三节 中国与西方节目主持人的比较

比较作为一种认识问题、研究问题的基本方法，广为使用。有比较才有鉴别、才有发展。我们试图运用比较研究的方法，将我国的节目主持人提高到世界性的范围来认识，并从不同的文化系统和历史背景来进行系统的比较。这种比较不是达尔文所说的“对立的原则”，而是普列汉诺夫所说的“对比的原则”。目的在于，在相互比较中，找出各自的特点、优劣长短，更清晰地认识自我、认识他人，从而取长补短，促进我国节目主持人的健康发展。我们既反对言必称“克朗凯特”、“丹·拉瑟”，也不赞赏闭关自守、自欺欺人的阿Q态度，一味崇拜与一味拒之都不是科学的态度。毛泽东同志提出的“古为今用，洋为中用”、“去粗取精，去伪存真”的文艺方针，至今是我们文艺工作者的指南。取他山之石，凿吾土之玉，又何乐而不为呢？“中外的历史都证明了一条真理：一个民族的文化，包括美学与艺术在内，如果要得到发展，必须通过与外来文化的接触而相互交流，通过矛盾而相互渗透，然后再相互学习、相互融汇，从而产生出一种以本民族的特色为基础的新的文化体系。这一新的文化体系的产生，说明这个民族取得了新的胜利，获得了新的生命力，发展到了一个新的阶段。”① 我们相信，中国的节目主持人在充分张扬自身优势的同时，借鉴西方节目主持人业已积累的数十年实践经验，必将形成塑造出中国特色的主持人节目与节目主持人。

一、文化背景的差异

关于文化背景，这实际上是一个很大、很宽泛的概念范围，在此不可能进行详尽而透彻地论述，只能谈及与我们密切

① 蒋孔阳：《中西美学艺术比较》第35页，湖北人民出版社1986年8月版。

相关的问题。中国和西方，由于种种原因，早已历史地形成两大文化系统。不同的经济、政治构成和发展，自然形成文化构成、观念意识的不同，千百年来的文化积淀，必然在民族性格、价值观念、审美趣味上形成种种差异。在传统美学思想上，中国，美是最高原则，无论是内容与形式都讲究和谐，侧重美与善的结合，强调艺术的教化作用；西方，真是最高原则，侧重美与真的结合，强调艺术的认识作用。在人和自然的关系上西方对立多于亲和。认为人必须克服自然，去控制资源。因此在传播模式上必须强调传播者通过信息去影响对方。中国讲究“天人合一”，主张人与自然浑为一体，人必须维持自然界的和谐状态，对环境是适应而非改造，因而在传播模式上必然是和谐重于说服。在看待人自身和人与人之间关系上，西方注重个性发挥与表现，强调个人价值的实现，重竞争轻道德，重人际沟通，认为人与人的关系和友谊是要靠言谈交流来建立和维持的，而中国强调人伦、道德规范、群体统一意识，重道德、轻竞争，重自我认识，提倡通过“内察”和“自省”，进行自我约束、自我检查，认为这是一种自觉性与主动性的表现。而过分的能言善道者未必能给人留下好印象。子曰：“巧言令色，鲜矣仁。”这样，西方人较多欣赏个人性格淋漓尽致的发挥，而中国人习惯了遵循统一意志，崇尚亲情，热爱家庭。

时至21世纪，全球化、国际化已经不仅仅是挂在嘴边的词汇，互联网时代改变了以往的时空概念，中国人的价值观、审美取向也在发生着变化，尊重个性、追求个性也成为社会发展的一种趋势，但是传统文化的影响仍不可谓无，而且它的精髓是我们民族的魂，民族的骄傲，是必须得以继承、弘扬、光大。当然，变迁的社会导致广播电视人不同的审美追求和广播电视接收者中不同的文化需求。这是形成各自节目主持人特点的根源。所以对什么样的人走上主持人的位置并且能在这个位置上站得住乃至扬名显威，从一开始就有了中西方不同的文化取向。换句话说，中西节目主持人素质之所以有不同构成，在很大程度上是受文化环境制约的。

西方节目主持人从一开始就集采编播于一体，必然要求有较高的学历、在知识水平方面是出类拔萃、并且注重个性风采展现的人；中国节目主持人，一开始多为采编播分体，故对主持人侧重语言、形象要求，是节目的表现者。虽然在形式上以“我”的身份出现，但个性意识较弱，更强调节目的整体性。西方的非新闻主持人，往往可以在语言、形体、表情上极尽诙谐、幽默、洒脱之能事。在中国，主持人如果过分的诙谐、随意总让人有油滑不实之感。广大受众往往更喜欢真诚、朴实、亲切、温馨的主持人形象。这难道不是我国传统文化中讲究亲情、人伦、和谐等长期的积淀因素在起作用吗?

在当今世界各种经济、政治、文化力量都急需交流、互补，以期推进整个人类社会向前发展。中西方主持人当然也可以互相取长补短，特别在改革开放的我国。“现代化的进程要求扫清种种封闭因循守旧、消极反馈的行为模式和生活模式，高度发达的自然科学要求舍弃局限于经验论的思想模式……除了经济发展所带来的社会秩序的变异和生活模式的变革，从而引起与传统思想和传统模式的冲突变革外，文化本身所带来的价值观念的矛盾、冲突和重新估价，也将日益突出。其中个体的重要性与独特性的发展，心理的丰富性、复杂性的增加”，使“缺乏独立个性的中国人如今有了全新人格的追求。捆绑在古典的和谐、宁静和稳定中，避开冒险、冲突和毁灭，缺乏人格的真正独立和成熟的历史时期已成过去”!①

文化观念的更新、进步，促进着我国广播电视事业的蓬勃、健康的发展。西方节目主持人的成功有效经验值得汲取。但是，如果我们丧失了自己民族传统文化中的许多优秀东西，包括体现在我国节目主持人中的一些好的特色，符合我们民族审美心理、欣赏口味的特色，而一味地去东施效颦般地搬用西方主持人的做法，则是可悲的。

主持人在吸引着受众，受众也在培育着主持人。有中国特色中国气派的明星主持人，就是要在亿万中国人中产生并在不断受到评说、肯定后才“立”起来的。我们深信，中国的节目主持人必将走向世界，产生世界级的明星主持人。

二、新闻体制、观念的差异

中国与西方资本主义国家在政治信仰、国家体制上的不同，反映在广播电视事业上，从管理体制到新闻观念上都存在着很大差异，这种差异也势必在节目的表现者主持人身上体现出来。美国是世界上广播电视业最发达的国家，依据《人权宣言》所声称的言论自由的原则，除对外广播外，政府不直接经营电台、电视台，而以私人经营的商业性广播电视台为主，辅以公共广播网。英国和日本的广播电视公私兼有，以公营为主，以私营为辅。法国的广播电视业长期以来一直是国家垄断由政府直接控制，现在也转化为国营和私营并存。

① 李泽厚：《试谈中国的智慧》，《中西美学艺术比较》第 27 页，湖北人民出版社 1986 年 8 月版。

以私人经营的商业性广播电视业的体制，必然以赢利为主要目的，其收入来源主要依靠广告。这就决定了他们的办台方针：政治上从维护一定的财团利益和维护大广告客户利益出发；节目制作上以吸引广告客户、提高广告收费出发。为了吸引客户提高广告收费，必须提高收听、收视率，为此要千方百计地迎合受众口味。老板对金钱的考虑压倒了对社会效益的考虑。正如美国大众传播学者罗纳德·希克斯所说："是经济学，而不是美学，决定电视节目的内容……，电视网是在做生意，目的是赚钱，而不是为了提高公众的文化情趣。"[①] 节目主持人自然要卷入这种商业竞争的漩涡，在他的节目与言行中烙下商业性的印记。而优秀的节目主持人本身就是各商业台竞争的对象。哥伦比亚公司当年正是为了不使丹·拉瑟情有所移到美国广播公司去高就，而不惜血本以上百万的年薪与其订下了10年合约。

中国的广播电视业属全民所有，是党和政府的宣传机构，把宣传党和政府的方针政策放在十分重要的位置，是人民获得信息、知识、娱乐和表达他们意愿的工具。江泽民总书记提出的"以科学的理论武装人，以正确的舆论引导人，以高尚的精神塑造人，以优秀的作品鼓舞人"，是我国广播电视工作者的基本方针、任务。它决定我国的广播电视节目以社会效益为最高标准，反对精神产品商品化。也就是说新闻的基本功能是效益性而不是赢利性。无论是传播新闻、传达政令、解释政策精神、普及科学技术知识、反映社会文明、丰富人们的文化娱

---

① 施天权：《广播电视概论》第29、250、259页，复旦大学出版社1992年5月版。

乐生活、提供咨询服务等等，都是注重社会效益。这是我国与西方资本主义国家不同新闻体制下的新闻观念的质的差异。我们的节目主持人是承担着党和人民喉舌的喉舌的重任，是媒介与受众的桥梁、纽带，他们的一言一行都必然体现着广播电视人共同的追求。

三、人员选拔与管理机制的差异

中国与西方节目主持人在来源构成上的明显差异，通过前面各自的特点分析已一目了然。但是“假如一个人能看出当前即显而易见的差别，譬如，能区别一支笔与一头骆驼，我们不会说这人有什么了不起的聪明。同样，另一方面，一个人能比较两个近似的东西，如橡树与槐树，或寺院与教堂，而知其相似，我们也不能说他有很高的比较能力。我们所要求的，是要能看出异中之同和同中之异”①。这种一目了然的差别也许就如同黑格尔所说的是一支笔与一头骆驼的区别，在异中求同，同中求异，在同与异的错综复杂的辩证分析中，我们可看到，在中西主持人的来源方面，虽然形式上表现为多层次、多渠道与相对单一（Anchor 以记者为主，HOSt 以演艺人员为主）的差异，但是从主持人职业本身的要求看，它对人员的高素质要求却是相同的。无论从何种渠道来源的主持人，他都必须具备主持人这个职业本身所必须具备的全方位的高素质要求，否则结局各异。因此，我们这里讲的是构成所导致的差异，而不是来源问题。

从西方的一些著名主持人来看，高学历、高阅历、很强的

① 黑格尔：《小逻辑》第 253 页。

敬业精神和语言表现能力几乎是他们共同具有的高素质水准，这是主持人得以成功的内在保证，也是主持人节目向高层次、向理性思考发展的保证。如法国电视二台高层次的“新书对话”栏目；英国 BBC 的请不同学派的哲学家到电台上谈观点的“哲学”栏目；都表现了主持人本身的高水准，否则无论如何驾驭不了这些节目，使节目能数十年如一日地吸引着无数人们。

从事业发展的速度看，我国节目主持人确实快马扬鞭，上得很快。但从队伍总体上存在的问题还是与选拔观念和管理的机制有关。在选拔上往往重外表，轻内涵；重年龄，轻阅历；重语言，轻素养。在管理上，重使用，轻培养；重眼前，轻未来，缺少发展的眼光。在这种观念的指导下，势必导致一些节目主持人存在着先天不足，后天又缺生长的良好土壤，难免有负众望。这样的主持人在轻松娱乐节目中，尚可在热闹的气氛中一笑混之，对于新闻的深度报道、评述节目、专题、专访类节目就难以支撑起来了。面对日益发展的世界，广播电视随着高新技术的发展越来越打破地域的局限，面向更为广阔的天地。对于节目高质量、高品位的追求，无疑向节目主持人的素质构成提出了更高的要求。

西方节目主持人的发展历程已为我们提供了可参照借鉴的因素。人才选拔培养是举足轻重的第一步。对于人才高层次、高素质的追求，已成为大势所趋，中央电视台自然走在了前沿，地方台也在努力。中央电视台截止到 2003 年 3 月共有播音员、主持人 339 人，其中大学本科以上学历的有 290 人，占主持人总数的 85.55%。在这 290 人中研究生学历的为 35 人，博士 4 人，博士后 1 人。这些主持人无论学的是什么专业，但是都经过了大学校园学习“场”的熏陶，得到了系统的专业学习和思维训练，他们一般从采访、编辑、撰稿到主持播出，都拿得起，放得下。扎实的功底表现出气质上的不一般。近年央视节目整体的提升，与加强主持人队伍的建设密切相关。他们中已经出现了非常优秀的、决不逊色于西方的克朗凯特们的出色的节目主持人。相信以后中国会有更多的为大众所喜爱的明星主持人。

第三章 节目主持人的类型

任何事物的产生、成长到成熟过程，必然是一个分类逐渐细致、明确，各类的特点逐渐明显、功能逐渐强化的过程。节目主持人发展的情况也不外乎此。今天活跃在各种广播电视节目中的主持人无论从对节目承担的职责，对节目内容特点的依赖或掌握以及对个人素质、风格的把握、张扬等方面，都显示出不同的类型。当然，“分类应该是自然的，而不是纯粹人为的即任意的”。主持人的类型应该自然地存在于节目的属性和主持人自身的属性之中，而理论研究的任务则在于从现实的意义和未来的目标出发，确定合理的分类原则，从而对主持人进行科学的分类。分类的结果必然形成概念系统，这无疑对主持人理论研究的进一步深化，对主持人工作实践的指导，对主持人自身素质的优化都具有重要意义。

第一节 节目主持人的分类原则

对主持人进行类型划分，首先要确定分类原则，或分类标准。事物的属性是多方面的，不同历史时期或不同文化背景的人，往往会从不同角度去看待事物，分析事物。在人类的认识史上，从将一事物同另一事物进行比较从而找到事物的共同点和差异点，进展到对某一事物本身属性的分类，是一种不小的进步。然而人们在对事物进行分类时，固然首先是出于对该事物各种属性，各类表面现象已有的认识，在更多的情况下则是出于某种目的，而该目的往往就决定了一种分类原则或分类标准的确立。比如，一位美学家在研究当代节目主持人时，可以从审美的角度去类分各种主持风格；而一位语言学家则可能从语言学的角度来类分主持人在语言运用上的不同特色。

众所周知，人们认识事物往往是从现象到本质；然而对于事物的分类，自古至今只有分类标准的不同：简单粗糙和复杂精密的区别。当然，由于对事物的本质特征认识不足，往往不能科学地确立分类标准，或者将不同层次的标准混为一谈。要知道，一般来说．在一次分类中，只能依据一个标准进行分类。但是就分类本身而言，是无所谓现象分类和本质分类的。人类在蒙昧之初，就知道将自身分为男、女，将周围动物分为雄、雌，这从生物学角度（也就是分类标准）来讲是最本质不过了，至今人们也不可能提出更高明的“本质分类”。但随着人们认识的深化，就不会满足于这样简单的大概念式的划分，而会从生物学角度对人或动物作更细的分类；更重要的，是增加了其他的许多分类标准，这实际上就是各类学科的产生和发展，而这种发展都取决于各自的分类标准和由此而产生的概念体系。

节目主持人从一般意义上看是一种社会现象，是由一个个活生生的人组成的群体类别。节目主持作为社会大机器中的一种工作分工，首先应该从主持人的工作方式、职责范围、地位作用等方面进行类型区分，而且出于不同的角度和标准，又可作些细分。由于我们对节目主持人的意义限定是在广播电视传媒系统中主持节目的人，所以从所处工作环境看，节目主持人可以分为广播节目主持人和电视节目主持人两大类。广播的传播方式与电视的传播方式的异同点，基本上决定了这两类不同主持人的异同点。

从主持人的工作方式的角度来类分，则必须先明确“工作方式”指的是什么。有的论者将“工作方式”与“职责范围”两者混同而言，在将工作方式作为类分标准时，大谈本属于“职责范围”的采、编、播的参与程度。其实，按通常的理解，节目主持人的工作方式，应该是指受众能直接感受到的“主持方式”，这样就跟不同类主持人参与采、编、播等所谓“职责范围”在概念上有了一个区分。因此，以“工作方式”为标准分类，我们可以将节目主持分成演播室主持、现场主持和演播室、现场交叉主持这样几类，每类又都可以有单独主持、伙伴二人主持及多人交替主持等几种不同的方式。

相应地，“工作形态”有时也成为一种分类标准，在《中国应用电视学·电视节目主持人》中曾提到有人作过“四大类划分”，即：（1）独立型。主持人独立承担整个节目的采编播工作。（2）单一型。主持人主要或仅从事话筒前的再创作播报工作。(3) 参与型。主持人参与节目的采编播各个环节。(4) 主导型。主持人是整个节目的策划者、组织者、采编者、体现者。该书作者指出其中“单一型主持人仅是主持人过渡时期的产物，严格讲，还不能称之为一种类型”。但不管怎么说，作上述分类使用的“工作形态”分类标准，是与“职责范围”有一定的联系的，前者偏重因做不同工作而形成了不同类型的“人”，后者偏重所参与工作的多寡、深浅。

以上均是从节目主持人这一社会分工的特点来定分类标准，如果站在“节目”的立场上，即以广播电视节目的不同来看待节目主持人的不同，则又是一种分类原则。看起来这似乎比较好分，因为在人们的一般印象中，广播电视中的各类节目，各种“板块”、“专栏”是各自泾渭分明的。但其实并不如想象的那么简单容易，因为就是在对节目性质、节目样式作类分时，就有可能陷入层次、概念混淆的危险。比如，有人将“节目”分为新闻节目、文艺节目、专题节目三大类。但“专题”的含义就比新闻、文艺要泛得多。新闻节目中可以有专题新闻，文艺节目中也可以有专题文艺。因此这三大类其实不在同一概念层次上，显然以此来划分节目主持人的类型就会产生不妥切之处。当然，广播电视节目的类分问题本身很复杂，正确的分类也常常是相对而言的，有的节目主持人又可能具有较强的适应能力，可以主持两种或更多种类型的节目。

如果我们将分类原则定位在主持人自身上，即以思想、业务素质、个性风格外在形态、表情动作语言等作为分类的出发点，则又可得出另一种结论来，而这样的分类也不是毫无意义的。事实上人们也是在评头论足中对不少常见的主持人作了类分，当然，这里面少不了用“生、熟”、“好、差”、到位不到位这样的评语和青春型、成熟型、幽默型等来类分节目主持人，但这显然又是另一种分类标准的掺入了。

第二节　节目主持人分类的意义

从上面的论述我们可以看出，分类原则或曰分类标准，近似于一种价值观。处于不同文化背景或社会地位的人会取不同的分类原则；同一文化背景或社会地位的人出于不同的目的也会取不同的分类原则。例如一位具有一定文化知识修养的人或许不太注意新闻节目与文艺节目的主持人在工作形态上有什么不同，却十分敏感而自然地将主持人分为成熟稳重型的、热情奔放型的、诙谐轻松型的等等，显然在这里他注意的是主持人的表情气质，是用了近乎于审美的分类标准。而一位对广播电视工作比较了解、比较内行的人，则可能对主持人的工作方式，其所参与采、编、播的程度有所注意，从而对他所看到的节目主持人作另一种分类。这里面当然隐含着这些评判人的价值标准，因为每类分类标准都有其意义所在。

仅仅从价值观的层面来看待分类本身的意义，还是远远不够的。如前所述，人类思想认识的发展，是由简单到复杂，从感性到理性。而对某一事物的认识，总是从事实堆积的经验阶段上升到整理事实的理论阶段，这中间就必不可少地要有一个分类逐步深化过程。分类是理论的一部分，任何一门学科的建立，都离不开分类，任何一门学科有所进展，也都离不开新的分类体系的建立。新的分类体系，其实也就是从一种新的角度，揭示了事物某一方面的规律性。

对于广播电视节目主持人的分类，同样是为了从不同角度对这一事物作逐步深化的了解，揭示其各方面的规律性，从而使主持人的研究向理性的方面发展，并且对主持人的实践活动产生积极的指导意义。

我们现在还不能断言节目主持人理论就能成为一门单独的学科，但它无疑是广播电视这一学科中一个重要的组成部分，是广播电视学的一个分支学科。因此，如果对其没有相当程度的理性认识，并揭示其发展规律，就会使整个广播电视学科的研究大为逊色甚至残缺不全。

分类在节目主持人理论研究中有着重要的作用。首先，我们是从主持人类型由单一化到多样化这一点来认识主持人发展的历史的；其次，将主持人划分成不同类型有助于我们从各个角度、各个层面去研究主持人工作的特点，以及主持人在传播过程中的地位、作用及对受众的影响；再者，对中国主持人与西方主持人的比较分析，对我国主持人未来的发展方向，也能从理论上作出有依据的阐述。

任何一门学科都有它的过去、现在、将来，在研究“史”的过程中，离不开“论”；而研究“论”，创立新的“论”，都离不开对“史”的研究。在主持人研究这一领域，我们只有从工作方式、工作形态、与节目的关联、个性风格的具备等几方面来条分缕析主持人发展的历史，否则“史”的研究将是一团乱麻。反过来，我们也是从对史的探究和梳理中找到了这一领域所应有的概念体系与研究方法。一般认为，电视节目主持人的诞生地在美国，最初是在一些游戏、竞赛节目中出现的仲裁人、协调人，后来这一类角色在一些轻松的讨论节目和辩论节目中出现，仍起着客串、调节作用，随着广播电视节目的丰富化，也由于在不少综艺性、谈话性的节目中延请了原来从事表演艺术的人充当主持人，这类人因说话滔滔不绝、妙语惊人或能歌善舞而成为节目的中心人物。与此相应地，一些学识丰富的专家学者或政治敏感性强、分析论辩水平高的主持人逐渐在新闻或专题节目中为世人所关注，确立了某种权威。体育节目、儿童节目也都有人们公认的最佳主持人。显然，主持人的工作形态、工作方式随时代而变化，随节目的发展而发展，既有职责范围的变化，也有一如最初主持人工作的情形。其风格、面貌需适应所主持的节目，又需符合听众观众的审美要求，而保持风格面貌的多样化、个性化又是十分必要的。在主持人发展过程中，诸种因素错综复杂，如果胡子眉毛一把抓，就理不出个头绪。既不利于“史”的研究，也不利于“论”的体系建立。按一定的分类原则将主持人分成若干类型，论述史实，解决起问题来就条理分明了。

无论是理论工作者还是一般受众，在对节目主持人作评价时，总免不了要说出个高低优劣，当然前者更能谈得头头是道一些。这样的评价如果不是依据合理的分类，亦即混淆不同类型而作出主观的评判，则容易走入误区。1988 年，中央电视台举行“如意杯”节目主持人评选活动，就没有对主持人进行分类评比，评比的结果虽然没有遭到舆论过分的“非议”，但事实上存在着一些优秀主持人未能领受到应得荣誉的不公正状况。这种不公正因素存在于：其一，娱乐性节目、儿童节目本身板块类型多、时间长、主持人展示的个性风貌突出，与受众有较明显的交流，具有很强的通俗性。拿这类节目与新闻节目、经济信息类节目相比，后者会因主持人个人表现部分较少而使受众的印象相对淡化，自然从客观上减少减弱了得分得票的机遇。不仅1988年的“如意杯”十佳主持人没有一位是新闻节目主持人，就是1994年“金话筒”得主，也大都为娱乐、少儿节目主持人所占。这不能不说是一种“不公平竞争”。其二，节目主持人在受众中的影响大小与否、以及此种影响对评委的影响如何，其实多多少少地跟电台、电视台本身的覆盖率、节目收视率有关。假如将中央电视台的综艺节目和地方台的综艺节目等量齐观，这本身就存在不平等因素。尽管主持人的一举一动都被摄成录像在评委面前一一过目，但节目本身的编排、导演水平，以及其他种种因素也影响主持人的发挥，中央级与地方级毕竟有层次上的差距。主持人的风格类型在评选中也受到一个时期审美趋向和评委的审美趣味、爱好的制约，往往被舆论和媒体“炒”成某种“流行时尚”。比如有段时间人们会过分地崇尚所谓“高仓健”式的男子汉“阳刚之气”，而鄙视所谓“奶油小生”，而其实细腻柔和、优雅轻捷亦是一种美，不可一概贬为“奶油小生”。时尚难免偏颇，理论则应建立在客观公正的分析基础之上。

分类对于主持人工作以及主持人个人的成长发展的实践意义，也是显而易见的。每个人的才能、学识总是难以涵盖所有的领域，一般在某一方面或某几方面较能发挥出优势。主持人是一种要求具备多方面才能素质的工作，主持人的知识面也是越开阔越好。但事实上，主持人在工作形态、在节目类型上都不得不有某一方面的偏重。节目主持人总是在长期主持某一类节目的实践过程中，积累了跟某一类节目有关的丰富的知识，形成了最适合某类节目的语言风格及非语言风格特点；在工作方式与工作形态上，即使自己采、编、播能力俱佳，实际操作过程中主要还在发挥自己的最强项——主持、播讲；专职从事编、导的有关人员，总有他不可替代的优势：因此，科学合理的分类，好比是对每个节目主持人作一最佳定位，让他们在最适合自己的工作位置与工作范围内作最佳的发挥。这对逐步在某些节目中推行“主持人中心制”也大有好处。

在每一类节目中，各个电视台都有自己的“台标”，也就是最具影响力和权威性的主持人节目和节目主持人，这就会形成一种竞争机制，会促使各家电视台将自己的这部分节目办得更好，这在西方国家一些电视台是很明显的。例如，体育节目是一项收视率较高、广告效益较强的节目，除了成功而及时地摄录到最好的比赛镜头之外，主持人的现场采访水平，解说评论水平就成了最重要的吸引观众的因素。因此，好的体育节目主持人在观众心目中是不亚于夺金牌的运动员的“明星”。电视台在这方面的竞争力不得不依赖于此。

当然，由于体制及各种因素的关系，我国中央一级的电视台还不存在明显的同类节目之间的竞争，但各类节目都有自己的“台柱子”主持人，是越来越明显了。在人们的心目中，说起某档节目就想起某主持人，谈起某主持人就想起某档节目，节目主持人的权威性和明星效应在当今广播电视事业日益发展中日趋增长。《综艺大观》似乎与倪萍的名字已密不可分。少儿节目的小观众，谁都知道鞠萍姐姐、金龟子、董浩。“音乐桥”节目是与刘璐那亲切的音容联系在一起的。而体育现场直播节目中一出现那扁扁的连珠炮般的声音，谁都知道那就是宋世雄。以前谈论《正大综艺》，是言必杨澜、赵忠祥，现在程前那风流潇洒的形象也在大家心中找到了位置。

事实证明，一定的节目在相当长的时期内有其固定的优秀的节目主持人，对办好这个节目，强化节目的宣传效果，是十分有益而且必要的。节目的成熟随着主持人的成熟，节目的影响力有赖于主持人的影响力，反之也是如此。一个优秀的节目主持人当然有可能“两栖”，但一般来说较长时期的“两栖”，对节目与节目主持人两者来说都将是一种耗损。节目主持人在一类节目中不断实践、积累，与节目有了越来越多的亲融性，观众对之有了一定的信赖，主持人一言一行使人们感到亲切而可信。这样的知名度、可信度对发挥广播电视媒体的宣传作用，陶冶人们情操的作用，是十分重要的。由此可见，将主持人的工作进行分类，使其处于最佳定位，在广播电视实践中的意义是多么重大。

第三节 节目主持人的类别

前面讲过，节目主持人的分类可依据各种不同的原则。究竟依据哪种原则，这要看分类的目的是什么。当然，我们可以说出一个总的目的，就是将节目办好，使广播电视事业不断向前发展。但是，这样笼统的说法只会导致分类的无序和过分多样化。我们认为，从我国国情出发，节目主持人应主要有以下三种分类。这三种分类目的不同，但却都是必要的。

第一种，是以主持人的工作职责范围及工作形态来分的。有所谓“四分法”，即：独立型、单一型、参与型、主导型。目前国内学术界不少人对此已有共识，有关专著在提到主持人分类问题时都举出了此种“四分法”，但在说法上有所差异。

“四分法”基本上是参照了国外主持人的发展、现状以及国外有关论述得出的一种分类。对此，国内有关学者有基本赞同的，也有经过一番分析之后，得出了否定结论的。

傅成励在《再谈主持人的类型》[①] 一文中说：“划分主持人的类型还是应当以主持人在整个节目制作过程中所处的地位和所发挥的作用为标准。按照这个标准，主持人可分为：独立型、单一型、参与型、主导型四种。”他认为，独立型主持人的特点是“独立地承担整个节目采、编、播各个环节的工作，几乎是节目的惟一制作人”。单一型主持人“主要或只从事话筒前的再创作——播音工作”。但他同播音员是有区别的，这“主要表现在由播音员表达编辑（记者）的文章变为编辑为主持人写稿”，亦即主持人并非是编辑或记者的代言人，而编辑则是主持人的代笔者。参与型主持人“参与节目的采、编、播、控各个环节的工作”，“这种主持人和编辑是平等合作的关系”。主导型主持人，是节目的指导者和领导人，“实际上是个在话筒前或荧屏前露面的主编”。

由朱羽君、王纪言、钟大年主编的《中国应用电视学》第十九章“电视节目主持人”中也举出了与上述相同的分类，而且认为“比较合理”。但作者指其为“现象分类”，认为现象分类的积极作用在于“可以对主持人的外部形态和行为活动有一个感性认识，能够在较大范围内对主持人工作的具体环节有所把握”。其局限性在于“不能准确地反映事物的本质特征”。这里主持人的本质特征究竟是什么，文中却没有明确说出。我们认为如何分类主要是一个从什么角度看问题的事，

① 《主持人》第 2、3 辑，第 194 页，中国广播电视出版社出版。

"现象分类"与"本质分类"的提法是值得商榷的。倒是该文作者提出的其他两点，明确指出了"四分法"不尽符合国情的"局限性"：一、指出"单一型主持人仅是主持人过渡时期的产物，严格讲，还不能称之为一种类型"。二、独立型主持人仅是极为少数的一种类型，在广播节目中，有些信息传递、谈话节目采用一个主持人往往可以单枪匹马独当一面，而电视节目由于制作程序复杂，"主持人很难独立承担一个节目的全部工作"。

张颂在《播音语言通论——危机与对策》一书中，对上述四分法是基本持否定态度的，其分析也颇为全面、实在。张颂认为，四种类型之间的界线比较模糊，比方"参与型"，参与采、参与编、还是都参与，参与的次数、程度怎么统计与说明？到什么水平、有多大权力才算"主导型"？各类型的逻辑起点也不同，各节目的时间、播出次数、人员组成、内容深广度、形式繁简难易都不相同，可比性较差。从类型上认识能力和水平有很大局限。节目种类、体制、政策、领导思路对主持人都起着制约作用，在这种情况下分类，反映不出真实面貌，简单划分类型，要么夸大，要么低估。张颂还认为，主持人产生类型归属的心态后，可能产生自足或不知足，会不安心于本职本岗，不将精力集中在提高节目质量上。

显然，张颂基本上不同意上述四分法，认为这样的分类"是不够科学的，客观效果会同主观愿望不一致，甚至相反"①。

我们认为，有关学者对"四分法"提出的种种意见的确

① 张颂：《播音语言通论——危机与对策》第105页，北京广播学院出版社1994年3月版。

指出了其中的局限乃至弊端，对建立正确的分类是具有启发意义的。但我们不应因为“四分法”有缺点而免除从职责范围、工作形态的角度来分类，因为分类最根本的依据是客观的存在。既然目前我国节目主持人在工作形态上是有所不同的，就应该将以类分。类分的目的不是为了宣扬哪些节目主持人权力大，业务领域广，从而褒此贬彼，或褒彼贬此；类分是为了反映我国节目主持人的实际状况。前面讲过，在同一类主持人之间进行水平与质量的比较、评价，才是科学合理的，“没有区别就没有政策”，在同是“独立型”主持人当中，当然可以分出高低优劣来，“参与型”主持人在参与采编中当然可能有程度上的不同，但只要拿得出业绩，总是可以拿统一标准来考评的。“单一型”或“参与型”的主持人当然也可以转变为“独立型”的，但这与个人专长、节目性质都有关联；假如确是优秀的，人们不会因为你是参与型节目主持人而否认你，贬低你，正如一位电影明星不会因为未同时担任编、导、制片人而失去光彩。

从我国目前情况来说，独立型节目主持人还比较少，但趋向是在发展增加。中央电视台 1993 年开办的《一丹话题》，完全由敬一丹独立承担采、编、播。上海台的由叶惠贤策划、编、导、主持的娱乐节目也是较为典型的。近年“东方时空”中有些节目，“独立”成分也多了起来，如水均益、方宏进搞的一些时事性报道。当然，在目前我国电视体制条件下，采、编、播难以完全由某一个人运作，总有其他人参与，如果不从纯粹意义上讲，这一小部分主持人还能算作具有我国特色的独立型主持人。

指导型（或称主导型）节目主持人，在我国也必然受到许多条件的限制。既是主持人，又是整个节目的策划者，思想方针制订者，整套工作的组织领导者，恐怕不单单是一个工作能力的问题，在目前电台、电视台的组织机构中和体制规定下除非是部、组负责人，一般不可能去承担组织领导工作。当然，这样的主持人也还是有的；优秀的节目主持人，既熟悉各类业务又善于组织指挥的，已有不少被推到了某些专栏、某些部、组担任制片负责工作。

应该说，虽然四类节目主持人在我国都有，但目前还是以“单一型”、“参与型”为最大多数。将“单一型”说成播音员是一种误解。单一型节目主持人并不是在念一篇原先与他无关的新闻稿或评论文章，而是编者特地为他写的主持性很强的文稿，而且主持人往往还要作些发挥及再创作，能动地把握现场。现在日益发展起来的各类大型节目、综合性节目，必须要靠集体的力量来完成，必须由采、编、主持各有专长的人合作。事实上，单一型主持人虽有编者为他准备了文字稿，为了更完美地主持好节目，主持人往往在一定程度上参与采、编。这对熟悉采访对象，正确把握与充分表现节目思想内容都有益处，从这个意义上来讲，单一型主持人与参与型主持人之间的界线往往也不是划分得那么清晰的，或者说两者之间可以存在一些过渡型（其他几类也是如此）。

“参与型”节目主持人目前在广播电视各类节目中也很普遍，而且是我国今后主持人类型发展的主要趋势。既要适合我国现行体制和种种条件，又要在节目中发展“主持人中心制”，参与型主持人将是一种比较理想的类型模式。相对来说，参与型主持人在个人能力的要求上比单一型高。既要能在话筒前镜头前有魅力地播演，又要熟悉并从事采编业务。虽然目前我国节目主持人还不能说全都具备这些能力，但事实上绝大多数从事主持人工作的广播电视工作者都在努力参与采编工作，在实践中不断地发展、前进；新一代经过专业教育、培训的节目主持人，更是充分地将学过的各类知识技能应用于实际的节目制作中，活跃在当前广播、电视战线。有的主持人担任了领导一个节目组的责任，则正向主导型（指导型）主持人的方向发展。

总之，“四分法”从世界各国主持人发展和现状的宏观视角来说，还是可行的；至于我国目前的状况，以“单一型”和“参与型”为主，随着节目的发展，改革的推进，人员能力素质的提高，“独立型”和“主导型”也会有一定程度的增加。

如果将着眼点放在广播电视节目的属性上，则可以有第二种分类，即以节目的类型来指称主持人的类型。

先有节目分类，再有分类的节目主持人，主持人因长期主持某类节目而提高了业务水平能力乃至成为众所周知的明星；某类节目因有受人欢迎的优秀主持人而越办越好，提高了收视率和宣传效果，这些都是大家已经熟知的事实。由此，称某某为某某节目主持人，同一类节目的不同主持人谁水平高，谁水平低，也是自然而然的了。以节目类型分主持人类型，反映了主持人同电视节目的相互依存的关系，这样分类无疑是必要的。

国内学者在理解这个问题和进行具体分类操作时，颇有不同之处。在《中国应用电视学》一书中，作者将主持人分为八大类，在每一大类中又根据节目样式划分为若干小类。第一类是新闻节目主持人，第二类综艺节目主持人，第三类体育节目主持人，第四类教育节目主持人，第五类服务节目主持人，第六类儿童节目主持人，第七类对象性节目主持人，第八类特别节目主持人。其中服务节目是指信息节目；对象性节目如青年节目、军队节目、对外节目等；特别节目是指各种临时安排的一次性特别节目或在一段时间内播出的有特别传播意向的节目。上述分法比较细致，反映了主持人随着广播电视节目不断丰富、变化而分类多样化的状况。但缺点是过于琐细，在小类的分法中，有些主持人在不同节目中几乎是可以相通的，如教育节目中的科学、文化、知识、法律、时事五种类型，而有些主持人的不同点似乎可以等同于大类，如对象性节目中，老年节目与军队节目、对外节目等。

在陆锡初《节目主持人概论》中，作者按节目内容性质分了五种类型，即：（一）新闻性节目主持人，包括新闻节目主持人，新闻专题专栏主持人；（二）专题性节目主持人，包括知识性节目主持人，教育性节目主持人，竞技类节目主持人；（三）文艺性节目主持人，包括文艺节目主持人，晚会节目主持人，综合文艺节目主持人；（四）服务性节目主持人，包括经济服务（信息服务）节目主持人，生活服务节目主持人，听众观众信箱主持人；（五）板块节目主持人，包括小板块节目主持人，大板块节目主持人。上述分法中，如果“板块节目”不是特有所指，则似乎不应专设一类，因为一般地说，板块节目是一种形式，而前面所指的都是关于节目内容，它们并不在同一个概念层次上。

壮春雨《节目主持人教程》也曾按节目内容来区分主持人，认为：“大致有三类，即说话节目主持人、文艺节目主持人、竞技和综艺节目主持人。”壮春雨进一步说明，主要依靠说话来表达节目内容即说话节目，大体有新闻性节目、知识性节目、教育性节目、服务性节目等。说话节目的主持人在内容虽丰富、形式却单调的节目中能显示出学识水平和表达能力；文艺节目主持人“往往邀请一些名演员来担任主持人”，竞技和综艺节目往往要求主持人“聪慧机灵，综合素质好”。可见，上述分类比较注意节目的特点与主持人特色的融合，只是粗略了一些，而且“文艺节目”在一般理解上是涵盖综艺节目的。

张颂《播音语言通论——危机与对策》一书中，在讲主持人类型与节目的关系时，认为主持人节目应分为：新闻评论类、知识服务类、教育欣赏类、综艺娱乐类，并指出“这四类，只是大体划分，并设有严格的界限，有一些交叉，也不影响各类的基本性质”。由于该书宗旨是讲播音语言，所以作者着重从内容编排、语言组织与表达方面指出了四类的共同性和差别性。显而易见，这也是要求主持人在主持这四类不同节目时要注意的；其差别性，也正是四类不同主持人在一些主要方面的差别性。

应该说，这些学者的分类是大同小异，问题只在于究竟是分得细一点好，还是分得粗一点好?

我们认为，还是要首先从主持人目前的实际状况出发，其次，要遵循一定的目的。从我国节目主持人的现状来看，相当多的主持人是跟节目“对号人座”了，几乎有多少个节目，就有多少个不同的主持人，主持人和节目之间常常是“鱼和水”的关系，或者说，是不同的土质养育了不同的植物。因此，以节目类别来定主持人类别，在这个意义上是可行的；这样，主持人的类型确实很多，就只前面介绍的第一种，事实上妇女节目主持人、军队节目主持人、对外节目主持人、专项体育运动节目主持人、体育新闻节目主持人等等都可以各有专职，互不兼替。而且划分较细，有利于各主持人对工作精益求精，办出名牌节目，从而有利于主持人个人风格的形成，有利于培养明星主持人。但我们从最能体现主持人工作特色的语言表达这一点来分析，我们觉得事实上有些节目对主持人的要求是比较共同的，如教育节目和服务节目，要求主持人讲解语速平稳，明快清晰，亲切而又耐心，不必像综艺、竞技节目那样活泼、调侃。从这个意义上说，张颂和壮春雨的分类是给予我们很大启发的。从节目内容的特点、从对主持人的语言、表情动作的要求出发，我们是否可以划分出这样几类：

一、新闻、评论主持人。从社会影响来看，这类主持人居各类主持人之首，包括杂志型新闻节目主持人，对时事作深入报道，并讨论、评论的新闻论坛、时事、经济专题的节目主持人。以上主持人要求思想素质高，思维逻辑性强，叙述清晰，见解独到，稳重端庄，能把握好各种分寸。

二、综艺、娱乐节目主持人。娱乐性节目在电台、电视台节目中是占比重很大的一块，随着娱乐节目的丰富与发展，主持人也形成不同的类型。综艺节目是电视得以崛起的重要因素之一，自我表演型的主持人也曾在综艺节目中大展身手。而今，综艺节目内容品种日益增多，主持人由自我表演型转变为报幕、穿插、解说、融入型，但又与一般的节目报幕员绝不相同，主持人是以这台节目的“主人”的身份在把握着节目的进程、节奏、气氛的。现在不少综艺节目的主持人在主持和节目表演时甚至不分家，自然地成了某一个节目的角色。近年又出现许多由主持人策划安排，组织一部分受众参与的自娱自乐的节目，那种时而紧张，时而轻松的气氛，不仅跟主持人的巧妙安排相联系，也与主持人自然、诙谐、机敏、热情的表演相联系。因此，现代综艺、娱乐节目的主持人，要求思维活跃，反应灵敏，多才多艺，语言表现力丰富，也要善于同其他专业演员或专家配合，能够调动现场观众，调节控制全场气氛。事实上，不少综艺、娱乐节目往往请一些知名演员、运动员及各界知名人士作特邀主持人。

三、教育、服务节目主持人。教育、服务节目是目前广播电视节目中栏目最多，比重最大，分类最为复杂的一个节目种群。按《中国应用电视学·电视教育节目》的说法，大致有三种分类：首先是按节目题材即内容属性分，有社会政治类（简称社政类）、经济类、人物类、知识类、服务类、文化教育类（简称文教类）、科技类、军事类、教学类等。其次是按节目所对应的不同受众对象，即对象属性分，有大众节目、大学生节目、青少年节目、中学生节目、少儿节目、老年人节目、妇女节目、人民子弟兵节目、农民节目、残疾人节目、港澳台节目、对外节目等。再次是按节目的体裁、样式、制作方式，即形式属性分；按体裁样式可分为纪录片、科教片、专题片、教学片、讲话节目、知识竞赛、综合节目、杂志型节目、系列节目、特别节目等；按制作方式及表现样式分有：现场直播、录像剪辑、演播室型、主持人型、晚会型、剧场型以及解说式、主讲人式、示范式、小品式、特技式、动画式、表演式、采访式。[①]

事实上，教育知识类节目，在内容、形式、对象三种属性

① 《中国应用电视学》第 203 页，北京师范大学出版社 1993 年 6 月版。

间多有交叉重复、兼容渗透，有的节目并不是能容易地在哪一类中定位的。

我们讨论节目主持人类型与节目类型的关系时，立足点当然还是放在主持人上。上述类别中，有的可以不是主持人节目（如科教片、电视教学节目），有的由于对象属性比较特殊从而在主持人类型上有些特殊要求，所以也不宜笼而统之地归入教育、服务节目主持人这一类之中（如少年儿童节目）。

教育服务类节目主持人，主要主持社会性教育节目与知识性教育节目。社会性教育节目由于对促进和加强精神文明建设，提高文化素质有着重大意义，所以在选材、确定主题、把握情感分寸上对编导、主持人都有较高的要求。既要注意节目的思想内容和教育意义，又要具备较强的艺术性和审美价值。我国广播电视节目近年在这方面作了较多努力，许多优秀的节目主持人也是从这方面脱颖而出，锻炼成长起来的。从节目规模上来看，较大型的如《话说长江》、《话说运河》、《泰山》、《西藏的诱惑》等等，主持人在语言、情态上的成功表现与题材、内容本身的深刻、恢宏相得益彰，壮丽的画面、动人的场景与富有哲理、诗意的语言，拨动着观众的心，给人以精神升华和美的享受。中、小型的如《半边天》、《文化生活》等，主持人表现风格各异，但共同的一点是把握思想、情感的“度”较为准确、注意运用简明、生动的语言将受众的思路引入问题的主线，虽不像娱乐节目那样能使受众参与，但也尽量使之有贴近感。

知识性节目多带有服务性，目前在我国中央及各地方电台、电视台均发展较快。由于电视的普及，人们看电视已成了日常生活中的习惯. 许多生活、工作、学习中的知识，是从广播电视中获得的；实行双休日后，不少电视台增加了节目，其中很大成分是知识娱乐服务性的。最早的如中央电视台的《为您服务》，主持人沈力、张悦用亲切如家人般的声调情态讲述主持，是跟家庭生活管理、服装饮食起居等内容十分和谐的。浙江电视台周末版的《百姓家事》，也以现代人的现代生活为话题。请若干业余或专业主持人娓娓而谈，充满现代闲暇情调。诸如此类的还有跟法律、道德、教育、文化等有关的专栏节目，名目繁多。主持人在这些节目中，都可以根据内容的需要，展现各自的特色，节目越丰富、主持人大显身手的余地越大，但有一点是共同的：这类知识服务类节目中，主持人要使受众有一种贴近感，自然而不做作，在语言的选择上既要有一点专业感觉，又要通俗好懂，使知识的传播带有权威性和可信度，而为大众服务的诚意又尽在其中。

四、体育竞技类节目主持人。一般说，在体育竞技节目中，主持人承担着不可或缺的工作。由于体育竞技节目在专业知识、主持方式、语言表现特点上跟其他节目有较明显的不同，历来这方面的主持人比较专门化，因此专列一类是必要的。尽管在类型等级上不能与教育服务类等量齐观。体育竞技类节目大致分体育新闻、专项体育运动节目、综合体育节目。体育新闻在播讲时，除了专业知识内容有特殊性外，主持人的工作方式、语言运用特点一般与新闻、评论类主持人没有什么不同。专项体育运动与综合体育节目，主持人的工作方式比较特殊，往往需要现场解说、现场采访、现场报道，这样，对主持人在体育方面的专业知识、采访能力、现场编辑、讲述应变能力就有较高的要求。宋世雄在长期主持体育节目过程中，不但积累了丰富的体育竞赛知识；而且练就了快速、准确的语言表达能力，以及能随着场上和观众情绪时起时伏的“煽情”性语调表情。作为一名出色的体育节目主持人，他的功夫不是一朝一夕就能练就的。还有一类竞技性节目，如自娱自乐的游戏性竞赛，从节目内容上讲它在体育与娱乐之间，由于主持人的工作方式与体育节目类似，亦可列入此类。

五、少儿节目主持人。少儿节目从类型层次上来说本来可以是教育节目或综艺节目下属的类别，由于这部分节目主持人比较特殊，具有相对的独立性，故可专列一类。国外一般也都将儿童节目划分为单独一种类型。少儿节目在广播、电视中占有相对固定的时间段，收视对象明确、内容则是集教育、知识、娱乐为一体的综合性节目。但主持人最重要的素质不在于知识的多样化和专深程度，而在于具备一种能与儿童心灵沟通的本领。主持人在有声语言体态语言上都要考虑到少年儿童的接受能力，在主持节目安排活动时，都要适应少年儿童身心发育的阶段性。同样一件事或同样一个道理，对成年人用抽象的语言可以说清楚、对少年儿童则要用较为形象的说法，或形容或比方。因此，历来少儿节目主持人也是专司其职的，如：鞠萍、董浩、陈燕华、金龟子等，由于他们特色鲜明的主持，使节目变得那么精彩有趣，给亿万少年儿童留下了美好深刻的印象。

自1996年《实话实说》节目开播后，我国谈话类主持人节目纷纷出台，至今几乎每个台都至少有1—2个谈话节目，并且多为该台频道的主打、名牌节目。谈话节目主持人也是各台的台柱子，综合力比较强。金话筒奖自2001年第五届开始将谈话节目单独分类，进行评奖。在2003年第六届的金话筒金奖获得者中有4人是谈话节目主持人，占了40%的比例。

以上分类，彼此间并不是界线截然分明的，有时是“你中有我，我中有你”，如教育服务类节目主持人，有时需要用综艺娱乐类节目主持人的方式来主持属文艺性较强的一类教育节目。前面提到过，“两栖”型的节目主持人在我国也不少。以上分类也不能说是概全的，如对外节日本可以专列一类，在中央和地方的广播电视机构中，负责此类节目的也专设一部，但我们认为对外节目除了在内容的把握与语言的种类上有所区别外，其他要素都可归类于或新闻、或教育、或娱乐，对主持人来说，只不过使用另一种语言而已。解放军节目、青年节目、妇女节目等也是如此，这些节目主要是从收视对象而定名的，而我们的立足点是在主持人身上。这些节目不像少儿节目对主持人具有非常明显的独特要求。倒是这些节目中的各个栏目，如部队节目中有知识性栏目、娱乐性栏目、新闻评论性栏目，则可以归于上述各大类之下，因为从理论上和实际效果上说，这些栏目的主持人是应该表现出各自特点来的。

还有，上述主持人分类，一般是指专职节目主持人。特邀嘉宾主持人没有加以分类，主要是由于节目之所以要邀请各类嘉宾主持，并不在于他们是否受过主持人的训练，而是由于他们的特殊身份与专业特长。专业主持人是否善于同嘉宾配合默契，这也是一种主持人的素质与能力。当然，有些嘉宾主持人长期参与主持节目，虽另有本职工作，但在本质上相同于某一类专业主持人了。

不难看出，我们在根据节目样式划分节目主持人类型时，不是有多少种节目就分多少种主持人，而是将着眼点放在“主持人类型”，亦即充分注意了节目的性质与节目主持人工作方式、语言情态风格等之间的关系。目的是通过对主持人在不同节目中的共同点与不同点的寻觅，作出符合实际的分类。

事实上在受众的心目中，还有一个审美的标准，在同类节目乃至同栏目节目中，不同主持人体现了不同的风格特征，比如有的“线条”“硬”一些，有的“柔”一些（这里不是指外形而是指综合表现），这就可以有一个风格意义上的分类，也就是我们要说的第三种分类，但由于这个问题更多地牵涉到对节目主持人个性特征的分析，而且不像前两类那样在客观评价上有什么操作性意义，所以我们就放在另一章中专门论述了。

第四章 节目主持人的基本素质

素质这个词，现在几乎是我们在评论一个人、一个节目主持人时最常用的词了，它显然重于主持人的外在形象。每一项工作都有对从事这项工作的人所要求的基本素质，这些基本素质中有共性的地方，但不同的职业又有其个性特征。传播学者认为，“受传者的信任，无论对一个记者来说，或是对一张报纸来说都是巨大的财富”。这种信任的财富，对于主持人来说尤为重要，它取决于主持人素质的高低优劣。素质的概念是什么？作为一个节目主持人到底应该具备哪些素质？

《辞海》中对素质一词的注释是：“人的先天的解剖生理特点，主要是感觉器官和神经系统方面的特点。素质只是人的心理发展的生理条件，不能决定人的心理的内容和发展水平。人的心理来源于社会实践，素质也是在社会实践中逐渐发育和成熟起来的，某些素质的缺陷可以通过实践和学习获得不同程度的补偿。”这里实际包含了两层意义，其一，素质从狭义上讲指人的生理的、心理的先天条件；其二，素质从广义上讲，指人在一定的先天条件下，经过多方面、多层次分段的学习、修炼所达到的各种能力的综合表现。我们所讲的主持人的素质是从广义的角度来谈的。也就是说主持人应在良好的天赋条件下，经过实践的磨合已具备了较好的综合素质，并且深蕴开发的潜力，可塑性强，只有这样，才能算具备了基本素质。主持人的基本素质内涵丰富，综合性很强，对从业者的整体水平要求极高。从思想道德、学识修养、语言文字水平，到心理素质、应变能力、形象气质、体能状态等全方位提出了要求，而且这种要求又是无止境的。下面分别加以阐述。

第一节 健全的思想道德修养

节目主持人在广播电视传媒中的显现而重要的地位已不容置疑。但是决定一个节目主持人建构起名牌栏目的核心要素究竟是什么？换言之，主持人在实施对节目的能动驾驭作用时起支配作用的要素是什么？我们认定其为主持人的主体价值判断。那么作为主持人的主体价值判断的构成如何？它具有什么特质？又是如何实现其价值追求的？这是我们在讨论主持人思想道德修养前首先要解决的问题。

一个人的主体价值判断是与他（她）的世界观、人生观、价值观密切相关的。主持人作为大众传播活动的工作者，由于工作的特殊性质，其主体价值判断的构成更显示出特有的丰富性与多维性。首先，主持人的人生阅历、文化修养直接影响着他（她）的世界观、人生观、价值观，成为整合构成其主体价值判断的主要因素，并外化于节目当中。其次，媒介人的社会责任、所属媒体的文化追求和风格定位是主持人进行职业行为时的言行准则与制约因素，因此也是主持人主体价值判断不可或缺的因素。媒介承载着传播信息、传承文化、提供服务、娱乐生活等多种功能。随着社会的进步发展，媒介已经越来越深入我们的生活，影响着人们的观念、行为。尤其电视，几乎成为了一种生活方式深层次地介入了人类。因此主持人作为电视媒体中最显现的角色，他（她）所负载的媒介责任也更为沉重。一个优秀的节目主持人在他（她）能动地驾驭节目执行传播任务时，必然将社会责任与媒体形象自觉地融入到自己的言行中。再次，主持人的审美趣味、审美价值取向直接对其主持个性、栏目风格、审美品位产生影响，因此也是构成主持人主体价值判断的重要的因素之一。

政治思想道德修养对主持人主体价值判断起着决定性的作用。它集中体现于节目主持人在正确的世界观指导下，表现出的高尚的道德情操、高度的敬业精神和对真善美的追求。这是统领其他素质的纲。这之中蕴涵着一个人对生命价值的理解，由此而生发出对真善美的孜孜追求和始终不渝的敬业精神。具备这方面良好素质的节目主持人才有可能将其所有才智、能力淋漓尽致地发挥出来，奉献给广大的广播电视接收者，造福于人类。

一、思想素质

思想素质主要表现在：世界观和人生观、政治原则立场、政策理论水平、工作思想作风、职业道德和组织纪律观念等方面。中共中央在 1983 年对广播电视工作的指示中明确规定："广播电视是教育、鼓舞全党、全军和全国各族人民建设社会主义物质文明和精神文明的现代化工具，也是党和政府联系群众的最有效工具之一。”我国的广播电视身负重任，是党和人民的喉舌，节目主持人则被人们认为是喉舌的喉舌，是电台、电视台的“台标”，是节目的代表。所以主持人政治素质的高低举足轻重。一个节目主持人尤其是时政节目主持人应该在正确的世界观指导下，具有一定的思想水平和政策理论水平；具有比较敏锐的政治洞察力和清晰的思辨力；能够理解党和国家的大政方针和工作重心，善于体察百姓的情绪和要求。这一切会直接在节目质量上体现出来。从报道素材的选择，采访中的提问到对问题的分析评述，都要做到准确、深刻、有理、有力，从而建立起节目在受众中的可信度，增加收听、收视率。这些都离不开良好的思想素质。

二、新闻职业道德

新闻职业道德，是每一个新闻工作者都必须具备的。在这里我们强调提出，主要是考虑到节目主持人的特殊地位、作用。主持人的一言一行不仅仅是个人的行为更是群体形象的缩影，因此强烈的事业心和高度的敬业精神对于主持人来说尤为重要。

新闻职业道德首先要求新闻工作者具有强烈的社会责任感。因为新闻工作是影响整个社会舆论、社会情绪和社会行为的一种工作。新闻工作者是人类灵魂的工程师，他们必须对社会负责。这种责任的范围包括不危害社会，例如不鼓吹凶杀、暴力、色情、吸毒；不损害民族的利益，不挑起民族和宗教的冲突；不利用新闻对他人进行诽谤；更不能利用自身的特殊条件谋取私利、收受不正当的报酬。

节目主持人在公众中产生着巨大影响力，如果一旦失去行为水准，没有职业道德规范的约束，缺乏社会责任感，其后果不堪设想。如同前面所说西方的有关学者已经撰文担心“在新闻节目主持人身上出现缺少个人道德时该如何呢？假若他一味追求高收看率或个人名利而渲染某些新闻，或者担心驱走观众而忽视冗长乏味但又非常重要的新闻，又有什么方法去制止呢”？答案竟是：“几乎无能为力。”在他们看来，“今天的电视节目主持人除了听命于自己的良心外，其他都不在话下”①。这无疑是西方社会制度、新闻体制的悲哀。在我国，一个丧失社会责任感的新闻工作者，特别是节目主持人，是没有任何权力和可能再继续承担这一重任了。但是不容我们掉以轻心的是，金钱、地位、名利的诱惑时时都在侵袭着我们的队伍，一些意志薄弱者挡不住纸醉金迷的吸引也会妥协、让步，利用主持人职业的特殊地位，甚至已产生的名人效应，谋求私利。因此加强职业道德教育既是刻不容缓，也是长期不懈的重要任务。同时，有关的职能部门应该制定出相应的纪律、制度，以形成一定的约束力。

其次，新闻职业道德还包括从业人员的敬业精神。广播电视节目是为受众服务的，做受众的朋友、知音，全心全意地为他们服务，是节目主持人最基本也是最高的努力方向。要做到这点，势必要全身心地投入到工作中去，具有高度的敬业精神、奉献精神，甚至是献身精神才行。据说美国著名电视节目主持人丹·拉瑟一年之中只有七八个周末能与家人团聚。靳羽西为了主持好《世界各地》节目，每天要工作 14 个小时。他

① （美）芭芭拉·马图索：《美国电视明星》第 4 页，中国广播电视出版社 1987 年 7 月版。

们付出呕心沥血的努力，甚至还要放弃正常的家庭生活，倘若没有强烈的事业心，是难以长期坚持这一工作的。

这种高度的敬业精神，在我国的新闻工作者中更是司空见惯。如：中央电视台《焦点时刻》、《焦点访谈》节目组，是有名的工作起来没钟点的。为了节目加班、加点、开通宵是常事。中央电视台1995年7月播出并引起强烈反响的《中华之剑》摄制组，拍摄过程所表现出的奉献精神，是非常感人的。他们与缉毒干警一起，废寝忘食，夜以继日、历尽艰辛、出生入死，将名利等杂念抛到九霄云外，把可以在屏幕上冠冕堂皇地自我表现的机会压缩到最低限度，甚至对摄制组深入云南、广西、广东3省后，在半年时间里行程一万三千多公里，采访近400位人士，拍摄电视素材210小时等足以炫耀的数字只字不提；对被人架着采访、用塑料袋包着被雨水泡烂了的脚坚持走几小时山路后拍下来的画面不作任何说明；几个主创人员因艰辛而留下的病症至今未愈……除了奉献还是奉献，高度的敬业精神是他们精神境界的核心支柱，是《中华之剑》成为高水准纪实性电视作品的保证。这种奉献精神，是每一个新闻工作者都应该也必须具备的，无论是记者、编辑，还是节目主持人。这是必须大力弘扬的可贵的精神。

三、真、善、美的追求

人类对于精神价值的追求，集中体现于对于真善美的追求。美是人类追求的最高价值。广播电视是传播真善美的重要媒介，在人类漫长的完善自身的过程中承担着重要角色。

随着社会的发展，人们越来越关注自身的“生存状态”、“生命体验”和“生命价值”。无疑，在人的一切实践活动中都渗透着价值因素。追求价值目标是人的能动性活动的本质特征，是人的活动区别于动物活动的一个根本标志。我们不否认物质价值是人类生存和发展的基本价值，没有一定的物质价值，精神价值便无从谈起。但是精神价值毕竟是客体效用对主体人的高层次需要的满足。这种满足需要的层次越高，人脱离动物越远，人对自己本性的占有亦越充分。节目主持人所做的工作与人发生的不是物质价值关系，而是一种审美意义的精神价值关系。因此，节目主持人个体完善显得尤为重要。他们要将自己的生命体验、生存意识、生命价值观念传达给受众。受众得益深浅与主持人在精神领域的追求层次成正比。高品位的素质，对自身、对他人、对节目质量都会产生超越性的影响。

我国著名的节目主持人赵忠祥、沈力、敬一丹、倪萍，可以说是同行中的佼佼者。他们所以能成为明星，主要是由于他们具备了较高的思想素质。赵忠祥作为中国首选的主持人，从18岁进电视台，至今都没有放弃过对知识，对艺术，对美的追求。他孜孜不倦的敬业精神，有口皆碑，即使在不出图像的《动物世界》里，我们也可以被他扣人心扉的解说所触动。为什么呢？用赵忠祥自己的话说，“这里融进了我的沧桑感”[①]。所谓“沧桑感”，内涵相当丰富，它包含了赵忠祥在多年的自我完善中对社会和人生价值的深刻体验和正确理解。

节目主持人的工作是很神圣的。他（她）应该是美的化身，美的使者，美的播种者。要做到这点，就要从自身修养起步，努力陶冶情操，净化灵魂，铸造完美人格。使生命的历程成为对真善美追求的过程，只有这样，才能在寻常百姓间，在

---

① 见1994年10月24日《中国电视报》。

普通的素材中，挖掘出真、善、美。才能做出无愧于受众、无愧于时代的高质量的节目。

电视节目主持人以其语言、形象、服饰、举止、神态等直接诉诸于接受者的听觉与视觉器官。审美过程具有直观性、形象性、生动性的特点。接受者在由感性认识上升到理性认识的认识活动中，主持人的感性形象、表现形式起着非常积极活跃的作用。这时主持人的审美趣味、审美价值取向是处于主动的支配的地位。浙江电视台主持人亚妮执着地将自己定格为一个亲和的、风尘仆仆、充满活力的记者型主持人形象。以朴素的语言，直白的交流；休闲的服饰，淡雅的色彩；自然的举止，亲切的神态形成了她独具的个性风采。《亚妮专访》片头中行进中的亚妮，既是她节目形象的写真，也是她精神风貌的缩影。

在中央电视台《东方时空》的《生活空间》节目中，曾播出东北某城市几个掏阴沟女工一天的工作生活景况，普普通通的人物，平平淡淡的对话。然而正是这短短的几分钟里，我们看到了与她们又脏又臭的工作环境形成强烈反差的洁净的灵魂。这也正是主创者的匠心所在。她们在“丑”中展示美，在平凡中挖掘伟大。而主持人李平亲切平实而又画龙点睛的结束语，更让我们感受到这种普通人的可敬可亲。

主持人应该也必须具备高尚的道德情操，良好的思想素质，这是我们选拔培养节目主持人的立足点。节目主持人具备了良好的思想道德修养，必然会产生一大批高质量的广播电视节目，从而推进我国广播电视业的健康发展，这是不言而喻的。

第二节 丰富的文化知识积累

知识对于我们每一个人来说，都是多多益善，它是力量的源泉，是无尽的财富。对于主持人来说更是走上成功之路的基本保障。人们耳闻目睹的节目主持人，仿佛是无所不知的“百事通”。上知天文下晓地理，文史科技、经济法律，无论设置什么话题好像都能讲出点子丑寅卯。当然主持人不是神，不是《辞海》，不可能一通百通。但是他应该是“杂家”，在学有所长的基础上，具备多维的知识构架，拥有丰富的人生阅历，这样才有可能在节目中游刃有余，侃侃而谈；智慧如泉水深瀑流淌，给人以启迪、享受。

一、一专多长，学识广博

主持人的职业特点，就是通过滔滔不绝的“说”来沟通你、我、他，进行大众传播活动，成为广播电视媒介与接收者之间的纽带、桥梁。主持人不像舞蹈演员通过形体运动传达情感，也不像音乐通过音符、节奏来展现内心那样，一切尽在不言中。主持人面对无数受众，全凭嘴一张——说！这里存在着“怎么说”和“说什么”的问题。怎么说，属于语言表达技巧问题，在以后章节中将会专门阐述。说什么，就是主持人的内涵修养问题了。腹中空空何以口若悬河，滔滔不绝？知识贫乏如何谈吐自如，旁征博引？也许有的主持人暗暗庆幸，自己不是采、编、播合一的主持人。他不用动笔写稿，不用现场访谈发挥，有编辑写好的现成稿子供他播讲。这里我们暂且不讨论这样究竟算不算一个合格的主持人，但是可以肯定的是，如果他没有扎实的知识积累做后盾，那么，在他主持的节目中绝不可能出现随机的连珠妙语，机警幽默的谈吐，不可能迸发出智慧的火花。美国著名节目主持人布罗考，不仅以顽强的采访作风闻名于美国新闻界，而且以读书勤奋，知识广博而出名。无论是政治、外交还是文学艺术，他都广泛涉猎。他的口头禅是："不读书，睡不着觉。"

知识如无边无际的大海，我们的一叶轻舟该如何飘荡，拥有怎样的一片蔚蓝呢？作为节目主持人，现实的要求和未来的走向都已明确地表明，至少应该具有相当于大学本科的学历，这样在文史哲理各个学科中，必然有了自己的一门专业特长。无论是什么专业，经过大学的系统培养后，都打下了一个比较扎实的理论基础，具备了一定的业务工作能力，这与接受中等教育不可同日而语。在此基础上，根据自己的栏目特点、知识结构状况和兴趣爱好，再有计划、有目的、循序渐进地拓展自己的知识构架，从而一专多长，厚积薄发。

在当今的著名主持人中，敬一丹是正宗的科班出身——北京广播学院硕士研究生。她确实是学有所长、学有所得，并且学以致用。然而更多的却是从其他专业走过来的。就像大作家未必中文系出来的一样，大记者、名主持也不一定都从新闻专业冒出来。将《东方时空》、《焦点访谈》在短短的一二年间办成响当当的名牌节目的总制片人、中央电视台新闻评论部主任孙玉胜是学经济出身的，他手下的一班精兵强将，也并非都是新闻科班出身，但高学历是没说的。《焦点时刻》的水均益是学外语的，且有着多年的驻外记者生涯，方宏进是社会学硕士，《东方之子》的王志是美学硕士。

显然，具备扎实的知识功底，具有严密的思辨能力，敏锐的观察力，善于提出问题、分析问题，并解决问题，便拥有了做一名成功的主持人的优势。学海无涯，学无止境，有了高学历的人，也当是具备了很强的学习能力的人，他完全有能力把握自己的学海之舟，始终扬帆破浪，驶向远方。

二、阅历丰富，兴趣广泛

古人云：读万卷书，行万里路。可见读书与行路是人们获取知识、能力，人生体验的重要途径，两者不可分割，缺其一必有失偏颇。罗曼·罗兰在《母与子》中曾经写到："生活，这是一切书籍中第一本重要的书。"缺乏生活阅历的人，尽管学富五车，在现实中也会四处碰壁。主持人节目无所不及，我们的主持人不仅需要运用书本知识，还要将自己的人生体验渗透其中。热爱生活，热爱生命，一生的酸甜苦辣都会成一笔财富。这是艺术家的创作源泉，是主持人与受众交流沟通的心桥。有了这座心桥，无论在节目构思、选题、取材、撰稿中，还是在现场主持、热线节目里，你都不会走谱。

曾经听到一个电台在晚饭后的黄金时间办了一档节目《你好，老爸!》。节目主旨是很好的，希望通过热线电话的倾诉交谈，沟通两代人的鸿沟。节目由浑厚的男中音在舒缓的背景音乐中道出节目宗旨而开始，气氛渲染得浓浓的。然而，紧接出来的男女主持人，虽嗓音清脆，谈吐活泼，却言不着题，原有的气氛烟消云散，一下变了味。他们不着边际地聊，没活了就放音乐，我接连听了几个晚上，每次漫长的一小时，竟没有一个电话打进来。是啊，不是可信、可亲的老爸，和你谈什么？这档节目无疑是失败的。败就败在主持人与节目定位、风格不吻合，太年轻，可能都没有为人妻、为人夫呢。没有足够的生活阅历又用什么与听众交流呢。

丰富的生活阅历是主持人的财富，是知识构成的一个重要部分；是主持人化解理论知识的溶剂；是增加主持人的真实感、可信度的重要因素。沈力与《夕阳红》已融为一体，多少老年朋友成了她忠实的观众。她虽已年过花甲，但沉稳、真诚、娴雅的主持风格，依然充满了个性魅力。这种不张扬、平和、恬静，与老年人息息相通的言谈举止，无不透露出她深厚的内在涵养与丰富的人生阅历。英达在谈到主持《夫妻剧场》时，曾深有感触地说，最初节目组请他去做这个以反映明星名流的爱情与家庭生活为主旨的栏目主持人时，他是非常有顾虑的，觉得自己婚姻不顺，离婚两次了，没有资格与别人谈论美好婚姻的话题。但事实证明恰恰是他的丰富阅历，使得他能够特别体会婚姻中看似的细枝末节问题，和嘉宾产生多向和深入的沟通，并且可以拿自己当反例，既有说服力，又增加了节目的可看性，趣味性和幽默感。因此，不可否认，这段阅历对英达主持《夫妻剧场》的成功起了积极作用。

主持人的生活应该是丰富多采的，主持人的爱好也应该是多种多样的。主持人虽然还不能称为艺术家，但其中却有许多与艺术息息相通的地方。从某种意义上说，主持人的工作是颇边缘性的。从其承担的大众传播角色来说，他是个新闻工作者；从其所需要掌握的语言艺术、镜头感觉、现场气氛调动等看，他又应当是一个艺术家。因此，他又必须热爱艺术，对艺术有所了解，甚至精通一门或更多。至于有关艺术专题的节目主持人更不必说了。赵忠祥谈到主持人的艺术修养时曾经说：“‘功夫在诗外’，指的是博大精深的修养，如果主持人的修养只是唱一支小曲，变个小戏法，当然是远远不够的。我想艺不压身，多会点没什么不好，可千万不能给人造成主持人的群体无非是有点小花活儿，这无益于塑造庄重深沉与有高度修养的形象，当然，装是装不来的，路就在脚下”① 赵忠祥的成功之路正是从自己的脚下一步一步地踏踏实实地走出来的。对于艺术他涉猎很广，60 年代初，为学美声唱法，他冬练三九，夏练三伏，风雨无阻，每天赶到北海求师练声。他还是有名的京剧票友，书画功底也非同一般，真是艺多不压身。有这样深厚丰富的艺术功底作底蕴，他的主持艺术也难怪越来越显得炉火纯青。

第三节　良好的职业素养

严格地说职业素养是任何一个职业对它的从业者的基本要求也是最高要求，对于节目主持人而言，所依托的广播电视媒体技术含量高，工作表征特殊，所以职业素养要求也特别严格，几近苛刻。对节目主持人所需要具备的思想素质、业务素质、天赋条件等确实超乎一般的职业要求，但他耀眼的明星光环，依然吸引着许多青年男女，跃跃欲试。每次电台电视台招聘主持人，无不趋之者若鹜。然而即使是百里挑一的主持人，出台亮相后，也会让人们横挑鼻子竖挑眼，这不仅仅是主持人

① 《广播电视播音与节目主持人》第 205 页，辽宁人民出版社 1991 年 12 月版。

的职业特点决定的，也反映出对于主持人的高素质的要求，是传播者与接收者共同的愿望。这种高素质是一个复合体，呈多维立体状态。有了高尚的道德情操，丰富的知识构架，没有良好的表现力只能是思想的巨人，不可能去做节目的 Host，承担最后的冲刺任务，即当 Anchor。主持人需要具备的表现力有多方面，外在的、内涵的、口头的、文字的等等。固然对一个人的素质、能力的表现不可能做机械的切割，两者实际上是相互渗透、相互沟通的，只是为了方便认识，才分别进行论述。

一、较强的语言表达能力

运用语言的功夫当是主持人的看家本领。无论是广播还是电视都离不开声音形象。然而，主持人不同于播音员，不仅要说得漂亮，还要说得充实，写得流畅。这就意味着主持人所具备的较强的语言表现力，饱含两层意义，其一，良好的口头表达能力，其二，较强的文字表达能力。正如著名的语言学家吕叔湘先生在《语言和语言学》中说的："语言修养自然包括说话和写文章。拿这两件事来比较，说话尤其不容易，一则应时触发，没有从容润色的时间，二来呢，不但要照顾说话的内容，还要同时照顾说话的声音和姿态。把说话称为一种艺术，一点也不过分。"① 主持人通过有声语言与受众进行交流，就是运用语言艺术向接收者传递节目内容的过程，其中无不渗透、表露、展现着自身的学识修养、个性风格。拥有较强的口头语言表达能力的人，能够将自我的智慧、才华淋漓尽致地表现出来，将节目做得有声有色。科学家经分析论证认为，人的

① 张颂：《播音语言通论》第 16 页，北京广播学院出版社 1994 年 2 月版。

天赋能力主要集中体现于六个方面，语言能力是其中之一。做主持人的人看来是必须具备语言的天赋。他们应该对语言的感受特别敏感，接受力特别强，经过后天的培养、雕琢即能成器。

评判一个主持人的口头语言表达能力的状况，首先要求语音准确，吐字清晰，每个字都让人听明白；语调正确，准确表达语言的逻辑重音，情感重音，节奏变化，抑扬顿挫，有起伏性。其次，应该掌握科学的发声方法，能够使自然声质得以良好的发挥，圆润、饱满、集中，音质优美、悦耳动听、富有感染力，形象性强。第三，词汇丰富，逻辑性强，内容充实，用词准确、生动。善于说得巧妙。

无疑，口头语言——说，是主持人进行大众传播活动的主要手段，也是构成主持人个性勉力的重要因素。因而努力提高自身的语言功力，不断增强自己的语言功力，显然是每个主持人永远的追求。对于广播节目主持人更是别无选择。主持人的语言特色，是通过主持人的特色语言来体现的。在广播节目中，主持人之间相互区别的标志唯有语言。因此广播主持人特别要注意根据自己所主持的栏目的特点进行独立思考，并努力将自己的语言表达方式融合进去，用自己的语言习惯说话。切忌盲目模仿，失去自我，甚至失去民族性。

较强的文字表达能力，同样是主持人应具备的基本素质。在主持人的选拔与培养中，以往，我们往往有些只强调了“出口成章”，却忽视了“落笔成文”的要求。其实，无论对于采、编、播合一的主持人，还是合作参与型的主持人，写作能力同样是他们的基本功。集采编播于一身的著名主持人敬一丹，在结束了《一丹话题》后，又在《北方市场导报》上与读者见面了，文笔优美、犀利，成为第一个兼报刊专栏作家的电视节目主持人。现在她的《一丹随笔》已经广为大家所熟悉。

主持人搞采编，要写播讲稿，串联稿，这自然牵涉到文字表达能力问题，出色的稿子如同是走向成功主持的红地毯，令人充满信心。事实上，我们这里要强调的是，即使编写稿件不是你的常规工作职责，你也同样必须具备较强的写作能力。不仅仅是为了有备无患，更是因为有了“落笔成章”的依托，定会有“妙口生花”之佳话，两者相辅相成。美国著名主持人布林克利便是极好的例证。人们一致公认他的突出才能主要表现在他的思辨与写作能力上。他的文风简洁，遣词造句决不拖泥带水。他一旦坐在打字机前，立刻能又快又好地打出稿子，几乎不用修改一字。这种简洁的文风与他的“说”一脉相承。他的谈话同样以简单明了著称。用词准确、精辟，拒绝作家常的、无聊的谈话。因此有一些鉴赏家专门收集他评论中的珠玑妙语，并褒赏其为“布林克利主义”。

现代语言学家对语言的认识，已从将语言看作是思维、交际的手段——工具论的层面，进入到语言是文化的载体——文化论的层面。广播电视节目的接收者，对于主持人的语言表现状况，也不再停留在对语言形成的品评上。语言仅仅讲得准确、字正腔圆，并不一定具备魅力。要让人爱听、愿意听，使人产生美感、愉悦是人们的共识。这就对主持人提出了高水准的要求，即语言的表现力要达到美学层面的艺术追求，只有这样才能将语言的功能发挥到极致。

二、敏锐发现与选择信息的能力

对于从事大众传播活动的节目主持人来说，善于在现实生活与节目的进行当中，发现问题，捕捉信息，筛选信息，不能不说是一种非常重要的职业素养与要求。孙玉胜先生作为央视《东方时空》、《焦点访谈》、《实话实说》、《新闻调查》等等著名栏目的领军人，对中国节目主持人的发展起到了非常重要的推动引领作用，他对新闻节目主持人有着很独到深刻的见解，他在专著《十年》中就“主持人媒体”展开论述。他认为：“一个优秀的节目主持人的外在标准应该是具有个性、魅力和激情。而内在的标准是主持人要具有良好的职业敏感能力，也就是发现能力，还要具备出色的写作能力和表达能力。”简言之：“优秀的电视新闻节目主持人应该是集合魅力、表达能力和发现能力的三位一体。如果把三位一体的的主持人的‘魅力’放在三角形的顶角，那么‘发现能力’和‘表达能力’就是这个三角形的两个底角。如果把‘主持人的魅力’看作是一辆汽车飞驶的前轮，‘发现能力’和‘表达能力’就是支撑它并给予它动力支持的两个平衡的后轮。”紧接着孙玉胜先生分述了这三者的内涵与关系。关于发现能力他是这样说的：“发现能力的高低是主持人发生分化的一个分水岭。有的主持人即使拥有绝对空间，但由于缺少发现的能力，他也只能平铺直叙，甚至只能依赖编辑。其实发现的能力就是职业的敏感，就是要发现新的新闻事实、新闻角度、新闻背景、发现新闻中值得追踪的一切蛛丝马迹。”①

“发现”是表达的基础，是“随机应变”的前提。只有能够发现问题，才能提出问题；只有捕捉到信息，才有可能传递

① 孙玉胜：《十年》第363页，生活·读书·新知．三联书店2003年8月版。

信息；只有对现场烦杂的信息作出准确地选择判断，才有可能筛选出有价值的信息给予受众。因此，发现能力是主持人必须的职业素养。新闻节目主持人当然尤为重要，其他类型的主持人也依然不可忽视，因为对信息的发现、选择、判断在任何节目中都存在，只是形式有所不同，分量有所差异而已。

张越在《张越访谈·我叫刘小样》中，嘉宾刘小样是张越与编导在众多的观众来信中发现确定的。整个访谈过程中，刘小样丰富的内心世界被张越敏锐地层层拨笋般地展现在接收者面前。通过她们精彩的对话，人们看到了在改革开放大背景下，中国农村妇女进步发展的心路历程。张越访谈中机智、敏锐的发现能力，依托的是她非常丰厚的人文底蕴。同样，因为善于发现，才使王志能够在《面对面》中，迅速捕捉关键信息，单刀直入，与采访对象“短兵相接”。这在与刘殊威、王歧山等节目中表现特别突出。

三、稳定健康的心理素质

节目主持人是节目从策划到编导、组织等一系列活动中，最终出场演播节目的人，他在节目中的地位、作用可以说是举足轻重。心理状态如何直接影响着他的行为表现，也就是说影响着节目质量。主持人在现场采访中要“指点江山”；在综艺节目现场要“运筹帷幄”；在热线节目中要“耳听八方”。具体体现在在话筒前要从容不迫，在镜头前要“风采依旧”，这些都需要有稳定健康的心理素质作为支撑。我们知道，运动员如果没有良好的心理素质，即使技高一筹，在竞赛场上也只能败走麦城；再有，每年的高考，有多少平时成绩优异的考生名落孙山，症结也在于心理承受力差，临场慌乱，发挥欠佳。难怪人们说，赛场即沙场，考场即战场，其实最后打的就是心理战。既然是心理战，就必然要有好的健康的心理素质来应战了。主持人又何尝不是如此。在演播现场，如果心理处于紧张状态，大脑思维必定是僵化的，很难积极地进入到节目中去，非但不能即兴发挥，可能还会表达不清楚已准备好的内容。

节目主持人与播音员有诸多的差别，其中一个重要差别就是他们在节目中所处的状态不同，进而表现为两者在心理承受上有很大区别。由于播音员不是以“我”的身份出现在媒体中，同时文稿所处的时态是过去时的，不变的。这样的情境，不会构成太大的精神压力，相当程度上已淡化了对播出者心理上可能造成的冲击。而节目主持人是以“我”的身份出现，尤其是一些现场直播节目，由于亲身处在事件的发生、发展过程中，完全处于一种现在进行时态，这是动态的、可变的，随时可能有意外、突发事件出现，这无疑给主持人心理蒙上了紧张情绪①。若是现场直播，完全是“一次成像”，没有修改、弥补的余地，只能成功，不能失败，这也难免会使人神经抽紧。所以，节目主持人的工作状态，要求其具备稳定健康的心理素质。有了良好的心理素质，才能在演播现场充满自信，遇事不慌，临场不乱。

主持人的心理素质是良好的政治素质和业务水平的体现。1960 年，参加工作才半年的赵忠祥，便接受了担任国庆实况转播的重任。紧张得他“一连几个晚上睡不着觉”，直担心自己“不可能有精力承担这个任务”。但是，“当我耳畔鸣响了

① 徐德仁、施天权：《时代的明星》第 65 页，复旦大学出版社 1992 年 5 月版。

激越的国歌，当我看到五星红旗在蓝天飘扬，当我看到毛主席等国家领导人检阅整齐的方队和欢呼的人群，我的眼睛湿润了，我的胸中升腾起一种神圣庄严的自豪感。我忘记了自己的渺小，我把充满激情的词句，用高亢明亮的声音传送出去，一万多字，没有一个错”。这是 30 年后赵忠祥对当时情景、心情的回忆，没有对祖国、对人民深深的爱，没有高水平的播音能力，也很难设想如何把握自己现场直播的心理状态，做到播“一万多字，没有一个错”。同样，19 年后赵忠祥作为中华人民共和国的记者首次进入白宫采访当时的美国总统卡特，“一种历史时刻的庄严感在我心中升腾，这时的感受与我 18 岁在天安门转播国庆实况时的感受相同。就在这一瞬间仿佛令人热血沸腾的国歌在耳边奏响，庄严的五星红旗迎风招展，千万只手臂在挥动……作为崛起的中国人的一员，一种自豪的情感占据了我全身。我稳住内心的激情，庄重地说出了这段开场白……采访顺利进行”①。我们看到支撑赵忠祥在良好的心理状态下进行成功采访的内核，依然是他那片赤子之心和良好的新闻素质。

主持人节目各有所异，不是每个人都会经历这样重大的场面，而平添一种神圣的使命感的。然而敬业的精神是在点点滴滴中都能体现出来的。患得患失，斤斤计较个人得失的人，是不会表现出稳定健康的心理状态的，也就无法应变主持过程中的“风云变幻”，更难以使节目出彩。

---

① 《主持人》第 2、3 辑，第 74、82 页，中国广播电视出版社 1993 年 3 月版。

四、敏捷机智的应变能力

应变力是指人们应付偶发事件的能力。它是一个人智慧、机智、性格、心理素质等诸多因素的综合体现。良好的应变能力是事业成功、人际交往的保证。不是所有的职业都要求具备这种能力，但在有的职业中显得尤为重要。比如政治家、外交家、企业商界人士、公关人员等，面对风云变幻的政治、外交、商界、社交场合，在谈判桌边、会议场上、宴会席前就必须要有非常机敏的应变力，泰然处之，以不变应万变，巧妙地游移其中，化险为夷，稳操胜券。节目主持人虽然不像上列人员直接表现出如临战场，身系千斤重担之状，然而在话筒前，摄像机镜头前，亦无时无刻都在准备着承受现场瞬息万变的种种“不测”。面对尴尬的场面，意外的事件，要及时作出相应的对策，善于以巧妙的辞令“圆场”，遮掩“纰漏”。因此，对于主持人来说，应变力也是非常重要的基本素质。在我们进行节目主持人班招生选拔时，某电视台台长就直言说，他们宁可要普通话不准的，但必须有敏捷的应变力。这当然只能说是一种观点，可能有些偏颇，可是毕竟说明了应变力对于一个主持人的重要性。应变能力与发现能力有联系也有区别。与前面不同的是，这里主要强调对突发事件的应急反应。

节目主持人的应变能力主要表现在：

1. 新闻采访中

①对突发事件及时采访报道的能力表现。即当突发事件发生时，能及时根据其新闻价值的大小迅速作出反应。

一个经典例子就是：

1981年3月30日下午，美国总统里根步出华盛顿希尔顿饭店时，正当他微笑着向站在门口的群众和新闻记者挥手致意时，突然遭到枪击（此时为2点28分）。面对这一猝不及防的事件，美国三大广播公司和各报社、通讯社立即忙成一团，展开了激烈竞争。仅仅相隔二分钟，2点30分美国广播公司电台就播出了驻白宫记者萨姆·唐纳森的首篇报道。2点31分合众国际社记者迪安·雷诺兹抢先冲到了希尔顿饭店的电话机前，接通电话就大叫："总统遇刺"。

2点32分，哥伦比亚公司电台记者莱姆·塔克作了进一步现场报道。

2点34分，由美国广播公司的电视摄影记者汉克·布朗几乎与事件同步的现场图像已出现在荧屏上了。

因此，在分秒必争的新闻大战中，对于突发重大事件的反映、处理容不得半点迟疑、胆怯、慌乱。

②对采访对象突然说出的意想不到的答话或提出难题的应对。面对这样情况，如果能够反应机敏，巧语应答，很会使节目出彩，令接收者心服口服，从而增加节目的吸引力，和对主持人的信任感。反之，也会如同文章的败笔一样，显露出自身素养的薄弱之处，令人遗憾。.

1995年春，影星陈冲着力推销其“小花”牌香水，来到风景如画的西子湖畔。当地某电台即在黄金时间对陈冲作了人物专访。主持人在热情的开场白之后，即开始了提问。

主持人：陈冲，今天我首先向你问一个问题，多年的美国生活，对你影响大吗？是否有很大变化？

陈冲：你觉得呢？

（主持人骤然卡壳，停顿了数秒。）

主持人：我从你照片上看，觉得变化不大。

显然在这个开场采访中，陈冲的回答出乎主持人的意料。主持人没有料想到采访对象把自己提出的问题，又抛回给了自己。一下使她陷入窘境，卡壳之后，匆匆作答，非但不能生花，连起码的自我对应也没有做到，而是对自己提问的本质内容的一个跑题。主持人对陈冲的提问实际上是从美国文化对她的内在影响、变化的角度出发的，可是当问题回到自己这儿时，却变成对陈冲外形变化的感受了。显然提问的目的没有达到，说了一句很多余的话，因为一般听众在报刊媒介中大量的图片报道中，都已一睹陈冲当今之风采了。

如何应付采访对象猝不及防的应答，确实需要主持人机敏的应变力，既要把握住对方，更要稳守自己的方寸不乱，主旨鲜明。

③对采访的背景状况，反映敏锐，信手拈来，随机应变地糅合到采访当中，使访谈生花。

《东方之子》的主持人在新华社香港分社社长周南家中对他进行采访时，随着摄像师镜头的移动将周南家中极其先进高档的音响设备展现在了观众面前。这时，主持人敏捷地及时转换视角，将观众想的问题提出了：您的这些音响设备很昂贵吧？

周南答：我一生惟一的爱好，便是听音乐，对于吃穿用一无所求，所以我倾其所有买了音响，这是我全部的财产。

镜头继续移动，房间里除了音响确实几乎没有其他了。主持人机敏的提问，把观众从图象上对这个具有特殊地位、权力的官员的资产问题可能产生的疑问消除了，又丰满了采访对象的形象。

④对采访中出现的疏漏进行弥补。主持人、记者一般情况下进行采访是不会打无准备之仗的，但是谁都难以保证百分之百不出差错。有时一不留神可能会在提问和应答中出现不当，这时也需要及时应变，进行弥补。

某电台曾为配合城市春季卫生运动，去采访了某卫生环境极差的私人豆腐作坊。现场采访报道中有这样几句对话：

女主持人问作坊主：这么多苍蝇你怕不怕？

作坊主答：怕什么！

（一句就顶了回去，主持人无言以对，静音几秒）主持人再问：你们觉得脏不脏？

作坊主：脏什么！

年轻的女主持人轻声细气的问话与作坊主的气足声壮形成了反差，不知她真是被苍蝇吓着了，还是其他原因，反正始终处于被动地位，一败再败。两个提问句式一样，内涵上没有递进。本来一次被堵，应立即发现问得不好，主观情绪太重，马上调整弥补一下。比如用调侃的语气说：“哟，当然，我想你也不会怕的，否则怎么会让它们如此自由自在地飞舞，并繁衍后代呢！可是，我想购买豆腐的顾客可不会喜欢这样的生产环境的。”这样既遮掩了自己提问的不当，又拉回了主题，把破绽补得天衣无缝，主持人的水平也表现出来了。当然，也许有的主持人连自己的破绽都没感觉，或是有了感觉，也分析不出个子丑寅卯，也就无从谈补漏，谈应变力了。这样的主持人自然是不合格的了。

2. 综艺节目的现场驾驭

综艺主持人大多有事先拟定的台本，根据编导的意图出场组织、串联节目的各部分。对于前期工作的参与程度因人而异。但不管怎么样，节目的发展，未必全以文字为本，步步不离。在与演员和现场观众交流中总会出现台本以外的情景。这时结合现场气氛即席发挥，随机应答就显得尤为重要。优秀的综艺节目主持人，无不是妙语连珠，奇趣横生，能使现场气氛热烈，台上台下相互融合。这方面倪萍、叶惠贤、杨澜都是非常出色的。

叶惠贤的临场即兴发挥，确实非同一般，令人生叹。如江泽民在上海当市长时，一次突然出现在叶惠贤主持的文艺晚会上。怎么向观众介绍江市长呢？如果想省事轻松点，只要拿着领导名单照本宣科就行，可这是叶惠贤最忌讳的了。他即兴编了个谜语："水上人家——打一领导人的名字。"结果，观众席一下子热闹起来，共同说出了这个谜底。会后，江泽民同志兴致勃勃地与叶惠贤台影，称赞说："你的主持很有艺术性。"像这类例子，在叶惠贤的主持中俯拾即是，也难怪人们赞誉他为"江南第一脱口秀"。

1991 年 9 月 19 日，杨澜应邀主持第九届大众电视"金鹰奖"颁奖文艺晚会，在报幕退场时，不小心被台阶拌了一下，"扑通"一声滚倒在地，这意外的洋相，使场内顿时一片哗然。然而杨澜一跃而起，笑容可掬地说："真是人有失足、马有失蹄呀，我刚才的狮子滚绣球的节目滚得还不够熟练吧？看来这次演出的台阶不那么好下哩，但台上的节目很精彩。不信，你们瞧他们。”话音刚落，全场观众为她机敏的反应爆出热烈掌声，有的观众还大声喊：“广州欢迎你！”显然，这一跤，非但没有摔倒杨澜的形象，反而更让广州人民领略了她的出众的才智。其实，只有全身心投入主持的人，才有可能遇事不慌。如果只考虑个人得失，面子问题，是不可能急中生智补救现场的。

2003 年 11 月 5 日，李咏应邀在浙江嘉兴主持第23 届电影金鸡奖现场直播颁奖晚会。节目进行当中在一段广告过后，李咏出场开场白：“这里是美丽的绍兴……”，台下一阵哄笑，李咏随即发现，立刻满面笑容地纠正说：“这里是嘉兴，当然和绍兴一样美丽……”。顿时，台下响起善意友好的掌声。一个口误由于李咏的机智，没有产生任何尴尬局面，就及时消解了。反而增添了主持人的光彩。

综艺节目临场即兴发挥的机会特别多，要能做到潇洒自如，游刃有余，关键要有扎实的基本功，深厚的文化素养，从而充满自信地面对受众。“没有自信，就不能摆脱镜头前的紧张感，就不能获得主持的松弛感，主持起节目来，也就谈不上从容不迫、谦洒自如，更何来的即兴?”这是叶惠贤由衷的体会，因此他努力地多看、多听、多写、多问，“博闻强记，厚积薄发”，这是否正是他机智、敏捷、应变力特别强的秘密所在?

3. 热线节目主持

对于热线节目无论是有话题的专题热线节目，还是无话题的服务、谈话类节目，除前者主持人对话题设置本身有所准备外，但如果从热线电话进来这个角度说，两者都是一样的，对于主持人都是个未知数。你不可能预测到话筒拿起的瞬间，对方是男、是女，会说出些什么？问些什么问题？倾诉些啥？因此，热线节目主持人需要表现出很强的应变力。当然，本质上讲还是有个综合素质问题，怎么答都是你内在素养的反映。但是应变能力好的主持人，能够更好地展现自己的才华，把问题说到点上。也许同样回答一个问题，应变力好的主持人能够一语中的，迅速定位展开话题。不行的则扯了几分钟才转到点上。关于热线节目主持技巧在后面的章节将会继续阐述。

4. 与嘉宾主持搭档

嘉宾主持人往往是具有特殊身份或有一技之长的人。在与他们做节目时，主持人应时时把握住自己是节目主人的位置，掌握节目宗旨、大纲，引导嘉宾思路。一方面要启示嘉宾说出有内容、有价值又有趣的东西，另一方面，要与受众息息相通，对嘉宾没有表达清楚的或重要的内容及时进行补充或重复强调；对嘉宾在讲说过程中冒出的火花或生出的节外之枝，要及时处理，或生发强化，或及时控制调转话头。这就是应变。要努力把话题转换门的接缝处理得圆润、自然。

六、积极主动的协调能力

主持人是群体工作的一分子，虽然在话筒与屏幕前他（她）是以个体出现的，但他们本质上是集体智慧的结晶、是集体劳动的集中表现，是代表群体形象出现在话筒与屏幕前的。因此，主持人的性格应该是开朗而热情的，待人宽容大度、善解人意的。要善于与创作集体中的每一个工作者和谐相处，要能够积极主动地协调各方面的关系，共同合作搞好工作。一个人如果过分地内向，不善于或不愿意与他人交往，性格孤僻、独断、唯我独尊，是很难与创作群体相交融的，是缺乏作为主持人的基本素质条件的。

我国节目主持人事业的开拓者们，在这方面的素质堪为年青一代主持人们的楷模。沈力、赵忠祥、徐曼、陈铎等等都是为人谦和、宽厚，与合作者始终和谐相处，对年青同志体谅、提携。敬一丹最近曾深有感触地谈起这样一件耳闻目睹的事。1995 年 12 月，在一台大型晚会的演播现场，女主持人临场异常紧张，面对台下坐着的中宣部长、广电部长、中央电视台台长等各级领导，她几乎临近崩溃，说不出话了。但这时只见赵忠祥在台下，平静地注视着她，轻轻地说："不要紧，我给你提词。"一句话，稳住了主持人，使她把握住了自己。这一小小的细节，不仅仅舒解了主持人的情绪，也保证了节目的顺利进行，更体现出了赵忠祥的宽厚而善解人意的优秀品质和极强的现场协调能力。这对于一个优秀的节目主持人是极其重要的。

主持人是节目的核心，随着现代广播电视传媒的飞速发展，主持人中心制亦将越来越多地出现在各级电台电视台中，这就对主持人提出了更多的素质要求，这时的协调能力甚至应该体现出一定的领袖素质，即要善于并能够组织、协调、领导栏目组的全体同仁，齐心合力共创事业的辉煌。

七、良好的形象、风度、气质

从广义上讲人的形象是一个综合的概念。它是一个人的外貌形体与内在素质外化的综合体现。因此，严格地说，风度、气质都可以被形象所涵盖。这里所以分立而言，显然是从狭义的角度对形象侧重外在条件的认识。无疑，外貌形象是一个电视节目主持人的重要条件。它包括五官端正、身材匀称、肤色健康等诸多因素。主持人的外貌形象应是漂亮大方、英俊潇洒的；而艳丽娇媚、纤弱小气者虽也不失为一种美，但作为大众传播媒介的形象，是不适当的。

人们打开电视机，总是喜欢看到赏心悦目、舒服怡人的主持人形象，这是人们审美心理使然。“美感有种种特征，但其最终的结局或效果却是一种特殊的快乐。当人们怀着浓厚的兴趣去欣赏一种艺术品或某种自然美时，并不是为了满足一种基本的生理需要，而是为了满足一种精神上的追求，从而沉浸到一种无比愉快的精神境界中。”① 固然，主持人既不是一件艺术品，更不是自然物的等同语，但是主持人职业的特殊性，使他的自然天赋的外貌形象与其作为社会人的内在属性、艺术追求，糅为一体，展示在观众面前。而这种审美客体的差异，并不影响审美主体的心理状态。观众希望在使之悦目的视觉形象中得到信息、知识、娱乐，追求精神的快乐和享受。由此可见，良好的外貌条件虽然重要，但它不是惟一的、绝对的条件，单纯的外表俊美是无法满足丰富的精神境界的审美需求的。所以我们说内涵大于形象。有着丰富内涵、文化素养的主持人，会从他的言谈举止中，表现出独特的风度和迷人的气质，可以从她并非是公认的秀目朱唇中，透露出智慧的火花、机敏的灵气，形成极具品质的个性魅力。

主持人职业确实是个对人才素质要求相当苛刻的行当。我们希望个个主持人都能十全十美，经得起千人说，万人评，但世上绝不可能有这样完满的事。另一方面，接收者也存在着审

① 滕守尧：《审美心理描述》第 304 页，中国社会科学出版社 1985 年 11 月版。

美差异的问题。

因此，过分地求全责备，反而会坐失良才；一味地追求外貌形象，更会顾此失彼，走入误区。这不仅对于主持人人才的选拔者要引以为鉴，而且对于主持人，我们也如是说，过分地注重自己的外表形象，极尽修饰，包装外在的自我，是成不了大器的。相反，更拉大了与内质的反差，被人们所轻视，最终难免被淘汰。主持人应该清醒地认识到，观众审美要求的完美性与节目主持人自身必然存在的局限性是客观存在的矛盾体。主持人只有通过加强自我修养，努力弱化这种矛盾，同时也应该明白这种自我修炼的过程是永无止境的。

第四节 主持人基本素质的培养

在本章开始我们已明确指出，这里所讲的主持人的素质是从广义的角度来谈的，是指主持人在良好的天赋条件下，经过后天的修养、磨炼才能具备的较好的基本素质。但是这种素质既不是一成不变的，也不是一劳永逸的。社会在发展，人类在前进，社会“需要一种全新的人，并将创造出这种新人来”[①]。主持人要跟上时代前进的步伐，要满足发展变化进步中的接收者的要求，就要不断地加强自我修养，注意培养自己高尚的道德情操和良好的职业道德，努力提高自己的文化素养和各方面的业务能力，从点点滴滴做起，持之以恒，才能卓有成效。

---

① 《马克思恩格斯全集》第 4 卷，第 37 页。

一、认识自我、完善自我

节目主持人在常人眼中是一个很风光的职业，事实上却是时时都面临着挑战、竞争，时时存在着被淘汰的可能。因此不断地发展、更新、完善自我，就是主持人永远的追求。要做到这些，首先就必须认识自我。

常言道：知人难，知己更难。人贵有自知之明。认识自我，长在何处，短在哪里，则可结合节目，有针对性地制定读书计划，实践方案。俄罗斯作家陀思妥耶夫斯基说过："倘若你想征服全世界，你就得征服自己。"一个对自我都无可奈何的人，是不会对他人形成魅力的。

主持人对自我的认识、把握，应该注意避免走入两个误区。其一，自我感觉太好，盲目地自以为是。比如：漂亮反被漂亮误；或者在鲜花与掌声中昏昏然；或者自认为话筒与镜头前的职业，高人一等，优越感过强等等。有这种想法、感觉以至溢于言表者，本质上就是政治素质、文化素养不高的表现。在这样思想指导下，他根本不可能以平等的心态去与受众交流，去投入地做节目。长此以往，必然会在竞争中被淘汰。

其二，自我感觉不好，明显地缺乏自信心。比如：五官一般、身材矮小；学历较低，缺少专长；性格内向，寡言少语等等。有这样心态的人，一般是在台里外在条件明显不如他人的人；或者是心气很高，却一时难以实现的人。于是在内心深处萌生出自卑感，强烈的求胜心与潜在的自卑心理困扰着他们，表现在节目中，往往形象的自信度不够，尤其表现在现场采访中，状态不主动，思维不活跃，提不出精彩问题；若与伙伴搭档共同主持，多表现出一种从属的状态。显然都是不妥当的。

这两种明显不同的心理状态，其实都是缺乏自我认识的表现。前者看不到自己的缺点、不足；后者却不能张扬自身的优势。不认识自我，就无从发展自我，更新自我，完善自我，也就无从成为一个称职的节目主持人。

主持人的自我认识是多方面、多层次的，除了从前面所阐述的道德品质、知识构架、表现力等等方面做逐一梳理、剖析认识之外，在宏观上应该首先把握住对人的本质的认识，对性别的理解。冰心老人曾不断告诫她的女儿：“你们首先是人，然后才是女人。”“你们应该有自己的事业，不能依赖别人。”① 这是一个人认识自我，把握自我的准则之一。主持人在独立主持节目时，一般情况下，作为社会人的意识要强，性别意识要弱，否则，有的女性误入歧途，去追求妩媚、性感，以性取悦于人，难免流于低俗。对于伙伴型的主持人，平等、友善的关系，也是建立在良好的性别意识上，方能刚柔相济、相辅相成，熠熠生辉。否则，男性表现出大男子主义，女性成了附庸、从属，也极为不妥。

认识自我、完善自我是人类的永恒命题。人类漫长的历史过程，实际上就是人类不断追求美，完善自身的过程。即是陶冶情操、净化灵魂、升华精神境界、铸造完美人格的过程，当然个体的完善与人类的完善是辩证的统一。一方面，人类完善是个体完善的前提，个体完善依赖于人类完善；另一方面个体完善又是人类完善的体现，人类完善离不开个体完善。既然个体完善与人类完善的关系如此密切，作为大众传媒中的一个重要角色的节目主持人，他的个体完善又是何等重要。节目主持

① 见1995年7月23日《杭州日报·下午版》。

人应该在不断的扬弃中，完成一次次质的飞跃，走向成功的彼岸。

二、目标明确、方法得当

古人云："取法其上得乎其中，取法其中则得乎其下。"拿破仑有句名言：不想当将军的士兵，不是好兵。这无疑都说明了为人一生，"志当存高远"。在对自我有了清晰而深刻认识的前提下，要确认自己的奋斗目标。长远志向与近期目标要逐一理清。人生其实如同登山一样，只有在攻克一个个小山峰后，才能到达顶峰去领略无限风光。目标明确，即包含了在通向终极目标时，需要达到的一些具体指标。没有远大志向，固然行路茫然，而缺少具体的行动目标，依然会由于指向不清，导致动力不足。难怪王国维以晏殊词句"昨夜西风凋碧树。独上高楼，望尽天涯路"，比喻做学问的第一境界。学海茫茫，确立目标，远非易事。节目主持人定下一个大志向——明星主持人，轻而易举。但事实上，面对职业的高素质要求，几乎无所不包的知识和能力该从何起步，怎样行进，真是谈何容易。志向的实现是以具体目标的明确为前提的。因此每个有志于在主持人行当上干出一番事业的人，应该针对自己的实力和节目的特点，制定出一个明确的目标计划，由小及大、由浅入深、由近至远、由窄到宽、由泛至精，循序渐进，持之以恒，"衣带渐宽终不悔，为伊消得人憔悴"。

目标明确之后，就要对学习方法有所研究了。学习方法是多种多样的，因人而异。每人应该根据自己的具体情况、工作特点、生活习性，选择适合自己的科学的学习方法，养成良好的学习习惯，这是非常重要的。读书，应有读书计划，看什么书，怎么看，这都很有讲究。哪些书要精读，哪些书泛读即可，如何做学习札记、读书卡片、问题摘要等等，都是需要掌握的起码的学习方法，否则，即使看了一大堆书，未必能学有长进。而且好的学习方法，可以事半功倍，举一反三。也是达到“众里寻他千百度。蓦然回首，那人却在，灯火阑珊处”的做学问的最高境界——即成功彼岸的保证。

三、积极实践、善于总结

节目主持人是实践性非常强的职业。学富五车的人未必能一蹴而就成为口若悬河、游刃有余的优秀节目主持人。主持人所需要具备的种种能力，也不是在课堂上教师苦口婆心能够浇灌出来的。良好的镜头感觉、话筒感觉即使理论上能阐述得头头是道，但是若不在镜头前、话筒前反复的操练，永远也找不到真正的感觉。因此，主持人一定要积极参与实践，利用多种可能的机会，给自己创造实践条件。

主持人能力的训练是多方面的。包括思维训练、语言训练、心理训练、应变力训练、记忆力训练、观察力训练等等。这许许多多的训练，实际上渗透在我们现实生活中的角角落落。所以，我们所说的积极参与实践和实践条件，并非专指参与主持节目等实际的新闻活动，而是应意识到要做个有心人，在平时的一言一行、一举一动，生活、学习、工作的很多细节中，随时培养、锻炼，以提高我们的能力水平。

进行思维训练，拿着书本，依据理论，看资料做习题，去循序训练求异思维、逆向思维、辐射多维思维，是一种途径。但在现实生活中，为人处世、分析问题解决问题都离不开大脑的思维活动，有意识地积极运用多种思维方法思考问题，学习创造性地提出自己独立的见解，不更是行之有效的思维训练吗？做一个合格的主持人，活跃的思维状态极为重要。拥有创造力的民族必定是一个充满生机的民族。同样创造性思维能力特别强的人，也多是事业的成功者。节目主持人拥有了创造力，一定能更好地发挥他的聪明才智，把节目办得有声有色。

至于其他各种能力的培养、训练，就不一一赘述了。很明显，日常生活中随时都可以有实践的园地。关键还在于你是否时时留心着，并积极主动地进入角色。

只管种树，不问修枝，要想收获栋梁之材，怕也是非份之想。因此，在各种知识和能力的培养、训练的过程中，要经常不断地总结经验，积极向他人取经，沟通信息、交流经验，虚心向师长求学请教，勤问多思，善于分析总结自己的学习情况，不断修正自我、调整自我。只有这样，才能收到最佳效果，使自己具有扎扎实实的功底，无愧为高素质的节目主持人。

第五章 节目主持人的个性魅力

第一节 主持人个性魅力概述

个性魅力是广播电视节目主持人获得良好的传播效果的重要因素，也是一个节目主持人的艺术生命力所在。一个缺少个性魅力的主持人，是不可能赢得接收者更多、更久的关注和喜爱的。

所谓魅力，就是很能吸引人的力量。魅者，鬼魅、精怪也。鬼怪本来就是一种飘忽不定、捉摸不透的东西，所以魅力通常被认为是一种说不清道不明的带有神秘色彩的力量。然而魅力一词带有很强的褒义色彩，有魅力的人或事物通常是大家十分喜爱的。

魅力必然具有鲜明的个性。个性是在一定的社会条件和教育影响下形成的一个人比较固定的特性。每个人都有自己的个性，然而不是每种个性都是让人喜爱的。因此，有个性不一定有魅力。

如此看来，是否只提“节目主持人的魅力”就可以了呢？

我们认为，魅力可以是个性的外在流露，也可以是某种天赋条件所显示出来的，而个性则更多地与社会条件和教育影响有关。节目主持人的魅力主要通过一定的个性形象而产生。所以，谈魅力不可不强调个性。

魅力是一种精神性的东西。人们对某一个人或某一事物所体现出来的魅力的感受、体验和品评，其实就是一种审美。审美当然受一定的社会环境、时代风尚、文化背景的制约。广播电视节目主持人通过其主持的节目展现的个性魅力，自然无可逃遁地要受到听众与观众的品评。因此，主持人是否有魅力，是跟一定历史时期、一定社会条件下的审美情趣相关的，主持人不可不注重个性形象的塑造；个人魅力的展现，也不可漠视受众的眼光与水准。过分地强调发挥个性，不恰当地展现与张扬自我，只能在受众中失去魅力。

概而言之，节目主持人的个性魅力，包含了较好的外在形象、风度气质、语言能力和知识修养以及在这些基础上形成的有鲜明特色的主持风格。这里有天赋条件，也有经后天努力所达到的构成因素。

先谈天赋条件。广播节目主持人主要通过他的声音让受众感知节目所要传达的思想内容、感情，电视节目主持人则既要通过声音，又要通过形象；受众对于主持人的声音、形象的要求，肯定跟对一般人的有所不同，比方希望声音富有磁性好听一些，形象英俊靓丽好看一些。倒不是非要像舞台上的明星那样光彩照人，但起码是要让人看了舒服，这应该说是不算太高的要求。因此，如果主持人生来具有一副音质好听的嗓子，外貌长得端正、俊俏，或者虽容貌一般，但显得生动、健康，这首先就给受众的听觉与视觉带来一种快感与舒适。“爱美之心人皆有之”，虽然我们说一个人的美主要在于内心美、精神美，内心美会使外表更美，但生理上的天赋条件在物色主持人培养对象时成为一个必不可少的考虑因素，早已是被公认的；而姣好的容貌、端正的长相、健美的身材、好听的语音，在加强传播效果中占了优势，在节目中产生一定的魅力，这也恐怕是人人都会有的一种体验。

重视节目主持人的天赋条件，有利于更迅速更有效地培养出优秀的受大家喜爱的主持人。对于天赋条件的重视，并不意味着对文化素养、举止风度、思想情操等构成主持人魅力的其他重要因素的忽视。而且，过于强调天赋条件也是不必要的，如果节目主持人的脸蛋十分漂亮，又格外地注重修饰打扮，就会从某种程度上使观众分散对节目内容的注意力并产生疑惑，甚至反感。

注重主持人的天赋条件，还应从这样一个角度去理解：不同类别的主持人节目，对主持人天赋条件的要求是不一的。可以说某一主持人的形象比较适合某类节目，但不可以说凡漂亮的主持人对每类节目都适合。

天赋条件重要，但对节目主持人来说，的确不是最重要的；天赋条件为进一步培养、发展与之相适应相协调的风度、气质、素养提供了一个基础。只有使人悦目、顺眼的外部形象同内在素养、学识自然地相融合，并自然地溢于言表的节目主持人，才会真正对受众产生魅力，并长久地保持这种魅力。因此，我们有必要进一步来分析一下构成主持人个性魅力的这些重要的内在因素。

一、真诚、坦荡、审美境界的追求

主持人的个性魅力应来源于高尚的思想境界和真诚坦荡的人生态度。主持人在各类节目的传播中起什么作用？节目内容如果只是照本宣科式的演绎，自然会使受众觉得离自己的思想、情感及所处环境距离太远。然而广播电视本身之长处又在于它们是一种远距离的传播工具。主持人恰恰在这里起了一个使节目与受众之间的距离相对缩短，加强传播效果的作用。主持人通过现场采访，通过热线传递，通过亲切而平易近人的语调表情，与受众进行着不同程度不同方式的交流。没有哪个人喜欢跟虚伪做作、自炫卖弄的人打交道。一个人的真诚坦荡之心，往往是在举手投足、言谈说笑之中流露出来的。如果一个节目主持人在屏幕之外，在日常生活中是心胸狭窄、脾气暴躁、冷漠无情的人，那么在主持节目时，他就不太可能准确地把握好节目的内容和情感，不能以使人信赖的自然真实的表现方式、语调口气等主持好节目。至于那些思想道德水平低下，群众已对之产生不良印象的人，不要说已缺乏信赖感，甚至不应再担任节目主持人。真实性原则是节目主持人得以存在的基础。除了演播内容本身的真实性之外，主持人表达手段的自然真实，是主持人本身的形象在受众中树立可信性、权威性的最基本点。对此中央电视台新闻联播节目组的李修平深有体会，她说："真实的内容必须以主持人的情感真实作依托。……主持人要以自己的情感真实，引发受众真实的情感，沟通受众与节目、受众与主持人心灵的交流，获得受众的信赖。""很难想象，一个内心苍白、缺乏情感的人，会赢得观众的喜爱和信赖。"《综艺大观》节目主持人倪萍，从小有一颗善良、同情人之心，当她在某年“三八”节的一次《综艺大观》中朗诵肖复兴的散文《母亲》时，由于真情坦露，使多少在场观众和电视机前的观众潸然泪下。别人问倪萍：“你主持的节目给观众留下的印象极为深刻，一句话、一个微笑就能把观众的情绪调动起来，有什么绝招吗?”倪萍咯咯地笑了：“我哪有什么绝招！只是觉得当主持人，不应该做作，你就是你。应该让观众感到，面前这个人就是一个普通人……”真诚、善良给人带来了美好的印象，美好的心灵永远是产生永恒魅力的最重要的因素。

二、自然、洒脱、独特的风度、气质

风度、气质，是构成主持人个性魅力的重要因素。风度，当然与外形、衣着修饰联系在一起，但本质上是精神气质，内在修养达到某一层次的体现。譬如我们说某人具有“绅士风度”，除了其衣着整齐讲究，修饰得干净利落得体之外，必然更看重他的举止彬彬有礼，谈吐优雅有分寸，显示一定的文化层次和社会地位。所谓气质，一般地说，是一个人稳定的个性的特点。这种特点不是体现在一时一事上，而是时时处处都能反映出来的，是每个人的内心自然流露出来的一种性格化的处事方式和情感表现。因此，气质也不是一时一事的过程中所能产生的，气质是一种长期的环境影响、生活经历、情感经历和所受教育类型、程度所造成的。气质可以说是个性加上文化，但体现在一个人身上又常常是可感而不可言的。一个人如果外貌一般，却具有良好的风度、独特的气质，就会让人感到可爱，就会产生魅力，而且这种魅力比单纯的外貌漂亮要深刻，要持久得多。正如托尔斯泰所说：“人并不因为美丽才可爱，

而是因为可爱才美丽。”我们从许多电影电视中都可以看到，许多相貌一般甚至丑陋的人，由于具有某种气质美，却让人觉得可敬可爱。

节目主持人的风度气质在其工作过程中若能有较为理想的体现，则能弥补某些外形美的不足，是“抓住”受众的注意力的一个重要因素。我们不能说中央电视台的著名主持人陈铎是多么俊美的男子，但只要他在荧屏上一出现，一开口、一举手、一投足就以其饱经沧桑般的成熟的气质，儒雅、深沉的风度深深地吸引了我们，仿佛那万里长江的故事，非要他（以及虹云）这样的人来讲述才“镇”得住。女主持人中，《正大综艺》中与程前搭档的王雪纯，并不以容貌漂亮而吸引人，但我们觉得她十分可爱。她眼睛不大，却常流露着笑意，并且笑得十分真诚。她的主持十分自然轻松，却很能“抓”人，原因就在于她具有一种生气勃勃的精神气质，一种纯真的青春美。她反应敏捷，却言辞得当，既善于活跃气氛又不过分张扬自己，显示了一种真正的机智和内在的修养。从这里我们也可以发现，节目主持人过于漂亮和过分的修饰可能反而拉开了和受众之间的距离，以自然、亲切的外在形态和颇具特色的风度气质将自己展现于受众之前，反而使节目效果更为出色。

同时我们也注意到，不同类型的节目和不同的节目风格，应该选择与之相适应的气质类型的人来担任主持人。如前所述《话说长江》一类文化哲理性强的专题节目，就宜选用有学者风度、气质稳健的主持人；而娱乐性节目、少儿节目，就宜选用生性活泼、机敏幽默的主持人。这样，主持人本身的气质形象与节目所要求的风格类型比较相近，自然整体效果好。

三、丰富、得体的语言表达

主持人最重要的表现手段是言语，言语总是表达着一定的知识内容和情感内容。通过丰富、得体的语言表达体现主持人较高的知识水平和个性风格，显然是构成魅力的重要因素。主持人既要给人以亲切的，可信赖的印象，又要以自己丰富的学识、较广的阅历、较高的文化水准在受众中树立自己更为完美的个性形象。一个外貌和风度气质都比较好的主持人，如果在主持中出一些知识上的差错，或谈吐中流露出某种浅薄，当然会使人十分失望，甚至所有的漂亮外形和优雅风度，都成了可笑的东西。这样的主持人是谈不上具有魅力的。

我国不少节目主持人具有较丰富的学识，如赵忠祥，平时博览群书，很早就对丹纳的《艺术哲学》有过钻研，受益良多。由于知识面广，以至在《正大综艺》节目中，凡海内外经济、文化、天文、地理等多类知识均能应付自如。杨澜则以她的外语水平和语言的准确迅捷使国人甚至西方人也倾倒。至于宋世雄在体育方面的丰富知识，使得他的体育节目主持让人叫绝；叶惠贤苦读《成语词典》、《百科全书》等使他在主持节目中能妙语连珠，成一“脱口秀”。这些都说明了文化知识修养与发挥主持人魅力之间的关系。

节目主持人所应具备的知识，是多方面的。在广博的基础上，也应在某一方面更突出一些，这主要跟自己主持的节目类型相关。一名主持人要在任何节目中都显得如同专家一般，是不可能的，但在某一方面学识丰富，谈吐自然，应答如流，使受众既被主持人的风度气质所吸引，又为主持人的才学与精彩的语言表达所折服，那才叫真正的具有魅力！

关于节目主持人的衣着修饰，事实上也是一种表达，属于无声语言范畴，显然也与体现个性魅力有关。这是个看得见摸得着的东西，依附于形体，但却体现了一个人的文化修养和审美水平。衣着修饰的关键在于得体，在于具有一定的个性。如果一名节目主持人天赋条件不错，却不懂得恰当地修饰自我，衣着亦不伦不类，那就可惜了一副好身材、好容貌。有的主持人不问节目风格和自身条件如何，捡起时装就穿，唯恐不够"新潮"，化妆也太过分，其结果当然会使观众大倒胃口。衣着修饰不在华贵，要在能穿出个性，修饰得使人赏心悦目，能与节目风格协调，这样才有助于个性魅力的发挥。

节目主持人一旦设立，就使广播电视的节目与受众之间有了一座桥梁——一种比较特别的或比较固定的联系。某一节目主持人通常在一固定的板块、栏目中定期地、长久地出现，受众视该主持人与该栏目为一体，主持人的风格特点与栏目的风格特点几乎是互相制约、互相包容的。很显然，主持人是否具有个性魅力及发挥程度如何，对于节目的质量乃至成败至关重要。

首先，主持人个性魅力的展现对节目内容的传播，对节目所要达到的预期效果有着重要作用。主持人在节目中出现的状况通常分这样几种：

1. 主持人在节目头、尾出现，先讲述概况，介绍要点，待实况图像伴画外解说播放完后，作一简短结语，有的甚至在结束时不再出现主持人形象。如电视新闻节目、某些专题节目等。

2. 主持人在节目中穿插行动，时而现场采访，时而面对观众述说。如对某些事件、人物的专门报道。

3. 以主持人为中心，邀集嘉宾座谈问答，如一些知识类教育类节目。

不难看出，无论这三种中的哪一种，节目主持人在一个节目中总是以他的表情姿态、言语声音首先出现在受众的知觉之中，使受众对这一个节目产生“第一印象”。在人们感知、认识周围事物的心理活动中，“第一印象”是很重要的。当对某一问题在头脑中尚属空白时，首先感知的人或事物便最为新鲜，极易造成一种“心理定势”，有形无形地对该问题的其余部分和发展进程产生一种价值判断标准。因此，在广播电视节目中，如果该节目一开始出现的这位主持人给受众一个美好的印象，对下面节目的程序进展，效果体现就非常有利，起码别人想看下去：这么出色、这么可爱的节目主持人，他（她）下面还会讲述些什么呢？当然，节目的成功与否，主要还是看内容和编排的质量，但既是主持人节目，主持人与节目构成一个整体，当然主持人的个性形象也就是节目形象的一部分了，主持人的魅力包含着节目给予人的魅力。

在主持人节目的推进过程中，主持人始终起着把握节奏，渲染气氛，准确传达节目内容和展示节目风格的作用。优秀的富有个性魅力的主持人是一档好节目长期富有生命力的保障，是一家电台或电视台的牌子，是广大受众心目中喜爱的偶像，所以在一定程度上，是一种时代精神的写照，是政府和人民的代言人。正如一首歌词中所写到的：“拿起话筒，就进入了千户万家；日子一久，大家全都爱他，信他！……”当然，受到千千万万的人们喜爱的节目主持人，必然是富有个性魅力的优秀节目主持人。

主持人的个性魅力，还应该体现在一种距离感上。他们与受众既要很近，很亲和，又要有一定距离，尤其不应太多地暴露个人生活和隐私，因为主持人是以个人形象直面接收者，而不是以角色吸引人（当然每个人的隐私都理应受到尊重），这点新闻同行应引起注意，应珍爱、保护主持人的形象。

第二节 主持人个性魅力的形成与保持

美国著名电视节目主持人靳羽西曾说：“每一个节目主持人都应有自己的特点，一定要敢于表现自己的特点和风格。”当今世界是一个全人类都在追求现代化的时代，现代化要求每个人充分发挥自己的才能，展现自己的个性风采。中国正在迅速地摆脱长期封建社会造成的对个性的压抑和十年浩劫中践踏人性的愚昧，正以崭新的步伐迈向 21 世纪的灿烂未来。在广播、电视这些与大众关系最为密切的传播媒体中，如果节目主持人千人一面、千篇一律，怎么能够吸引听众和观众呢？怎么能够与新时代的气候、格调相吻合呢？显然，已经在中国广播电视界形成群体的节目主持人，如何发展个性，体现不同的风格，展现各自的独特魅力，不但是节目的要求，受众的要求，也是时代提出的要求。

有人说，节目主持人这个行当好，容易做，又成名快。其实主持人不好当，因为主持人以自己的声音、神态、形象面对受众，任何时候、任何一个细微之处都要受到观众的评判甚至挑剔；主持人在受众面前应该展现“自我”，否则就缺乏特色，但又不能过分表现“自我”，否则就超越了节目的特定内容范围，传播了不该传播的东西或未传播应该传播的东西。

从前面的论述中我们已经知道，节目主持人和主持人节目两者是互相依存的关系。要使节目办得有个性，就必须充分体现主持人的个性；而主持人具有个性魅力，也离不开适合自己主持的节目。当然，节目主持人个性魅力形成的因素是多方面的，保持这种魅力的途径也是多方面的。这里还有不同民族的风俗、审美习惯，不同国家的社会文化背景在起作用，因此，我们在论述这一问题时，尽量对中外主持人作一些分析比较。

一、量体裁衣，定位准确

正确地看待自己的天赋条件和固有气质，选择适合自己的节目，这对形成主持人个性魅力以及保持这种魅力是有利的。我们所说的天赋条件是指人的自然面貌，包括五官长相、胖瘦高矮以及年龄大小、音质好坏。有的人长相确实漂亮，可以上明星挂历了，但他（或她）若以为自己在任何电视节目中都适合做主持人，那就错了。美国几家大电视台在40年代曾聘用不少美貌的好莱坞女演员甚至性感明星来主持电视节目，企图以她们的形象来吸引观众，但结果是好景不长，节目的格调走了样，舆论的评价也并不高。有些在舞台上、电影、电视剧里颇显才华的演员，在主持新闻节目、知识性的专题节目时未必会有理想的效果。刘晓庆论形象、论气质都不错，在电影表演艺术方面更是独具才华，但她以节目主持人身份主持知识性专题片《世界电影之林》，却没有成功。正如《大众电影》里一篇文章所说的：她“十分错误地接受了《世界电影之林》这本应由电影史专家、学者承担的讲解人角色”。一些报刊的评论文章说：她“手足无措、动作做作、极不自然……是要努力表现出一种渊博而又潇洒漂亮的样子，结果形成装腔作势的形象”。“……一切都不是自我修养的真实而自然的流露。”刘晓庆在《世界电影之林》的主持中未获好评，一方面是由于她的形象气质并不十分适合做这类知识性专题节目；另一方面是由于她没有把握好发挥主持人个性魅力的分寸，错误地以为加强主持人的表演性，甚至学一些外国主持人的姿势神态就会对观众有吸引力。这就进入了一个误区。其实，刘晓庆偶尔主持的歌舞娱乐节目，还是很显其个性魅力的。当然，她的专业不在这方面，我们对其要求不必过高。引其为例，目的在于引起专业主持人的自我反思。

西方国家电视节目中，新闻节目主持人常常有着特别大的影响力。如美国，能在三大电视网中担任新闻主持，是许多人梦寐以求的。一些主持人由于在形象和气质方面特别给人以稳重、自信、诚实之感，主持新闻节目获得了很大成功。如美国全国广播公司（NBC）《每夜新闻》著名节目主持人约翰·钱塞勒，“身材魁伟而颀长，生就一副学者风貌，戴一副牛角边眼镜，花呢上衣，若有所思地喷着雪茄。他待人和蔼可亲，说话有趣，酷爱运动，并是个研究莫扎特和城市建筑的专家……”。当然，除了这些外形上的特征和魅力，他从不草率办事的工作作风和关心新闻的准确性和真实性的工作准则，使他成为“全国广播公司的良心”的象征，成为受众最信得过的人。钱塞勒的外在形象、独特气质和他的《每夜新闻》，显然是一个风格彼此协调的共同体。难怪有的观众说，倒不一定是新闻吸引我每天在这一时刻打开电视，而是新闻节目的主持人吸引我每天想看到他。NBC 的早晨新闻节目《今天》的女主持人简·波利，则“有一张早晨的笑脸，看她主持的早晨新闻节目就像吃玉米片喝咖啡一样可口舒服”。简·波利恬静优雅的气质对动态性的早间新闻，确实十分合适。《华盛顿邮报》的电视批评家说：“……她或许不能很好地主持夜间新闻，但在早晨新闻中，我们不需要尖刻激烈，咄咄逼人的主持人。”

人的外形和气质，也会随着年龄和阅历的变化而有某种改变，中老年人总不会像姑娘小伙子那样活泼、亮丽，但一般显得成熟、坚毅，这样，主持节目时就要善于选择适合自己条件的。选得好，主持人与节目相得益彰，这也是保持节目主持人魅力的一个重要方面。我国不少节目主持人从主持人节目初创时就开始干，直到现在仍活跃在这块领域，并且仍深受着观众的喜爱。如中央电视台沈力，是我国最早出图像的节目主持人之一。三十几年前她播报新闻，给人们一个年轻、端庄、亲切的女性形象，这几乎奠定了我国中央台新闻节目播音员、主持人的基本形象，以后一批批的新人虽有不同的个性特点，但基本不脱这一模式。这说明我国观众已普遍认可这种形象和格调，作为中央台的“台标”，这种群体风格还是必要的。而当沈力迈过了中年时，开始主持《为您服务》、《夕阳红》专题节目，显然，她那成熟的，有阅历感的形象和亲切淳美的声音，使她在这类节目中获得很大成功。即使在今天，已经年过七旬的她每每应邀出现在荧屏中，依然以她所独具的恬淡、宁静、谦和赢得大众一致的尊重与满堂的掌声。

当然，主持人有不同类型，有的主持人不参与采编，有的则参与采编。作为前者，主持某一节目是编导选定的，主持人适不适合节目自然是编导总体考虑的一部分，即使如此，主持人如何在节目中展现自己形象气质方面的优势，从而产生一定的个性魅力，也是大可发挥一番主持人主观能动性的。作为后者，节目的内容、进程、风格的把握既在主持人自己手中，当然就应该将自身条件充分地在节目中加以安排考虑。《东方时空》中的“东方之子”栏目，主持人的采访对象一般都是政界、军界、文化界、科技界的名人，节目的定位，要求主持人风格不能太活泼洒脱，尤其不能轻佻，所以学者型的中年男女主持人在其中十分适宜。目前，各种类型的人物访谈节目很多，但做得比较成功的多为有多年记者或主持经历的年届中年的主持人。如《新闻会客厅》的白岩松、《张越访谈》、《面对面》的王志、《艺术人生》的朱军、《朋友》的王刚、《夫妻剧场》英达等等。他们风格各异，或以理性、知性、冷静见长，或以真诚、亲和、感性抓人，但共同的是：他们的个性魅力是节目成功的重要保证。

二、学而不厌，学以致道

学而不厌，是持之以恒，不断的汲取知识，积累文化，更新观念，修炼自我的过程；学以致道，是有方向的学习，不仅获得知识，还要有“道”的追求与建立。老子《道德经》开语即：“道，可道，非常道；名，可名，非常名。”所谓“道”，比较玄。可以说是万物形成、发展与变化的道理。它可以表述，但又并非是永恒不变的。因此，对于节目主持人而言，有目标的不断地学习知识、丰富内涵、提高修养，加强主持人应有的功力训练，并且在理念——道的层面有所追求和探索，是个性魅力形成尤其是保持这种魅力的根本保证。

主持人的外貌、气质比较理想，对节目产生个性魅力固然十分有利，但这种影响也可能是暂时的。人们收看广播电视，最基本的目的恐怕也就是两个：求知、娱乐。求知的含义当然很广，可以包括了解时事新闻，各类所需的信息，社会科学、自然科学和艺术方面的知识；娱乐也通常是“寓教于乐”，人们在欣赏文艺节目时，也应获得新思想、新知识以及了解本民族及其他民族优秀文化遗产中的内容和形式。主持上述各类节目的主持人，一开口说话，就受到受众对他们的智能、知识水平、修养程度的评判。有的主持人学识丰富、见多识广，即使在现场采访、主持过程中遇到一些棘手的问题，也能从容不迫、应付自如驾驭全局，这就给人一种力量感，一种可信度，这种知识的力量自然地会表现在主持人外在的情态气质上。而有的主持人学识浅薄、阅历贫乏，在现场采访和主持中语言简单重复，缺乏思想亮度，甚至说些不合逻辑的话或出一些常识性的错误，有的还不断念白字，就连一般的受众听了都会哑然失笑。那么，这种主持人怎能被认可呢？其外貌条件再好，也不会产生对受众的吸引力。主持人的外貌是会随着年龄起变化的，但知识的魅力是永恒的。不断丰富、更新自己的知识，加深对人生的体验，就会长久地保持一种魅力。有些外貌条件并不那么理想的主持人，因学识渊博、谈吐不凡而能补己不足，从而创造出独具个性的魅力。

主持人的案头工作水平直接关系到节目质量，也关系到主持人形象。1952 年，美国 CBS 派克朗凯特主持对共和党和民主党全国代表大会的电视新闻报道，他作了充分准备，查阅了大量的档案卷宗，尽可能多地掌握背景材料。这样，各代表团的内幕、各代表的履历、政治态度在他心中几乎了如指掌，他能够在任何时候把消息综合起来。这一次信息含量丰富而准确的出色报道使他在电视新闻界崭露头角。从那以后，电视节目主持人就成了令人神往的人物，远比那些带有传奇色彩的美国西部最早的拓荒者更了不起。法国的文学、艺术在世界上堪称历史悠久，成就辉煌。在法国电视节目中，这方面内容也反映得比较多。每星期五晚上有600多万法国人观看的法国电视二台的谈话节目《新书架》，是一个专以文学作品与作家为话题的节目。这个节目之所以得到大家的喜爱，关键是有一个优秀的节目主持人伯纳德·皮沃特。皮沃特力求节目能及时反映文坛的最新动态，介绍最新作品，从而成为帮助观众了解文学领域情况的消息灵通的朋友。如此，他每星期要用70个小时阅读文章与书籍，他给自己订的目标是一天一本书，为了多读书，他不自己开车而坐公共汽车或地铁。博览群书使皮沃特主持起他的这档节目来显得胸有成竹，人们赞扬他的智慧、机敏和沉稳，在一次观众调查中，他被推举为最受爱戴的电视节目主持人。

我国许多节目主持人在知识涵养、修养素质方面并不逊色于那些国外名主持人。一些非常优秀的主持人，身兼制片人，对节目的参与度，控制权都很大。但是毕竟大多数主持人陷于方方面面的条件，如体制、人员、或自身的文化功底限制，还是处于依赖编导文稿，自我话语权利、舞台空间都很有限的状态。尽管如此，主持人的学识水平与修养高低仍不可避免地影响到节目的质量，影响到主持人个性形象的树立与形成。而近年主持人直接参与前期工作的节目多了起来，现场采访的随机性主持也增加很快，故对主持人的知识修养，案头功夫，主持技巧等要求也越来越高。一个主持人如果不在这方面努力，不要说不可能保持魅力，甚至很快会被认为是不称职的，并因此被淘汰出局。

应该说，主持某一类的节目，必须具有某一方面的专业知识，即使不成为专家，也应对这一领域的基本知识、历史与现状有所了解。不少论者认为：优秀的新闻节目主持人，最好从记者做起。像 CBS 的克朗凯特、丹·拉瑟、CNN 的拉里·金等，都有过几十年的记者生涯。他们往往在长期的工作中积累了丰富的政治与社会经验，报道与评论经验，由于拥有广博的知识，敏锐的思想，才成为别人无法取代的世界级主持明星。国内新闻主持人也开始重视新闻意识。敬一丹认为，主持人必须有自己的观点与敏锐的视角，必须以才华与谈人论事的成熟来吸引观众，这就要求主持人不仅仅是在幕前亮相诵稿，而应更多地采访、编稿。她说："我喜欢出去采访，我觉得有没有'记者心态'对于一个节目主持人至关重要。"

至于谈话类、知识性节目的主持人，更是时时处处要碰到一个知识是否够用的问题，因为这类节目本身就是以引导舆论、开启心智、排忧解惑、弘扬科学为使命，而现在又处在知识日新月异的时代，如果主持人一方面是个博学的"通才"，一方面在某一学科又是个"专才"，那就能使自己的谈话圆熟自如，纵横捭阖，不断闪烁智慧的火花；在与请来的专家一起座谈时，就能在相近的水平上与之接口，整个节目自然会做得十分流畅、精彩，自然也就吸引人了。当然，上面讲的"专才"是要经过长期艰苦的努力才能达到的，而且在我国目前的主持人中并不多见。

近年涌现了一批新主持人，有些原来是学者、艺术家、大学教师和记者、学有专长的年轻人，具有较高学历和专门知识，他们往往从事某一类专题节目的主持，产生了理想的效果。如水均益，长期担任驻外记者，外语水平高，国际政治方面知识丰富，他主持的焦点访谈就很有个性风格。又如《今日说法》的主持人撒贝宁，是北京大学法律系的高才生。另一方面，请一些专家做嘉宾主持，也是增强节目魅力的可行方案，但这些主持人做一两次节目是不可能形成个人风格的，总得在相当一段时期内才能形成、保持一种个性特色。说到体育、综艺、少儿节目，那么宋世雄体育知识的渊博，倪萍、王刚的演员生活积累，鞠萍的幼师学历和幼儿教师经验，都是他们个性魅力得以形成的重要因素。而他们之所以能长期保持各自的个性魅力，又是不断汲取新的知识，一丝不苟地做好每一次主持，在主持经验和技巧方面不断超越自我，越来越成熟的缘故。

三、形象鲜明，与时俱进

主持人既要形象鲜明、追求与众不同的风格，又要善于把握分寸，避免空泛地表现“自我”；既要保持个体跟节目整体效应相适合的固定形象，又要善于在不变中求变化，时时给观众一定的新鲜感，这也是节目主持人个性魅力得以形成发展的途径。

既然当了节目主持人，就希望自己的形象在受众中尽善尽美，希望自己的传播影响力越大越好，这种心理本来倒也是无可厚非的，而且干事业没有点雄心，没有点信心，也激发不起强大的动力。但问题是个别主持人对“主持”二字的理解有偏差，以为主持就一定对整个节目拥有全权，不论节目类型，只要个人认为怎么说，怎么干就应该行，把节目看成自我表现的个人园地，有的甚至以居高临下、好为人师的态度，夸夸其谈，“隆重地推出自己”。也有的节目主持人，做了几次节目，受到大家好评，一炮打响之后便自我感觉过于良好，以为节目受欢迎只是主持人的成功，以为只要保持自己那点亲切感，那点神侃的劲儿就能永远使受众倾倒，有永远不会衰败的魅力。殊不知初始阶段的轰动，往往也是由于节目内容较好和形式较为新颖；而随着同一档节目的不断推进，观众对主持人的期待值也会渐渐增高，如果主持人的面貌风格一成不变，观众便会觉得味道越来越“淡”，这样，主持人原先具有的个性魅力也就会渐渐地色彩黯然了。

树立主持人的个性形象与忠实地传导节目的思想、内容，应该是不矛盾的。节目主持人不是一名独角演员，更不是一名政府首脑，他从本质上说是一名传播者，他要改变的只是“我说你听”的那种播音员式的传播方式，而以贴近群众，服务于群众的形象态度来将节目的思想内容、情感内容更有效地传达于群众。因此，节目主持人要摆正节目、受众与自己三者的位置，忽略节目内容和忽视受众心理的主持，都会失了分寸。尤其在我国，人民广播电视事业是整个社会主义精神文明、物质文明建设的一部分，她的宗旨是宣传好党和政府的方针政策，为人民服务，在国家的政治生活、文化生活、经济生活和社会生活中发挥作用。因此，她有一个总体的形象。节目主持人的个人发挥可以丰富多采，各呈个性，但应该不偏离这个总体的形象。

我们常说，艺术创作贵在塑造“这一个”作品。如果我们将节目主持人的形象塑造也当成一种艺术创作的话，那么强调个性色彩，强调个人风格都是十分必要的。主持人在受众眼里是一个活生生的人，他给予受众的声音、表情也都是具体可感的东西，受众当然十分厌恶“标语口号”式的说教和始终一本正经的面孔。在受众的心目中，节目主持人应该是既可亲近的，可信任的，又是高于自己的，在语言、表情、风度、气质方面都带有一定典范性的。他不像电影明星那样高不可攀，又不像一般朋友那样瑕瑜毕现。主持艺术是一种接近生活的艺术，大众的艺术。艺术是源于生活，又高于生活的。优秀主持人在大众心目中有持久不衰的魅力，就是因为他们在不断探索、不断建构着主持人这门艺术。

用比较刻板的话来说，主持人艺术应该包括较高水准的采编播能力，对节目内容有正确的理解，能科学地组织这些内容，以其有个性的语流、神态形成有血有肉的"我"的立体性格形象。这种形象应该是受众信赖的、喜爱的朋友式形象。

要树立"朋友"式的"我"，最根本的就是要真实，不做作，不卖弄。80年代，中央电视台《为您服务》节目倍受观众青睐，是跟主持人沈力的个性风格有直接关系的。山西一观众认为："主持节目的女同志亲切自然，没有丝毫做作，使我们感到，这是一位似乎早已成熟的，知识渊博的老相识，就像坐在家里聊天一样，听了看了非常舒服，使观众产生一种信任感。"吉林一观众说："每当收看《为您服务》节目时，我都有一种亲如知己的感觉。播音员那庄重而朴实的播音，像一股巨大的暖流，温暖着千万人的心。"《综艺大观》主持人倪萍，言谈举止笑貌也给人一种十分朴实的感觉，她常随着节目内容和进程的变化，时而朗朗地笑，真诚而不忸怩作态；时而悲切含泪，完全进入了她所讲述的人与事的情感氛围之中，观众无不觉得倪萍就像是身边的一个朋友一样，自然、亲切、真诚，而倪萍在主持时又完全有控制节目进程和场面的能力，节目的推进和情感的起伏衔接得那么天衣无缝。用倪萍自己的话来说，是《综艺大观》成就了我，我对《综艺大观》有着非常深厚的感情。我还要不断地主持这一节目，而且努力做得更好。一位用自己全部的心血和生命投入一档节目的主持人，跟我们所熟知的那些献身于艺术的大家们有什么两样呢？

从沈力、倪萍个人风格取得成功的事例中，我们还应该看到这样一个重要事实：节目主持人个性魅力的形成与保持，是与他（她）所扎根的民族文化土壤不可分的。一名中国节目主持人要受到最大多数人民的欢迎，他所下的功夫不是在于一味地效法那些世界明星主持如克朗凯特、芭芭拉等，而恰恰应该关心中国民众的心理需求与欣赏习惯，应该认真研究中华民族的审美思想体系和风俗民情，应该深入了解、正确体会社会文化的历史与现实。这方面，赵忠祥的一席话说得非常有针对性："明明画面上出现的主持人形象，表现与我们目前水平差不多，有的还或许根本不如我们播音员，却偏要欣赏人家的风采，且冠以'明星'之称。对自己的同胞则对不起……""美国同行，日本同行不止一次说，我就是国际一流水准。但这又有什么意义？我需要得到的是六亿中国电视观众的爱，我的根在中国这块土壤上，中国应有中国的气派，中国的标准。"①

当然，赵忠祥强调的是自强、自信、自爱，是弘扬"中国的气派"，他并不反对学习外国的长处。他说："一个不懂得尊重和发现他人优点的人，在本行当中永远是一个落伍者。"②

节目主持人应该在"中国气派"、"民族风采"的基调和

① 《广播电视播音与节目主持人》第207页，辽宁人民出版社1991年版。
② 《广播电视播音与节目主持人》第207页，辽宁人民出版社1991年版。

大前提下，充分发展自己的个性。我们已经看到，不少节目主持人根据自己的固有条件和所主持节目的内容特点、服务对象，逐渐形成诸如“敏锐型”、“幽默型”、“善谈型”、“大姐型”等等风格类型，给观众留下了深刻的印象，他们各自的形象已得到受众的认可、喜爱。

主持人一旦被确立在某一节目，首先要研究的是：具有这样内容的节目，应该用怎样一种风格来表现？受众的普遍心理需求是怎样一种状况？自己怎样通过主持来恰当地表现节目的这种风格，使内容、风格达到协调统一？主持人自己的独特个性形象，也正是在此基础上形成的，是通过自己所主持的节目的创作过程逐步形成的。而且，主持人的形象只有在其所主持的节目中反复地出现，成为主持节目时一种成熟、稳定的形象特征时，才能够形成风格。浙江文艺广播电台曾经有一档《阿宝》节目，每天围绕一个与人们当前生活关系密切的话题展开热线电话讨论，主持人董慧临的答语机智幽默，分寸掌握得很好，哪怕对很不得当的听众来电，也能回答得既讲原则，又不伤了听众的自尊心，语言则采用人人听得懂的杭州式普通话，渲染了乡土情味；又自名为“阿宝”，经常用“要背就要背到底”（背即“背时”）作自己的口头禅。由于内容吸引人，语言表现极有个性，大街小巷寻常百姓，无人不知“阿宝”。“阿宝”就成了董慧临的固定风格形象。

主持人的形象应具有稳定性，但并不是在任何时候任何情况下都没有变化。一成不变是不利于保持主持人个性魅力的。影响到主持人风格形象变化的主要客观因素，恐怕是节目内容和主持环境的变化。主持人的这些变化应该是在固定形象的大前提之下的，是不变中求变。事实上，突然性的质变、大变也是不可能的，那只会是十分别扭、造作的。从主持人主观角度来说，他应该在可能的情况下，除了不断努力主持好原来已为受众所熟悉的这档节目外，还可以做一些其他类型的节目，体会其他节目中主持人的角色，这或许能更丰富自己的风格层次，使自己的形象更为立体化。即使仍在自己原先这档节目中持续不断地做，也要出些新意才好，新鲜感本身就是魅力的一部分。

著名主持人赵忠祥，以新闻节目和重大政治活动的播音主持声震海内外，他的形象给人留下一个庄重、沉稳、充满尊严，内涵丰富而又反应敏捷的深刻印象，然而在《正大综艺》春节晚会上，又让人看到了他的幽默和多才多艺；在《人与自然》中又多了点学者般亲切醇厚、娓娓道来的味儿。

主持人在形象上从不变中求变，可变的方面是很多的。如发式、服饰上可随环境作些变化，动作、姿态、表情上可以活泼一些，也可严肃一些，甚至在主持搭档，嘉宾的选择上作些调整，也会带来新鲜感。如前面谈到的董慧临，在做了一年的“阿宝”后，对受众声称自己“要去结婚”了，停了一段时间之后，节目里多了一个“阿娇”，是“阿宝”的新娘，而其实是增加了一位女主持人。这种变化前有铺垫，后有发展，“阿宝”的主持就自然而然地可以与以前有些不同了，而听众仍像以前一样地喜爱“阿宝”。杨澜在做了较长时间《正大综艺》的主持后，去国外学习，后来又主持了一些访谈节目和大学生辩论会，使我们感到她原先聪明活泼的形象里又多了几分成熟，多了几分内涵。1996 年新年伊始，传来了杨澜将在上海和全国推出 52 集《杨澜视线》，以客观介绍美国近年影视及舞台代表作品节目为主，并穿插杨澜独到的见解。杨澜说："我希望藉此加强与观众的思想与感情交流，也力争做到客观公正地为观众介绍这些艺术品的背景和影响。""我对自己的要求是：兢兢业业，有所提高。并不要求一鸣惊人，只希望踏踏实实地做一档有质量的节目。"① 显然，杨澜在不断地进取中，在对节目的高品位的追求中，发展、完善着自我，使之魅力之泉，源源不断。

可见，主持人的个性魅力要长期保持下去，还得经常不断地给自己"充电"，用丰富的知识、深刻的思想充实提高自己，借鉴别人的长处，不断突破自我，提高和创新主持艺术，从而增添新的魅力，保持永久魅力。

① 见 1996 年 1 月 9 日《钱江晚报》。

第六章 主持人的节目构思

主持人进行节目的创作活动，首先就是要参与节目的策划与构思。良好的节目策划，是主持人节目获得成功的重要前提。

独到的选题、鲜明的主旨、充实的内容、完美的表现形式既是主持人节目构思的主要内容，又是节目构思的基本要求。

主持人节目构思的创作过程，是一个复杂的精神活动过程。主持人自身特征的复合性，决定了他在创作活动中的多维思维、复合属性的特点。一方面，主持人在创作构思中，需要借助丰富的艺术手段，创作美的艺术形式，从而更有效地进行传播活动；另一方面，主持人在本质上是一个大众传播者，不是一个艺术家。因此，主持人的节目构思有别于艺术家的创作构思。虽然其中都蕴含有创作者的生活经历、思想修养、创作个性，但是比较而言艺术家的创作更多的是抒发自己的内心感受，生命体验，他在创作时可能忽略对读者心态的考虑，不能也不应该去迎合读者。主持人则不同，主持人的节目构思创作，是以个体思维为基础的体现全体创作人员群体思维的复杂精神活动，他不仅要受到媒体性质、栏目宗旨的制约，同时又必须时时关注受众群体的要求与愿望。要在栏目、受众与自我之间找到最佳契合点，充分利用并挖掘素材的内涵，发挥广播电视的媒介优势，尽可能地做出周密、深入、独特的构思大纲。

不同类型的节目主持人参与节目的程度有所不同。独立型的主持人，几乎参与节目创作的全过程，而单一型的相对就弱多了。但是同在一个节目的创作集体，只有分工的不同，没有分家单干之说。主持人作为节目最终的体现者，即使是单一型的主持人也有责任主动参与、了解、关注节目的构思、策划，有必要了解节目构思的理论与实践知识。

第一节 节目构思的主要内容

主持人的节目构思是在栏目宗旨、特色确定的前提下，对一次节目的内容与形式的策划与创意。主要包括以下几个方面的内容：

一、确定选题明确主旨

广播电视节目制作的整个流程中，最初的也是最基本、最重要的一环，就是要确定选题，明确主旨。

确定选题的基本原则是：服从并服务于党和国家的中心工作；要贴近群众，贴近生活，有一定的普遍性；要考虑社会效益、导向作用；注意题材的广泛性、丰富性。基于此，选题主要来源于：其一，上级主管部门布置的宣传任务；其二，受众提供的题目、题材；其三，节目制作者自己寻找、发现、策划的选题。

明确主旨是对选题深入思考的过程。节目主旨是节目的核心，是串联、组织材料的红丝线。它如同文章的主题思想，但内涵更宽泛，有一定的指向性，是广播电视人通过声音、画面表露出来的思想认识，创作意图和对生活的认识与理解。确立鲜明而深刻的节目主旨，在构思创作中占有重要地位。

敬一丹在谈到《一丹话题》的选题时这样说："《一丹话题》采编播高度合一，我总得在发动着，运行着。最花费心血的是节目内容——选题。在从播音员到主持人的转化中，我逐渐把重心从'怎样说'转到'说什么'上来，因而获得了记者的心态。以记者的心态去观察世界，世界就到处充满选题。很多选题都源于长久的思索，偶然的触发。"①

确实，在构思中常常会出现这种情况，生活之大，积累之多，使你觉得有许多话要向接收者传达，欲望强烈却苦于没有一个聚光点，将已有的感性材料有机地组合起来。这时就需要寻求一个具体的触发点，进而形成节目主旨，构思才能得以具体展开，分散的、零碎的素材才有可能凝聚贯通起来。

因此，触发点是主持人展开节目构思的契机。主持人应该对他周围的现实生活和社会现象有敏锐的观察力、深刻的洞察力，能积极地思考。这样才可能时时有触发点迸生。一旦获得构思触发点，就找到了寻求节目主旨的钥匙，思路豁开，产生构思的突进。

构思的触发点是具体的、鲜明的，也是各种各样的。有时

① 敬一丹：《一丹话题》第114页，北京广播学院出版社1995年4月版。

是一个社会现象，有时是某个人物的几句言谈，有时是一个生活事件，有时甚至是一个小小的生活细节。这些都有可能对有心的创作构思者产生开启性的触发，由此挖掘出“社会热点透视，大众话题评说”，一个个精彩的节目内涵。

介绍抗癌乐园生活的专题片《高举生命的火把》，把它的主创者大连电视台节目主持人小叶推向了事业发展的一个高峰。而这个节目构思的触发点就来自一次联欢会。1992 年 12 月 31 日，小叶去参加了一群身患绝症的人们的快乐表演，触动了台下小叶对生命意义的思考，孕育了这部专题片的节目构思。她思绪万千，是什么力量使这些临近死亡的人如此毫不畏惧，礼赞着生活的美丽？如果说《高举生命的火把》显示了小叶的才华，那么给予她灵感的，便是那些热爱生命的人们。如今这部连获两个省级一等奖的专题片，已成为了北京广播学院的教学片，小叶也荣获第十一届全国“十佳”电视节目主持人，喜捧“金话筒”。现在十年过去了，小叶依然活跃在电视荧屏上，今天作为主持人兼制片人的她，对节目的参与度更深入，把握也更全面了，是一个深受大连老百姓欢迎的主持人。

由此可以看出，高质量的节目，最初的构思可能也就源于一个普通事件的心灵触发。这里包含着创作者对生活的新鲜的发现和特有的感受。芸芸众生现象纷杂，许多有意义的东西很可能是非常平凡的、普通的，不一定都是惊心动魄、引人注目的，而且很可能一闪即过。因此，主持人要做有心人，不仅要善于捕捉题材，更要善于开掘、拓展闪光点，从而确立明晰的节目主旨，为深入构思打下基础。

主持人在构思选题时，还应把注意力放在将热未热，处于温和状态的事物上，以敏锐的观察力和超前意识进行筛选、定题。同时要掌握节目的最佳播出时间，即：赶得早不如赶得巧。另外，对主旨的把握，一定要掌握好对批评和表扬性报道的悲喜度、分寸感。这直接影响着节目的效果和媒体的形象。

二、广开视野精选内容

经过反复推敲、深入开掘，确立有一定深度和现实意义的节目主旨后，就要精心选择最具典型、最富有表现力的材料，去充实、构架整个节目。观念认识的表达，信息、知识的传播，创作意图的实现，都不可能是纯理念的，游离于具体的内容之外的，必然要渗透在有关的客观事件之中，渗透在具体人物的语言、行为活动之中。

内容的构思主要是对事件、人物、背景材料的选择与组合。根据节目主旨确定采访人物、拍摄对象。选择什么样的内容、素材才能最好地表现节目主旨，这是构思者思考的关键所在。

广播电视节目是用电子手段进行传播的媒介，具有可听、可视的特点。因此，选择时要充分考虑这个因素，最大限度地发挥媒介的自身优势，尽量避免用单调、枯燥、乏味的材料。应广开视野，积极注重选取音响效果、视觉形象好的素材。比如，广播节目要尽量多选用带“声”的材料。人们的日常生活中，大千世界里充满了丰富的音响，主持人要善于选择能说明问题的音响为听众服务，这样不仅能增加节目的可听性，还能增加节目的可信性。

广播电视节目是严格地受时间限制的，在内容的选择上应该选用那些内容充实、简短明了的材料，增大在单位时间里的信息量。对于繁杂、又必须使用的素材，要善于梳理，采撷最精彩、最能说明问题的部分。

同时，还要注意材料的广泛性。因为广播电视的接收对象是多层次性的。虽然栏目的设置已经越来越多，越来越细，但是受众普遍是以休闲的心态打开收音机、电视机的，这就决定了栏目永远不可能走越来越深奥的道路，必须尽可能地顾及各类接收者的需求。主持人在构思选材时，在节目性质允许的情况下，应该多视角地选择材料，尽可能围绕节目主旨穿插使用不同类型的材料。比如，服务类型的生活、健康专栏，做一个有关季节变化、预防感冒的节目，在为受众提供信息、服务的前提下，介绍了基本常识之后，可以从不同的年龄层次、不同的身体状况分别提供服务，形式可以是嘉宾主持或现场采访，或交替进行。

三、不拘一格择取形式

内容与形式是马克思主义哲学的一对范畴，也是马克思主义美学和文学理论中的一个重要问题。辩证唯物主义的学说告诉我们，无论是自然界或人类社会中的一切事物，都有它的内容与形式，都是内容与形式的辩证统一体。广播电视节目的内容与表现形式同样是相互依赖、相互制约、相辅相成的的辩证关系。

别林斯基说："如果形式是内容的表现，它必须和内容紧密地联系着，你要想把它从内容分出来，那就意味消灭了内容；反过来也一样：你要想把内容从形式分离出来，那就等于消灭了形式。"① 说明了内容与形式的不可分割的关系。同时，

① 《论柯尔卓夫的生活和作品》，《别林斯基论文学》第147页。

应该认识到在两者之间，内容起着主导的、决定的作用。内容决定形式，形式为内容服务。但形式并不是消极的、被动的因素，它反过来又能给予内容以积极的影响。其一，完美的、适合于内容的表现形式，不仅有利于节目的充分表现，而且可以增强节目的艺术感染力。其二，表现形式的重要性还体现在对于相同或相似的内容，可以用不同的形式加以表现，以强化传播效果。

表现形式是主持人在构思过程中又一主要问题。主持人在确立节目主旨、选择节目内容时，一般总同时酝酿着采取什么样相应的表现形式。一旦决定了总体表现形式，就不可能忽视这一形式所固有的特点、要求。在构思选材中，应扬长避短，使内容与形式臻于和谐完美统一。

主持人节目的表现内涵丰富，涉及较广。从节目样式、人员配备、叙述节奏到灯光道具，舞台与服饰，各个具体的方式、形式因素，主持人不可能面面俱到，设计周全。但是应该提出对总体表现形式的设想，给具体制作人员一个基本创作空间。

主持人在构思节目的表现形式时，主要需确定的是节目的运作方式。主持人节目积多年的发展经验，已形成一些较为完善的基本样式，可以从以下两个方面加以概括：

其一，从主持人演播的人员组合操作方式来看，可分为独立型、伙伴型和群体型。

1. 独立型，即由一个主持人独立主持节目。这种形式使主持人可以专注于独自对节目的调控和把握节目。不必像有搭档时那样，要顾及与他人的应接、交流、合作。因而也能更大限度地发挥自我潜力，使节目风格与个性魅力更为突出、集中地体现出来。独立型主持的方式，是常用的节目形式。但是，相对来说比较适宜在新闻、专题类节目中使用，对于内容比较集中，时间较短的节目尤为适宜。

2. 伙伴型，即由两个主持人互相配合主持节目。这种形式明显的优势是可以避免独立型主持出现枯燥、呆板的情形。伙伴本身就是良好的人际交流关系。两个主持人以伙伴的情形出现在受众面前，与接收者共同营造出一个平等、友好的人际交流氛围。人际环境中的沟通以其亲密性而不是疏远冷淡性为特征，伙伴型主持正是通过这种充满人情味的人际沟通，使"人们彼此成为好朋友或知己"，达到良好的大众传播目的①。同时，两个主持人之间本身就是互助、互补的。无论是言谈举止、风格形象，还是学识素养、阅历爱好，都会在差异中寻求共识并形成互补，在对比变化中现出生机。美国 NBC 的电视新闻节目的黄金搭档亨特利和布林克利，虽然早已告老还乡，但是后人永远推崇他们是伙伴型主持人的典范。

伙伴型主持形式，可以说是应用面最广、使用频率最高的主持人节目形式。几乎在各个类型的节目中都可操作，对节目内容、时间上也无特别要求。而对于只以声音为媒介的广播节目，更是以男女主持人搭档主持为最佳选择。当然，搭档的人员选择、相互之间的默契配合是至关重要的。

3. 群体型，即由三个以上的主持人联合主持节目。人多无疑气氛就热闹。谈话题，可以各抒己见，仁者见仁，智者见智，有益于话题的展开和深入；串晚会，可以各显风采、尽显

---

① （美）唐·库什曼、杜·卡恩：《人际沟通论》第 146 页，知识出版社 1989 年 3 月版。

本事、活跃现场气氛。如：中央电视台的《春节联欢晚会》、《综艺大观100期》。

但是群体主持形式局限性比较大。一般只在座谈性的专题节目和综艺节目中使用，并且很少成为某栏目的固定形式。它的优点与缺点几乎是共生的。成是热闹，败是杂乱。由于多是主持人与嘉宾共同主持，而每个人自我状态的把握差异很大，相互间的沟通配合更不是短期可以解决的。有的急于表白自己，有的羞于言谈；有的心急火燎，咄咄逼人，有的紧张得手足无措。大多只有现场感，没有对象（受众）感。这样所形成的气氛虽然热闹，但是与受众是有距离的。因此，对嘉宾主持选择要多作斟酌。在演播前应进行充分的相互交流、沟通。而作为栏目的固定主持人要有能力成为主持中心，调度、把握节目的全局。

总之，在节目形式构思中，对群体型主持的形式应慎重考虑，如果确定使用了，在内容与人员配置上都要做更为周密的推敲。

其二，从主持人的演播空间形式上，可以分为：演播室固定主持、现场活动主持和演播室与现场交替主持。

1. 演播室固定主持，即“主持人在相对固定的演播室，在展示相对固定的背景和节目标志的活动空间内，以大致相同的方式为观众主持节目”。要求“主持人在演播室同节目各个环节的制作人员密切配合，以极熟练的技巧在准确的时间限度内将节目内容串连起来，直接传送给观众”①。当然，对于录像制作合成的节目要求就没有这么高了。

---

①《中国应用电视学》第691页，北京师范大学出版社1993年6月版。

演播室是主持人节目主要的节目空间区域。如何在有限的空间做出无限的漂亮节目，需要在构思中动足脑筋。

2. 现场活动主持。即主持人在事件现场同步主持。随着事件、人物的变化、转换，主持人的行动空间也活动、变化和转换着。

现场活动主持的方式，拓展了主持人的行动空间，向观众展现了开阔的背景环境，最大限度地发挥了电子媒介的优势，能够增加节目的现场感、时效性、可信度。

随着现代科技发展，电子传播技术的日趋先进，为现场传播提供了便捷的技术设备；也使得主持人节目有可能对现场的活动空间更为青睐。但是在现场主持方式的构思中，要注意并不是所有内容都适合选择。对于新闻性强，时效性、现场感、直观要求较高的节目内容，选择现场活动主持比较适宜，可增强节目的传播效果。

3、演播室和现场交叉主持。主持人在演播室与现场交叉出现，主持节目。他们活动的空间、背景环境明显变换着，但是不管镜头时间的长短，这种演播形式一般是以演播室为大本营的，现场采访报道是辅助手段，目的在于增强节目传播效果。比如，在春节晚会中，镜头会不时离开演播大厅，带我们走进北京平民百姓家，或者来到坚守岗位的劳动者身旁。现场镜头的插入，拓展了单纯的演播厅联欢晚会的内涵。现场采访报道自然比主持人在演播室发出的“向坚守在各条战线的同志们致以节目的问候”的效果要强得多，显得更真诚、更亲切。

目前，演播室与现场交叉主持的形式，在多类主持人节目中都时有出现，说明了广播电视人对现场感的注重。但应该尽量避免流于表面化、形式化。关键要在内容上下功夫。在构思中要仔细思考挖掘现场活动空间与演播室传播内容上的内在联系，使两者有机相连，并且演播室中的内容，一般是现场内容的导引、评述或归结。把握好两者之间的关系，才能使形式为内容服务，使节目达到既亲和受众又不失节目固有形象的良好传播效果。

四、整理思路制订大纲

构思基本成熟后，要整理思路，写出文字大纲。对于文字大纲的基本要求是：选题准确、主旨明确、内容详实、形式和谐、思路清晰、条理分明、语言简练。

深入的构思还应对节目的起承转合，疏密张弛，节奏高潮，主线副线等等有所考虑。

虽然不同的栏目宗旨不同，要求各有特色，各自受到一定的制约，但是，对于节目构思的整体要求还是共同的。即要充分体现我国广播电视工作的基本原则，遵循广播电视发展的自身规律，在这个基础上要有创意、有深度、有广度，可听可视性强，以达到良好的传播效果。

节目文案基本格式

1. 题目（选题及其说明）
2. 节目主旨
3. 相关人物或事件背景介绍
4. 节目形态
5. 节目主体构成（脉络走向　采访问题）
6. 结束语

第二节 节目构思的基本要素

所谓节目构思的基本要素，是指节目主持人在进行构思的过程中，对于主旨的确定、内容的选择、形式的构想、目标受众群等需要顾及到的一些因素。主要有以下三个方面。

一、栏目意识

主持人的每一次节目，都是固定栏目的具体体现。因此，在构思节目时，首先就要有非常强烈、鲜明的栏目意识。对栏目风格要了如指掌。然而“知己”尚不够，还要“知彼”，方能百战不殆。也就是说，要了解其他栏目的特点，分析它们与自己的异与同，从而扬长避短，张扬自我栏目的个性。

近年来广播电视节目发展迅速，栏目繁多，令人眼花缭乱。空中大战此起彼伏。每一次升级都以栏目的滚动更新为先导。节目构思，本身就是智力的角逐。你对他人节目的了解如果能同对自己节目的把握一样不相上下，那么就有可能智高一筹。因为栏目现象是复杂的。不同类型的节目之间存在着差异，这自然是一目了然的事，但是，其中还有共同的地方，你也许就看不清了；反之同类型的节目，共同点清楚了，差异或许又忽略了。清晰的栏目意识，就是不仅明了自我，同时还能辨析他人，能在同中析异，异中寻同。

比较难以辨析清楚的是专题节目与其他节目之间出现的交叉现象。比如：纪实性专题节目与新闻性专题报道，它们都强调节目内容要真实，要与现实生活紧密结合，不容许虚构和杜撰，在形式上跟纪录片比较接近等等。然而，不能因此而混淆两者。需要注意它们之间还存在许多不同。首先，制作专题节目与新闻节目的出发点不同。新闻专题报道着眼于最新信息的传播，比较注重时效，强调用事实说话。而专题节目着眼于教育人、感化人，因而注重内容的生动有趣与思想观点的鲜明、深刻。至于事件发生的时间则无关紧要。其次，两者对真实的要求内涵不同。新闻节目不仅要求基本事实要全部真实，而且要求具体细节也要真实，因此，新闻节目是不允许组织拍摄的。而专题节目以传播知识为主，故对科学知识、历史事实要求真实、准确，至于画面可以灵活处理，可以组织拍摄。其三，由于栏目宗旨的不同，在表现形式也就有明显不同。新闻报道往往是靠抓拍、抢拍拍下来的，一般不作补拍，因此在用光、构图等等上都有局限性，为了赶时间，也不可能像专题节目那样从前期拍摄到后期制作都有较充裕的时间，可以精雕细刻。并且专题节目的表现方法比新闻节目丰富得多，自由得多。因此一般说来，专题节目与新闻节目相比，具有更强的形式感，思想内容和艺术形式更加完整，也就更具艺术欣赏价值。

此外专题节目与文艺节目，专题节目与教学节目，也是同中有异，需要认真仔细思考。

对于栏目的认识，首先需要把握住它的根本大纲——栏目宗旨，而后逐一细细分析比较，至于兄弟电台电视台同类栏目的比较了解，应侧重对其内容与形式的构成、展示作分析、研究。清晰的栏目意识，是主持人节目构思的方向盘、导向轮。

二、受众意识

所谓受众（audience），按照《中国大百科全书·新闻出版》卷上的解释是："接受信息传播的群众。原指演讲的听众，引入传播学后，泛指报刊、书籍的读者，广播的听众，电影电视的观众。"也就是说，受众又被称作受传者、接受者、传播对象等。

尽管目前在传播理论界已有人对"受众"的概念发出了质疑，面对广播电视节目的"直播热"和"纪实热"的现实，提出了"取代受众与传者的应该是传播过程的主体，姑且称之为接收主体和传播主体"的颇有见地的新概念，[①] 然而这毕竟是一个有一定的局限性，有待实践检验与理论研讨的问题。

受众无容置疑的是广播电视进行大众传播活动的惟一的也是终极的目标，并且当前已经进入了分众传播时代，节目受众的指向性越趋明确。因此，主持人在节目构思时，绝对不能忽略受众这一重要因素。要想取得最佳的传播效果，就必须了解受众，关心受众；检验传播效果如何也必须从受众方面来衡量。

受众在大众传播活动中扮演着多重角色。他们不仅是"新闻产品的消费者"、"新闻符号的'译码者'"，同时还是"新闻作品的参与者"、"传播效果的反馈者"，[②] 难怪受众也被称为大众传播媒介的"上帝"。谁又能忽略并怠慢上帝呢？

---

① 李盛之：《受众：一个过时的概念》，《现代传播》1995 年第 2 期，第 9 页。

② 邵培仁、叶亚东：《新闻传播学》第 244—264 页，江苏人民出版社 1995 年 1 月版。

为“上帝”服务当是义不容辞的。当然准确地说还是应该用“朋友”，这是一个平等、多元取向的概念。这符合大众传播媒体的本质特征。

威尔伯·施拉姆认为：“媒介的一个古怪的特点是，创作和生产人员、作家、编辑和技术高超的演播室技师对产品负责，传播对象正是根据产品的质量如何决定买还是不买，看还是不看。但是他们对产品的加工在产品出手以后也就完结了。”① 受众对于节目选择的自在、自主性固然是无可否认的事实，但是传播者“对产品的加工在产品出手以后也就完结了”并不确切。也许形式的加工是停止了，但是对于它的思考不会终止。传播者必然要去关注、了解节目的传播效果，为下一次构思提供借鉴，受众对于节目选择的自在、自主性，决定了节目创作者应该在把握栏目宗旨的前提下，投其所好，制作精良的节目，吸引受众。广播电视节目的空中大战，说到底就是受众争夺战，是节目质量的优劣较量。

据专家统计，广播电视的出现、发展，已经几乎占有了我们醒着的时间的三分之一，不仅改变了我们的闲暇时间的使用，更在潜移默化地影响着我们的思想观念和行为。所以施拉姆提出的“所有电视都是教育的电视，惟一的差别是它在教什么”的观点很有道理。“人们普遍认为电视是各种媒介中对社会化最有影响的，虽然它并非像父母和学校老师那样，有意使我们社会化。虽然所有的儿童看电视的主要动机是为了娱乐，但我们不能低估伴随着娱乐无意中学习的数量。”“儿童

① （美）威尔伯·施拉姆、威廉·波特：《传播学概论》第164页，新华出版社1984年9月版。

从大众媒介学到了大量的事物——特别是耗费了他们许多时间的电视。他们掌握了事实，处世的态度、人们如何行事以及在许多社会环境中别人会期待他们做些什么等情况。他们的行为有不小的一部分是以他们在显像管上看到的事物为范本的。他们既通过直接的也通过间接的方式学习。的确，他们以媒介传播的为了消遣而不是为了传播知识的内容中，拾取了多得令人吃惊的次要的知识。"①。

意识到广播电视节目所具有的教育特征，主持人在节目构思时对选题、主旨、内容的确定，必须要仔细考虑、严格筛选，尽量避免产生负效应。

受众是一个综合的概念，是由无数个体汇集而成，生存于各自不同的生活空间。因而也存在着各种差异，诸如性别年龄、文化修养、性格爱好、阅历职业等等。由此形成审美趣味、审美价值取向的差异。有人比喻受众在传播活动中，犹如在自助餐厅就餐，每个人都根据个人的口味及当天的食欲来挑选食物，而自助餐厅供应名目繁多的饭菜就相当于媒介提供的各种各样的讯息、节目。如此说来我们的节目主持人，在一定意义上也就是个大厨师。节目构思的过程就像厨师的选料、配料的过程，要考虑顾客的口味。主持人的受众意识正是表现在对受众群体的研究、了解，并且要及时对传播效果进行调查研究，总结经验。总之，主持人心中有了受众意识，就能在构思中，既注意节目的一定针对性又具有一定的广泛性，多层次性，提高节目的引导性、适应性和传播效果。

---

① （美）威尔伯·施拉姆、威廉·波特：《传播学概论》第191页，新华出版社1984年9月版。

三、自我意识

我们强调主持人构思中要注重栏目意识，受众意识，并非说就可以淡化自我意识。在开篇概述中，我们就指出主持人有别于播音员的一个重要特征。众所周知，节目主持人的个性是栏目风格与主持自我个性的复合体。那么在构思中，当然也不能顾此失彼，要掌握各种分寸。事实上，主持人的构思创作，在把握栏目宗旨，注意公众视点的前提下，尤其要发挥自我的创作个性，如同列宁所说："为了能够分析和考察各个不同的情况，应该在肩膀上长着自己的脑袋。"对事件应能阐明自我对问题独到深刻的见解，将自我彻底地融入到节目中去，这样才能有创意，作出好节目，反之一味从众，对问题的剖析无新意，无深度，谨小慎微，常在河边走，却从来不湿鞋，这样的节目是无个性、无色彩的。

传播者的威望与形象即主持人的个性魅力是主持人节目成功的法宝。努力提高传播对象对传播者的印象，是加强传播效果的最有效的方法之一。美国耶鲁大学的学者卡尔·霍夫兰认为："我们有可能来区分威望的构成部分：知名的，专家和公正无私。如果传播者被认为是在他谈论的领域里的专家，或者是他处于不会从他所鼓吹的改变中得到好处的地位，他们就会比那些不被认为是专家和客观的传播者有效果。当传播者被认为具有可靠和可信赖的这两种品德时，就会产生最大效果。"①

基于这一观点，主持人在选题、构思中，应该有相当明确

---

① （美）威尔伯·施拉姆、威廉·波特：《传播学概论》第226页，新华出版社1984年9月版。

的自我意识，其一，尽可能选择自己比较熟悉，能够驾驭的领域。可以在节目中说出行话，做出令人信服的评述，不至于相对无言，或者只能问出干巴巴不疼不痒、毫无色彩的问题。其二，应该积极、主动、大胆地寻求自我视点，不要简单地、盲目地迎合社会视点，即敢于对带有普遍性的问题提出自己的看法。能够用相同的配料，烹制出不同于他人的美味菜肴。这是一个主持人应该具有的高素质。

没有个性风格的艺术创作者，永远成不了大家；同样没有个性追求的节目主持人，也难圆明星主持人的梦。主持人的自我意识，个性追求不是在话筒边、镜头前才显现出来的，而是从节目的构思、创意开始，就孕育、萌发了。谁能否认在一个个优秀的主持人节目中，无不渗透着主持人的汗水心血，无不闪耀着智慧的火花。

第三节 节目构思的思维特征

思维是人类所特有的精神活动，是人们在表象、概念的基础上进行分析、综合、判断、推理等认识活动的过程。主持人的节目构思过程，是大脑进行能动的、积极思维活动的过程。不同的职业、不同的行为方式，思维特点各有不同。主持人进行构思创作时所进行的是创造性思维，因此必然具备创造性思维活动所具有的共性特征：求异性、独创性、敏锐性、多向性、想象性等，同时又显示其出独具的特性。不同类型的节目主持人思维活动也是同中有异。下面所做的是综合性的分析，各类主持人应注意到自身思维方式的特点。

一、敏感性。新闻敏感是新闻工作者的职业特质，是发现和识别新闻价值、传播价值的能力，也是一个新闻工作者政治水平和业务水平的集中体现。缺乏新闻敏感的新闻从业者，无法识别新闻、采拍新闻，并确定有意义、有价值的选题，也就无法履行自己的基本职责。

主持人在节目构思时思维的敏感性，主要表现在确立选题和内容定位时，能在繁多的事件中迅速确定并判断某一事物的典型意义和指导意义；能够判断某一事物是否为群众所普遍关心和感兴趣；能在人们司空见惯的事物中和一般的新闻线索中挖掘出独到的见解，做出有价值的节目；善于敏锐地鉴别、筛取许多事实中最重要、最有价值的事实。

主持人构思的敏感，有别于一般记者的职业敏感，需要对节目进行全方位的考虑。比如广播主持人还应对事件的音响效果特别敏感，善于捕捉、录用，增强节目的现场感，可信度。电视主持人则还应对形象、画面特别敏感，善于运用镜头的独特视角、丰富的画面形象与观众进行交流、沟通。

二、深入性。主持人在构思时，对素材的捕捉、选用不能停留在表面现象上，要能够深入到客观事物的内部，把握住事物的本质及核心部分，抓住事物的关键所在，揭示事物的根本原因，并且善于预见事物的发展进程和结果。

优秀的节目主持人不仅能够选择组织材料，更善于挖掘材料，能由小见大，由表及里，深入浅出地构思创造节目。这种深度思维的品质在新闻评述性节目中显得尤为突出。中央电视台新闻评论部在关于《焦点访谈》、《焦点时刻》的总结思考一文中，谈到节目选题的把握与实现时，对加强报道的深度问题，提出了深刻的、很有参考价值的见解。文中写道："评论性节目要以报道做基础，甚至主体，所以评论的深度就要依赖报道的深度了。但深度报道不是故做深沉地罗列一些令人毛骨悚然而又解决无望的问题，不是故弄玄虚卖弄让人听不懂的学问或专业，不是靠一大堆陌生的概念把简单的问题复杂化。""我们理解，深刻报道是关于新闻背景的准确交待，事件因果关系的探究，相关问题的恰当分析，是通过现象和细节对本质的准确评述。"① 《焦点访谈》、《焦点时刻》正是在这种思想指导下，努力剖析事物表象，探寻其内在规律，从而给观众带来一定的启迪和深入的思考。

三、独创性。一个人思维的独创性，表现为他独立地思考，独立地发现问题、分析问题、解决问题，提出独立见解的程度。主持人在构思时，不能满足现成的答案和固有的模式，要敢于创新，突破自我。当然，独特的思维，并不是单纯为标新立异而去刻意求新，而是要求节目构思者有一定的超前意识，想他人所未想，做他人所未做，提出独到的见解，推出新颖的形式，形成独特的风格。

上海电视台的著名主持人叶惠贤，可谓是一个全方位的、成熟的明星主持人了。他是大型综艺节目《今夜星辰》的策划、编导、主持和后期制作的全能节目制作人，尽管他苦心经营的50期《今夜星辰》已经成为集中外影视、歌舞和笑于一体，熔娱乐性、知识性、时效性和参与性于一炉的名牌综艺节目，但他依然不满足，努力创新。早在节目播出40期时他就酝酿50期后的新形象、新形式了。记者后来采访时，他是这

---

① 《中国广播电视学刊》1995年第8期，第17页。

样说的："50 集《今夜星辰》播完了，观众们很感兴趣，但对它的要求也越来越高。很显然，随着时间的推移，原来模式的新鲜感在渐渐消淡，这是很自然的。为了使观众能掀起对《今夜星辰》新的满足，惟一的办法是使这个节目更好地出新。"① 为此，叶惠贤积极开动脑筋，又从台湾凌峰拍摄的《八千里路云和月》中获得启迪，费尽心血策划产生了《今夜星辰》的天安之旅，在走向海外、开拓视野、创新天地的宗旨下，已开始向广大的观众展示亚洲各地的文化风情，如香港的《明珠采撷》、泰国的《佛国风情》、菲律宾的《菲律宾采风》、新加坡的《狮城掠影》等等，从而使《今夜星辰》又有了新的起点、新的形象，又有了非看不可的广大电视观众。因此当记者问叶惠贤"为什么你策划的《今夜星辰》能长期拥有大量观众?"叶惠贤回答说："我觉得我是一个肯下功夫，愿意经常出新招的节目主持人和策划。这个自我评价，我觉得对我是公正的，心安理得的。正因为我懂得日久必厌的道理，要使节目常播常青，就必须经常出新招。"② 叶惠贤道出了他的节日常播常青的秘诀——创新。独特的思维是创新的保证，它源于勤奋、永不自满；源于对事业全身心的投入。

四、想象性。想象本身是一种心理过程，它以已有的知觉材料为基础，经过新的配合，创造出一个新的形象来，然而究其实质，想象是感性形象对思维过程的渗透的一种运动形式。因此，想象的过程，也是思维的过程。主持人在构思节目时，想象活动贯穿始终，尤其在综艺、少儿和部分专题节目中表现

① 《主持人》第 4 辑，第 166 页，中国广播电视出版社 1995 年 4 月版。
② 《主持人》第 4 辑，第 167 页，中国广播电视出版社 1995 年 4 月版。

更为突出。丰富的想象力是创作构思产生灵感的源泉，是丰富节目构架、展示具体细节的依仗，更是主持人赖以将节目中抽象的观念形态物化为具体形象的思维方式。

主持人构思时的想象活动，具有极广的活动空间，以知觉的表象为思考的材料，求达于神理思致。为了使节目形象更丰满，境界更深邃，所反映的内容更富有深度和广度，往往要借助于想象，凡是与所要表现的事物内容有某种联系性、共同性的事物形象，都可以是想象驰骋的天地。

应该注意的是，主持人构思中的想象活动本身不是目的，只是构思创作的一种手段、途径和思维活动的方式，虽然它凭借的不是逻辑推理，不是抽象概念的组合，但是主持人的想象是为节目服务的，因此是受到栏目宗旨和表现形式的制约的。

五、整体性。广播电视节目是集体创作的结晶，需要节目各有关人员通力合作，共同创作完成。主持人应该有很强的群体意识，表现在节目构思时，需要有全局观念，整体意识，顾及节目的各个局部。广播电视节目强调的是整体效果，无论是主题还是表现主题的文字、音响、画面、同期声，乃至无声的静场、灯光效果都各司其职，它们相互交融产生的总效果才是留给观众的整体印象。作为节目的构思者当然不能忽略这一点。从节目主旨的把握，内容的选择到形式的确定都要始终用整体意识去考虑。

总之，节目构思是主持人高素质的集中体现，主持人只有在不断的实践中，努力提高自身的政治水平、业务能力，才能承担起这个重任。

第七章 主持人的采访艺术

采访，是一个新闻工作者尤其是记者的基本功。对于一个真正意义上的集采、编、播于一体的节目主持人来说，采访同样应该是他的看家本领。这不仅是新闻节目主持人的基本功，而且对于其他类型的节目主持人也是不可或缺的。因为，无论是专题节目，还是综艺节目，主持人在节目中通常要与人交流、沟通，与现场或演播室内外的人交谈、提问，这也正是主持人的采访活动。

然而，同是采访，由于传播媒介的不同，必然形成差异。广播电视以其独具的传播手段而有别于报刊传媒，作为广播电视节目主持人的采访，除具备一般新闻采访的共性外，还具有自身的个性特征。

人们常说，采访就是战斗，其实采访又何尝不是一门艺术？广播电视节目主持人在了解、掌握并遵循新闻采访的基本原则、理论、技巧的同时，也应该懂得并把握自身采访的特点与优势，善于运用独特的、得体的方法，这是采访成功、有时也就是节目成功的重要保证。

第一节 主持人采访的特点

采访，是一种有目的、有组织、有计划、有具体要求，自觉认识客观事物的活动。这是一种特殊的调查研究的过程，目的是为了进行大众传播。主持人的采访与一般的新闻采访在本质上是相同的。因此，必然要遵循新闻采访的基本原则，拥有新闻采访的共性特征：新闻性、时效性、广泛性、生动性。但是电子传媒的特性，将作为采访者的主持人与采访对象直接推到了接收者的面前，使受众能够耳闻目睹采访的现场过程，由此也就形成了主持人采访的个性特征。关于采访，《中国电视名记者谈采访》一书的卷首语有一段精彩的表述："采访，就是用眼关注，用耳倾听，用心感受；采访，就是心灵与心灵的碰撞，思想与思想的交锋；采访，就是"面对面"，就是"真诚面对"；采访，使他们的个性魅力在荧幕上熠熠生辉，使他们真正成为广大观众心中的挚友。"① 这虽然是针对电视媒体而言的，但是于广播也是相通的。

当然，不能否认，广播与电视虽同是电子媒介，但也有明显的差异和各自的优势。广播与电视节目的主持人，自然会同中有异，由此形成自身的特点。然而，本书是通论广播电视节目主持人，主要着眼点在宏观上对节目主持人在求同的基础上，顾及差异。因此，请读者不必牵强硬套，大可各取所需。

① 《中国电视名记者谈采访》叶子主编，长城出版社 1999 年 12 月版。

一、现场感真实感强，信息量大

在广播电视中，节目主持人的采访，往往与被采访对象同步真实地出现在受众面前。尤其在直播节目越来越多的当今。即使经过剪接、编辑，他们还是以自己的声音、图像出现的。这样的同步传播，现场感极强，真实性很高。同时满足了受众以直接的方式来获取信息的愿望。这也是广播电视媒介得天独厚的优势。

在主持人的现场采访传播过程中，比起报刊记者将采访内容转为文字进行传播，其抽象、耗损掉的信息较少，尤其电视媒介，给予受众更多“原汁原味”的信息。电视摄像机将主持人和被采访者的一言一行，一举一动，和采访空间环境氛围的情境语言，都如实地纪录下来了。观众获得的不仅仅是有声语言传达的信息，还能通过主持人和采访者举手蹙眉中，从背景画面中，获得大量的直观信息。

因此，主持人的现场采访，是主持人功底的大展现。功底的深与浅、节目的成与败，都直接由受众评判，没有可以修饰、弥补的“再一次”。

主持人采访的现场性、直观性和信息量大的特点，要求主持人在采访中加强现场意识和观念，在构想和设计采访活动中，不能忽略现场采访的逻辑因素、情绪因素、声像因素；善于控制和把握自身与被采访者的情绪和情感变化；积极发现并捕捉现场背景声像本身的意义和意蕴，融于节目；能够尽快与被采访者沟通，平等、融洽地展开交流；熟练地掌握提问技巧，有的放矢，观点鲜明。现场性的特点，还决定了主持人要能够随机应变，沉稳敏捷地应付随时可能出现的“不测风云”。

主持人现场采访的真实感强，不仅要求主持人采访过程中语言、举止大方自然，更要求对采访对象、采访背景的选择和采访过程的追求都是真实、自然的，切忌造作和对采访对象的干涉。

二、鲜明的个性特征

众所周知，艺术个性是艺术家的灵魂。没有个性的艺术是没有生命力的。同样，谈到主持人节目与节目主持人，我们也不能游离其个性化的特征。节目个性与主持人的自身个性相互交融渗透、表现于主持人节目的各个环节，主持人特征的集中体现，也是主持人区别于播音员、记者的明显标志。主持人的采访过程，不同于一般的新闻采访，往往更直接、鲜明地展现着个性风格。

当然，我们不否认采访一般均表现为记者的个人活动，它是受个人的思想、立场、观点的支配的。我们的记者在为社会主义事业服务，为人民服务，促进物质文明与精神文明建设的同时，在发挥舆论监督、舆论引导的新闻思想前提下，在报道或评论新闻事实，采写人物通讯中，都会有记者个人的倾向，只是这种个性是蕴含在文字中的，人们看到的是文笔的个性，观点的个性，至于记者采访过程的个性一般不会全面表现出来。而广播电视节目主持人的采访活动几乎是直面受众的，主持人的素质、个性风格是直接展现在人们面前的，这种个性表露是丰富的、多方位立体的、直观的，因而也往往很鲜明，给人以深刻印象。

不同类型的主持人节目，渐渐形成栏目独具的采访风格；每一个主持人以自身的修养、阅历、性格、气质、语言、举止、服饰形成了各自的风格。与幕后采访记者相比，显然个性表现得更淋漓尽致。

经过近十年运作的《东方时空》栏目，已成为中央电视台的名牌栏目，是广大受众所喜欢的栏目。整个节目以贴近生活、贴近百姓的“平民化”的价值取向与视角确立了它的特色与地位。主持人的采访活动是节目的主要支撑。不同的子栏目，有各自的内容范围、风格特色。各个子栏目主持人，在把握总体风格的同时，各具特色。

《东方之子》以人物访谈的形式，展示着各界名流的人生追求。面对这些来自各行各业，四面八方的中华精英们，主持人要以不卑不亢、不偏不倚的心态，与之对话。基于观众对人物的陌生，主持人有责任也必须把尽可能多的有关访谈对象的信息量包含在尽可能简短的提问中，因此这种将陈述与发问释和在一起的提问方式是《东方之子》主持人常用的。这可以说是所有《东方之子》主持人采访中的共性特征。然而，胡健老练、沉稳，时而咄咄逼人；白岩松睿智而机敏，时而绵里藏针，各具风采。

采访能力是支撑新闻节目主持人的主持风格与个性魅力的关键因素。如同孙玉胜所说：“人物采访和事件报道才是成就新闻节目主持人的最重要的良田沃土。甚至可以这样说，采访使新闻主持人的生命之源，失去采访，就是明星陨落的开始。”[①] 另一方面，由于我国新闻体制与宣传纪律的特殊要求，使得我们的新闻节目主持人自主评论空间有限，而面对各种新闻人物与事件的采访，相对而言可控空间较大，于是也是展示

---

① 孙玉胜：《十年》第371页，三联书店出版，2003年8月版。

各个主持人思想水平、业务能力高低的重要平台。今天，《东方时空》最初的主持人敬一丹、白岩松、水均益、王志都已经是我国名牌的新闻节目主持人了。他们随着岁月的流逝，实践的积累，舞台的变化与扩大，都越来越凸显、张扬出自身的优势特征，每一个人都依托着央视这个强势媒体，以自己独特的采访主持风格，站立在中国新闻节目主持人的前沿。《面对面》中的王志，咄咄逼人，紧追不舍，在不断的质疑中完成对新闻人物与事件的揭示。这是经历了《东方之子》和《新闻调查》栏目的打磨，重新整合后的新的登攀。

追求个性化当是节目主持人的终极目标。是明星主持人成功之关键。无疑，这个个性化的内涵是极其丰富的。采访过程是主持人个性的综合体现，有时采访的过程便也是主持的全过程了。因此，注重张扬节目个性自我控制、自我把握，树立良好的个性化形象显得尤为重要。即使是独家采访，也要努力追求表现出有深度、有意义的独特个性。

三、以平等交流的方式进行

平等交流是主持人节目传播形式的重要特征。主持人不仅与受众沟通是在平等的基础上进行的，而且与自己的采访对象也要取平视、平等、平和的态度。

主持人虽然和记者一样，采访对象无所不及，上至政界要员，下至平民百姓，男女老少、各行各业、天南地北的人都可能成为被采访者。但与记者不同的是，主持人是媒介与受众的直接联系者、代言人。通过无线电波主持人要成为两者的桥梁。所以，在采访过程中，主持人既要表现节目主旨，又要传达受众心声。这样的角色决定了主持人无论对什么样的采访对象都要不卑不亢，既不能仰而望之，也不能俯而视之。主持人不是教师单向地我说你听；也不是法官，单一地我问你答。而是要有沟通要有交流，是考虑整体节目的节奏、内容的行为过程。

主持人平等交流的特点，要求主持人不仅要在心态上准确把握，而且体现在具体的细节上也要处理得适宜、得体。譬如在称呼上就颇有讲究。主持人在称谓对方的官衔和称呼被采访者为老师时，一定要注意得体。因为你不是个体形象，而是媒体的代表。《东方之子》当时就针对称谓问题有一定的原则：一般不称谓官职头衔，不称为“老师”，除非对方职业确实是教师者，以避免产生不平视、不平等的采访状态。

又比如，在服饰、仪态上应与采访对象尽量接近。如果去农村采访，衣着过于新潮、豪华、高雅，与采访对象形成很大反差，直觉上都会拉开彼此的距离，更何谈接近、融洽与沟通呢。

尊重采访对象是主持人最起码的职业道德的体现，也是平等交流的前提。以礼待人、以诚相见，要尊重对方的劳动成果、人生经历、情感世界。切忌出现伤害对方自尊心的言谈举止。不能为了节目效果而一味猎奇，不顾及对方态度，侵犯他人私人领域。尊重采访对象，还表现在专注认真地与对方交谈，倾听他人意见，而不是心不在焉，或随意打断对方的言谈。

平易近人、平等待人的平常心态，和不欺下媚上，屈从俯就于权贵的正直品格，是一个人的生命价值观、生存态度的直接体现。主持人只有从日常做起，在点滴中修炼自我，才能在节目中自然地展现真诚、平和的自我。

四、采访与主持融为一体

如果说直接性、现场性是主持人采访与报刊记者采访的形式上的区别，那么控制性、主持性则是他们之间本质的不同。记者采访重点在于努力提出各种各样的问题，从各个角度、各个层面去拓展信息、捕捉信息、挖掘内涵；主持人除要做到这些之外，还要始终注意调整节目气氛、把握节目节奏、控制节目进程、时间。因此，我们可以说主持人的采访，事实上是将采访与主持融为一体了，是主持性的采访。

主持性的采访，表明了主持人是节目的主体，要处于节目的主导地位，控制局面。始终把握住节目主旨，善于提问，机敏应变，既尊重对方，又不能被动地被对方牵着走。要能够很好地控制自我、掌握分寸、调节情绪，既要与对方沟通思想、产生默契，又不能受对方过度激动或消沉情绪的影响，明显地溢于言表。

主持性的采访，要求主持人要充满自信，充分发挥主观能动性，做好媒介与受众的代言人。一个缺乏自信的人，是不能胜任主持人的重任的，他对自己都没信心，战胜不了自我，在镜头前畏缩、腼腆，又如何去控制整个节目的局面。主持人采访的对象个性各有所异，有的能够并善于与你沟通配合，使节目进行顺利随心。但更多的是需要主持人以自我的能力和智慧展开进行。比如有的被采访者自我中心意识很强，他们在有意无意间总明显表露出强烈的主宰整个谈话内容和进度的意图；有的则恰恰相反，对采访消极应付，勉强应答，决不肯多说一个字；此外，愿意配合又不知如何配合，心有余而力不足者更有之。面对这些被采访者，主持人就更要多用心血了。这时，主持人的控制引导能力就显得更重要。而且，如果是直播节目，更是一点退路也没有，不像报刊记者采访不成功，可以不发文章。主持人在现场就是离弦的箭，成与败都由自我来把握。无论对象是谁，你都应有能力、有信心完成采访任务。

主持人采访的主导性，还表现为主持人应有清楚的控制时间的意识。因为无论广播还是电视的采访，幕前还是幕后的，都有时间的限制。广播电视节目本身是时间性非常强的，不像报纸，随时可看。记者采访也没有时间限制，多多益善，写作时可以再提炼。主持人则不可以随心所欲，做漫无边际的交谈，冗长的对话。更何况许多主持人的采访过程，也就是主持节目的过程，节目时间完全由主持人把握着。如果主持人没有时间意识，也就不能适时展开节目进程，甚至有头无尾，草草结束。

素质不同的主持人，在采访中能够把握、控制的层面有所不同。高素质的主持人能向纵深进军，对采访中话题的选择、视角的转换、交流的程度，以及情绪调节、节奏快慢都能控制自如，而不会仅仅停留在把握主旨、营造气氛上。

第二节 主持人采访的准备

采访的成功与否与采访前的案头准备成正比。准备做得越充分，采访就越主动，采访的效率越高，成功的把握就越大。经验丰富的记者都有这样共同的感受，每采访一分钟至少要准备十分钟。主持人采访的准备只会有过之而无不及。要考虑顾及的因素也比一般报刊记者更多，更复杂。采访的效果与节目播出的效果几乎直接相关，即使录播节目，基本格局后期剪辑制作也无法调整。因此，主持人采访的案头工作，应在条件可能、时间允许的情况下，尽可能地考虑周全。采访的案头准备，主要有以下几个方面的工作：

一、分析选题　确立要点

选题是电视节目制作过程中的最基本、最重要的第一步，属于节目构思的范畴。我们已在前一章进行了阐述。进入到采访这个环节，就要对已确定的选题，进行深入地分析，以求挖掘出最精彩的内涵。

任何一个事物，都存在着无数条辐射线，是球状立体的。问题在于你选择哪个点去做文章。如同天上只有一轮明月，斗移星转、万古永恒。然而古往今来多少文人墨客，吟唱咏和、悲欢离合，各有所异。因此，对选题进行详尽透彻地分析研究，从各个角度进行比较、筛选，确定出采访要点，寻求适合的采访提问角度，是采访准备的基础工作。

上海东方电视台《东方直播室》栏目，1993 年 11 月 15 日曾在巴金老人九十岁诞辰时，做了专访节目。面对这样一个选题，主持人要去采访的是一位世纪老人，一位中国文坛的巨匠，他拥有浩瀚的文学作品；身后是漫漫坎坷的人生足迹；有着俯拾皆是的话题，从何下手？节目在短短开场白后，是这样在巴金寓所进行的：

主持人蒋丽萍：巴老，在您九十岁生日前夕，您想对读者说些什么？

巴金：我在我的全集最后，在《收获》上都发表了我“最后的话”，就是我希望读者能理解我。我这一生是靠读者养活，他们给我稿费，我生活得也很不错。……我要讲真话，把心交给读者。现在讲真话也不容易，所以盖棺而论，我现在虽然在生命的尽头，但我说不定还会犯错误，我希望读者知道我是个什么样子的人。

蒋：读者通过您的著作、您的这些文章已经知道您是怎么样一个人了。

巴：我的著作也有坏的，有好有坏，有真有假，使我最不安的是对读者说了假话。

蒋：但是最近几年您已经把真心掏给读者，说了真话，大家觉得在这方面您做的是杰出的。

巴：我始终主张人要有理想，要有未来，人不仅要顾自己还要顾子孙。读者也需要理想，你要给他，他会选择的。我不为赚钱写文章，我觉得钱对我没好处，但是感情，我需要感情。我说我不是文学家，也不懂文学，我只是写作，这就是我的生活。对作品后代会讲话，历史也会讲话，所以我九十岁了才感觉到自己一生讲了很多错话、假话，现在发觉后很痛苦，真心不够，挖得不深不够。

蒋：在您九十岁到来之际，我代表读者祝您身体健康长寿。祝贺您的九十岁生日。

这是一个非常简短、也是一次很有意义的人物访谈节目。整个访谈中，虽然主持人只提了一个问题，但这个问题对一位九十岁的大文豪是最适宜了，是他想说又难以言尽的话题。因此，尽管几次间歇之后，巴老的思绪还是始终扣在这一个问题上，向读者倾诉着自己的心里话。显然，主持人是对选题做了深入的思考后，针对采访对象年迈、体弱、采访时间不能长的特殊性，将采访的要点浓缩到一点——此时的老人想对成千上万他的忠实读者们说点啥，而这不也正是读者现在最关心的问题吗。一个问题，勾连出了采访对象许多心里话。最后，通过主持人简短精炼的评述、祝愿，向巴老传达了读者的心声。短短的节目，颇有内容，耐人深思，给人启迪，受益匪浅。主持人将采访、评述、祝愿融为一体，完成了主持的全过程，达到了沟通与传播的目的。

应该指出的是，一般来说采访提问是忌讳并应该避免提出这样宽泛的问题的，但在这里却很恰当，收到了良好效果，显然要因人因事而异。同时记者或主持人的提问，实际上是代表受众提问，因此要从受众的角度，研究受众最想听采访对象谈什么问题。主持人只有在经过认真的前期准备后，才能做出有把握的选择。

二、了解背景　深化节目

背景材料是指一切与采访对象有关的非直接性的资料，包括与选题相关的业务知识、政策法规等。尽可能多地了解研究背景资料，能够丰富、加深对事件、人物的认识，挖掘线索，从而拓展节目视野，深化节目主旨。

了解背景的途径是多种多样的。最基本也是最有效的就是查阅资料。许多记者采访前的准备就是从图书馆开始的。自由撰稿人罗恩·弗雷德里克就认为：“在图书馆的调查比采访更重要，因为为了提出中肯的问题，你必须了解采访对象的背景。实际上，任何图书馆收藏的资料都比大多数记者了解的更为丰富，而且全摆在那里：公共财产。我认为记者应当像卡车司机利用公路那样利用图书馆。”[①] 通过广泛浏览资料，获取选题涉及的历史与社会背景、现实状况、发展动向，以及相关人物的个性特点、职业生涯、人生观念等。不占有一定数量的背景材料，很难展开实质性的采访。正如美国新闻学教授威廉·梅茨所说：“采访要人时，最糟糕的失误就是表现出你对他的工作一无所知。”难怪意大利著名的女记者奥琳埃娜·法拉奇每次采访前总要用几个星期的时间作准备。为了采访邓小平，她看了好几公斤的材料。总之，充分占有材料，是设计采访问题的保证；而问题设计得充分又是访谈成功的基础。然而，拥有大量资料，并不见得能够充分利用它们。要提高效率，就要学会善于处理材料，既要分门别类进行研究，又要宏观把握，综合分析，还要善于发现、挖掘背景资料与主题的内在联系。这样，对挖掘事物的本质，深化节目主旨不无益处。

三、研究对象　以利交流

主持人采访的成功，事实上是与采访对象共同完成的。主持人是节目的主导者，要努力与采访对象缩短距离，沟通心理，使对方信任你，对你提的问题有兴趣并愿意和你谈。主持人要胜任此职，就要“知己知彼”，方能“百战不殆”。要做到这点，主持人应该“尽可能多的材料，尽可能多的信息，做好充分的案头准备。在国际题材采访中，资料的掌握至关重

---

① （美）约翰·布雷迪：《采记技巧》第53页，新华出版社1986年8月版

要，没有材料你将感到寸步难行。”[①] 这是水均益的切身体会。

研究采访对象，不仅要熟悉采访对象的生平事迹、职业、专业特长、文化素养，还要了解采访对象性格、爱好、家庭、交友、语言表达状况等等，就像海伦·斯诺所说：“要采访一个人，尽可能先了解他，了解到像一个未见面的老朋友一样。等到见了面，又要有捷径，找到沟通双方思想的桥梁。”[②] 1980 年 8 月奥琳埃娜·法拉奇在北京采访邓小平同志时，在事先做了充分准备，仔细了解研究了有关邓小平同志的许多材料，制订了周密的采访提纲，采访出人意料的是先从祝贺邓小平同志的生日开始的。

法拉奇：“明天是您的生日?”

邓小平：“我的生日？我的生日是明天吗?”

法拉奇：“不错，邓小平先生，我从您的传记中知道的。”

邓小平：“既然你这样说，就算是吧！我从不记得什么时候是我的生日。就算明天是我的生日，你也不应祝贺我啊！我已经七十六岁了，七十六岁是衰退的年龄啦。”

法拉奇马上说：“邓小平先生，我父亲也是七十六岁了。如果我对他说那是一个衰退的年龄，他会给我一巴掌呢!”

邓小平笑着说：“他做得对。你不会这样对你父亲说的，是吗?”

---

① 《中国电视名记者谈采访》叶子主编，第 41 页，长城出版社 1999 年 12 月版。

② 《中外记者经验谈》第 487 页，中国人民大学出版社 1983 年版。

采访便在十分轻松的气氛中展开了。显然，法拉奇对邓小平进行了非常深入仔细的研究，捕捉到采访日期紧挨邓小平的生日，又敏捷地联想到邓小平与她爸爸是同龄人，于是巧妙地构思了这个轻松、友好、富有人情味的开场，既调节了现场气氛，又缩短了与采访者的距离。

对于采访对象的研究很重要的一环，就是研究采访对象的心理状态。最好的方法莫过于事先与被采访者有所接触，通过通电话或者约见，初步接触，沟通意向。当然，不可能所有采访都有这种条件。不少情况下，如采访要人时：就要直接面对被采访者。无论如何，主持人都要积极思考，揣摸对象心理状态，拿出对应方法。

一般说来，采访对象的心理状态，基本有三种表现：合作、不合作或无所谓。合作型的往往采取积极主动的配合姿态。言行中表现出对主持人的尊重与信任，情绪饱满，积极认真地回答主持人提出的问题，主动地与主持人进行交流沟通。虽然如此，并不能保证对合作型的采访对象的采访就一定会成功。因为在采访对象合作的背后，不同人的内心出发点、文化素质、表达能力、心理承受力都有差异。对于自我意识强、功利性重、文化素质较低、语言表现能力较弱、情绪过度紧张的采访对象，主持人要敏锐辨析，善于引导、调控，把握局面。

不合作型的采访对象，往往出于种种原因从心理上不接受采访。表现在言行上，往往态度冷淡、情绪消极、只作被动应答。碰到这样的被采访者，确实很让人为难的。但是主持人在话筒与镜头前，就如司战士在战场上，没有丝毫退路，不可能像生活中那样随意。既不能“酒逢知己千杯少”，也不能“话不投机半句多”。一个新闻工作者最起码的职业道德和敬业精神，要求你必须谈下去，并且尽可能谈得完满。所以，这时的主持人要尽快分析，寻找出被采访者不合作的根本原因，是不信任新闻机构采访者、害怕负效应，还是根本没兴趣或被迫接受的。针对具体情况，寻找突破口、缓和气氛、调整心理状态。有时还需要有相当的耐心和勇气。美国著名的节目主持人芭芭拉·沃尔特斯认为“记者要得到不肯接受采访的人的同意，就面临着一场挑战”。她为了设法请前国务卿迪安·腊斯克在电视节目中接受采访，足足花了两年功夫，终于获得成功，芭芭拉成为在腊斯克离开内阁之后第一位采访他的记者。芭芭拉所具有的敢于迎接挑战、接受挑战、百折不挠克服困难的敬业精神，正是她事业成功的保证。

处于无所谓状态的被采访对象，往往是在不经意间临时被访，或与采访问题没有太多关联而接受采访的人。他们具有两可性，根据主持人采访的问题和氛围状况，或转而积极配合采访，热心回答问题；或没兴趣继续交流，放弃回答。所以，面对这样的采访对象，主持人要特别用心，不可随意懈怠。

四、设制方案　周密细致

采访方案是主持人实施采访的指南。采访方案应是具体的，操作性很强的。方案设制得越清晰、越周密，节目制作起来也就越顺利，越轻松，可以有条不紊胸有成竹。然而，方案不是法规，需要在操作过程中灵活掌握，适度选择调整。

1. 采访要点

明确采访主题和基本要点。这是整个方案的纲，是核心。要求主题鲜明，角度独特，立意深刻，要点清晰。

2. 采访安排

确定采访时间、地点、人物、事件。先期联系、筹备的工作内容。

3. 采访方式与手段

采访方式和手段是指主持人在实施采访任务过程中所采取的具体的行为方式和所采用的技术手段。广播电视主持人采访的方式与手段是丰富多样的，操作时往往有交叉现象。虽然不能进行呆板、单一的划分、运用，但一般是有所侧重，以某一种方式、手段为主。

主持人常见的采访方式有：即席同步采访，预约追踪采访，联手合作采访。与之相应的节目形式和采访方式有：访谈式、对话式、即兴式、追踪式、漫步式、随意式。

主持人常用的采访技术手段有：电话采访、电视话筒采访、录音机采访、航空采访、演播室采访（包括各种不同节目形态中的不同采访样式，如：面对面、双视窗、电话、网络等）、现场采访、卫星电视采访等。

4. 提问设计

这是采访方案的主干部分。如何设计采访的问题，需要把握一定的原则，理清思路，掌握方法，充分而巧妙地设置好问题。所设计的问题对于采访主题、采访对象来说，应该是全面具体，有针对性的。既能反映采访主旨，又能使采访顺利进行，并且对受众有吸引力，这就需要遵循一定的原则。

第一，不偏离主题的原则。要求设计的问题始终扣住主题，明确阐明主题，通过提问期望得到哪些有关要点。此为根本。

第二，准确传达的原则。要求设计的问题必须能够简单明了地传达给被采访者。一般情况下切忌含糊不清、抽象宽泛（当然特殊对象和特殊环境下除外）。因此，设计的问题应该是清楚、准确、具体、精炼的。

第三，追求信息量原则。要求设计的问题有足够的拓展空间，能够获得尽可能多的信息，或可以继续挖掘、延展。从而满足当代受众对大信息量的需求心理。

第四，尊重采访对象原则。要求设计问题时，无论采访对象是谁，都要平等平视，有人文关怀精神，要考虑对方对问题的接受程度，不能一味追求采访效果，而忽略对人的心理分析，缺少基本的尊重。

第五，服务受众的原则。要求设计的问题应该是受众所关心的和想知道的问题。了解受众心理，站在受众的立场上，有针对性地、适当地设计某些问题。同时要考虑到提出的问题是受众易懂、易接受的问题。

遵循了以上原则，从宏观上设计的问题就不会离谱，能够有针对性，主题突出、思路清楚、有深度、有特点，表达准确、具体、明白，又有可听、可视性。然而，仔细研究我们可以发现，在问题与问题之间，还有许多细节问题有待解决。

无可置否，设计的问题越多越充分越好。一个典型的例子就是美国哥伦比亚广播公司的名牌节目《60 分钟》的主持人麦克·华莱士在采访邓小平前，足足设计了一百个问题，采访中真用到的也不过十几个。假若这上百个问题是杂乱无章的堆积在一起，那么现场提取肯定会出麻烦。所以对于设计的问题应该“有个合乎逻辑的结构——有开头、有中间、有结尾——那么它也会有情绪的结构。采访的整体效果会超过各部分效果之和”①。其实，采访有时也如同写文章，有起承转合，问题与问题之间应有内在的、有机的关联。整个采访过程应该是完整的。富有节奏、有张有弛、有高潮，使采访富有艺术性，产生独到的效果。因而，从设计问题开始就要进行周密的斟酌。

采访前的准备工作是非常艰辛的。在看似“得来全不费功夫”的节目中，其实凝聚了多少广播电视人“踏破铁鞋”的心血汗水。

第三节 主持人采访的技巧

节目主持人采访不同于一般报刊记者的最明显的表现，就是整个采访过程的声音或声像是直接传达给受众的。因此，采访的技巧关键也在于对有声语言和无声语言——形体、服饰的运用把握上。良好的主持状态和得体的语言是迅速打开局面，并使采访顺利进行的保证。

1．稳定情绪战胜自我

节目主持人是代表媒介向受众进行传播活动的第一人，在采访中必定要体现出一定的权威性。主持人无论面对什么身份的采访对象，都要充满自信，情绪稳定。就像擅长现场采访的著名主持人高丽萍所说的：“现场采访实际上是一种心理战，要想打胜仗，记者首先要战胜自己，其次才能把握住采访对象。”只有这样才能保持清醒敏捷的思维状态，迅速与采访对

① （美）约翰·布雷迪：《采访技巧》第97页，新华出版社1986年8月版

象沟通。主持人的采访导语，应有对象感，简洁、明了或直接点题，或概括总体，应有一定的指向性，语气要表达心声，或坚定或委婉或探求。

2. 营造气氛消减距离

营造气氛，沟通双方心理是首要的。主持人要善于寻找共同点、近似点，比如同乡、熟人，兴趣爱好，家庭子女，相近的阅历等，使双方产生亲近感，认同感，也可以帮助对方消除镜头、话筒前的紧张感。使采访很快能在轻松、友好的氛围中进行。前面例举的法拉奇采访邓小平就是很好的范例。

张越在节目中与嘉宾的交流往往轻松自然流畅。当记者问她："您是怎样在最快的时间里让陌生人愿意和您交流的呢?"张越深有体会地说："我相信一个人和另一个人坐在一起时，她的表情，她的语言，她整个的身体语言都会传递出信息，这个信息能够让对方感到他可以和你交谈，或者不愿与你接触。所以你自己首先心态要正常，然后姿态要正常。……在开始正式采访之前，你可以用一些再生活不过的语言和问题来调整你们之间的关系，引导他进入你所需要的状态。其实别人愿不愿意和你交流，取决于你对他是否尊重，是否关心。如果他发现你并不关心他，只关心你的节目，他就会不想和你谈话。"①这些真诚的肺腑之言，不仅仅是技巧问题，也是做人的态度问题。

3. 问题要明确、具体、简洁

主持人采访受时间限制，提出的问题应该是针对性强、明

① 《中国电视名记者谈采访》叶子主编，第255页。长城出版社1999年12月版。

确、具体、简洁的。不要大而抽象、笼统而空泛，让人一下抓不住要点、理不清头绪，难以驾驭。或者几句话不能讲述清楚，只好一句话应付回答了事。

4. 问题要客观，可以第一人称提问和评述

新闻是对客观事实的报道，报道时应让事实本身说话，忌带主观色彩。主持人采访时，要尊重客观事实，可以用第一人称"我"进行提问，或评述。这是主持人与记者采访的差异。但是主持人必须始终清晰地认识到，以"第一人称说话"与以"个人的身份说话"对于主持人来说是两个完全不同的概念，因此必须注意把握分寸。另外，采访时还要避免将假设答案给被采访者，如果凭主观意识表示了导向，就会影响问题的答复，甚至失去采访真实，也不可能产生采访高潮。

5. 注意给被采访者提供思维空间

给被采访者的思维空间，包含两层意思：

其一，主持人提问一般应少用封闭式的问题，不要让被采访者仅仅用"是""不是"、"好""不好"等简单的句式语词来回答。应该让他们尽可能多地说出自己的内心感受和受众感兴趣的话题。

其二，主持人要善于出"难"题。提出独特的、尖锐的、出乎被采访者意料又是很刺激很有兴趣回答的问题，使被采访者始终处于积极思考状态，而不是被动应付。这样往往能表现采访对象的最佳面貌和不同于一般人的独特处，使采访生花。当然一次采访中"难题"不宜多，应在一定的铺垫后提出。使采访有层次、有节奏、有高潮。

出"难"题，并不意味着要问专业性很强，或使采访对象很为难的问题，要尊重对方，切忌提有伤对方自尊心或隐私

范围的问题。

6. 语句“精”“泛”结合

主持人采访语言要精炼，直接了当这是基本要求。但并不排除适当的铺垫性介绍。精——简洁明了、直切要点；泛——陈述后的提问，非单句、短句。泛，不是罗嗦，不是空洞，主要是从受众需要的角度考虑，对所采访的人物、事件、背景用最简练的语言做最适当的介绍后，再切入、提出问题。这在人物访谈中是必不可少的。

7. 画面已表现清楚的问题不要重复

电视以其声画并茂而独具优势。电视节目主持人应尽量利用画面效果作报道，再通过语言进行深入补充说明，尽可能地扩大信息量。主持人的采访要利用画面、挖掘画面，但决不能重复画面。视角要拓展到画面以外，力求通过对方的回答展示画面以外的东西，如内心活动、思想、观念、经历等等，或是补充画面没有拍到的东西。

8. 善于控制时间

广播电视节目都有严格的时间控制，不能随意拖延时间，同时要保证单位时间内的信息量和节目质量。面对滔滔不绝、侃侃而谈甚至偏离主题的采访对象，主持人要不失礼貌地给予暗示。可以巧妙地用诙谐轻松的语言和手势转换话题或及时中止话题。

9. 注意形体服饰语言

主持人与被采访者的交流除了通过有声语言外，举止服饰也传达着信息。得体的服饰打扮、落落大方的举止风度，是接近并赢得采访对象与受众信任的重要因素。尤其电视节目主持人进行访谈时，切忌不断转换视线，给人以心不在焉、不尊重对方的印象。应较多地注视采访对象，对其的谈话有所反应，时而转向受众适当交流。有关主持人的无声语言参见后面章节的专述。总之，主持人的整体形象应是和谐、自然、端庄、大方的，应是精神饱满、充满自信、全神贯注的，给人以可信、可亲、可近、可谈的良好印象。

另外，主持人在采访过程中，为了传播内容的需要和控制节目时间，还要善于进行适当的、必要的插话。比如：重复对方说的重要问题，以引起接收者注意；其二，采访对象回答问题离题时，要及时提示并拉回主题；其三，纠正对方的口误；其四，对方没有讲全的，又是需要及时补充的问题，进行适当补充；其五，提醒对方节目时间到了。主持人的插话，是广播电视媒介即时性、稍纵即逝的特点决定的，不像报刊有迂回的余地。

总之，采访是门艺术，主持人采访虽然因媒介、节目、个人的不同而各有特色，但共同的是不仅要能够提问题、敢于提问题，而且更要善于提问题，能够控制整个采访过程的局面。因此，主持人的采访直接关系到节目的成败，是自身素质的直接曝光。任何游离主题、空泛无序、平淡乏味、松懈浮躁都是不称职的表现。主持人要胜任此重任，一定要有意识地加强内在修养，在实践中做个有心人。

第八章 主持人的编与写

编辑工作是广播电视节目创作过程中的一个重要环节。无论是直播节目的前期准备工作，还是录播节目的后期制作工作，都闪耀着编辑的智慧火花，渗透着编辑的辛勤汗水。在繁多的节目创作工作中，编辑的地位是举足轻重的。

与其他广播电视从业人员相比，编辑工作的内涵具有较大的宽泛性，外延也不很明确，涉及的范围相当广泛。编辑工作几乎贯穿于整个节目的创作过程。诸如栏目的设置、编排、选题、构思，文稿的撰写、编串，画面的剪辑、组合，音乐、音响的选配，人员的组织、协调，受众的联系、沟通等等，都可以纳入编辑的业务范畴。

我们所说的节目主持人参与采、编、播，这里的“编”，通常指的是主持人前期直接参与的编写工作。至于后期制作的许多技术工作，主持人不可能以一代十，面面俱到。但是，节目主持人应该具有全方位的编辑意识，了解有关编辑工作的基本业务知识，对于提高自身的业务素养，主动配合编导工作，顺利完成主持工作是很有必要的。

编辑工作的内涵很丰富，要想在一章一节中阐述清楚，确实不现实。况且广播和电视还各有所异。在此只能概述性地阐述与主持人及其栏目密切相关的一些基本问题。

第一节 主持人的编辑意识

主持人节目根据制作播出的不同，一般可以分为直播节目和录播节目两类。有的在直播节目中插入事先录制好的内容，从编辑角度说依然应归为前一类节目。对直播节目来说，编辑主要参与前期的选题、构思、提纲或播讲稿的撰写、编串，有的编辑也可能直接参与一些采录工作。录播节目的编辑，除了参与前期准备工作外，主要在后期阶段要对摄录的声像素材进行鉴别、选择并进行艺术的加工与处理，使之成为一个完整的节目形态。主持人无论是否直接参与编辑工作，都应该有明确的编辑意识，这种编辑意识具体体现在以下几个方面：

一、栏目意识

所谓栏目意识，就是强调对主持人栏目个性化的认识，同时要有比较明确的传播对象感。这是编导栏目的指导思想。

广播电视节目实现栏目化，实际上是通过各种栏目的编排及每个栏目中的节目构成、顺序安排，来组织接收者。栏目化的最终目的是为了吸引更多的受众。为了实现这一目标每个栏目都必须办出自己的特色，这个特色就是个性化。

栏目个性化是此栏目有别于彼栏目的个性特征。主要从节目主旨、取材范围、基本风格、受众群体几个方面形成自身的特色。比如中央电视台的《为您服务》，是最初开办的主持人栏目，属于服务性专栏，主要任务在于帮助观众提高日常精神生活与物质生活的质量。它基本是以家庭生活中的人为对象进行生活导向的。栏目集知识性、趣味性、实用性为一体，形成了亲切、亲近、真诚、真实的节目风格与主持人风格。这与节目组的创作人员始终牢牢把握着栏目个性密切相关。某年冬天，《为您服务》节目组收到一位中学生来信，诉说冬天戴眼镜，镜片常常蒙上雾气，十分苦恼，询问有什么办法解决。组里编辑四处奔走求教行家，等“秘方”寻到已是来年春天。虽然不能播出了，但有心的编辑在秋去冬临时及时想到了这个孩子。主持人沈力在荧屏上亲切地说：“去年冬天，我曾收到过一位同学的来信……事隔一年我们才来回答这位同学。此刻，这位同学如果还坐在电视机前，那我就太高兴了。”短短几句话，显示出了主持人和节目组全体同志为观众服务的一片真诚。这是《为您服务》节目成功的根本保证。1987 年中央电视台曾将《为您服务》栏目合并到《九州方圆》大板块节目中，最后以失败告终。节目失败的主要原因就是没有主导的传播意向，内容杂乱、对象不清，从而没有节目的基本格调，使之失去个性。

因此，强化栏目意识，对于主持人来说非常重要。这是编辑心中的纲，主持人也应牢牢把握，才有可能能动地主持好节目。

二、主持人意识

主持人是广播电视节目内容的直接传达者，是节目传播过程的轴心人物。编导在编排主持人栏目时，明显不同于创作一般专题片，可以竭力表现主观意图，而必须以栏目的主持人为轴心进行构思、编写等一列创作活动，这就是我们所说的主持人意识。

强调主持人意识，说明在围绕主持人这一支撑点进行节目创作时，要比较多地考虑到主持人在节目中的地位、作用，尽可能地挖掘主持人的潜力，通过主持人的口将常人感受到的但表达不清的东西，敏锐地捕捉到，并表现出来，将主持人自身个性与栏目个性相互融合。叶惠贤的幽默机智、妙语连珠的口才天赋也正是在上海电视台的《今夜星辰》栏目中得以充分展现，形成其特有的“渲染主题，调节气氛，主宰节奏，代表观众愿望”的“海派”主持人风格的。

强调主持人意识，还表现在主持人对节目编排的渗透力。也就是说编导在节目的整体编排、细节处理、文稿编串中要给主持人留有一定的发言权和再创造空间，为他们张扬自身个性提供可能。著名主持人沈力平素以为人随和而被称道，但谈及她的成功之因，恰恰有一条，就是“不随和”。这就是不随着不符合自己个性特点的节目设计方案去主持节目。她要求显示自己的个性，要求有驾驭节目的主动权。因此，编辑《为您服务》时，沈力总是仔细推敲节目的设计同自己的个性是否相悖。而且，凡是她主持的节目，在这一点上她都做得特别认真。1985 年时，沈力曾与一位老师主持《历史知识竞赛》。编辑事先设计的对话是，让那位老师对沈力说：“您怎么忘了，上一次的奖品还没发呢。”沈力觉得，此话虽然设计得活泼，可是这与她细心待人的性格不符合，也是一个主持人不应该、不允许出现的错漏，于是作了妥善改动。

主持人意识是主持人栏目有别于其他栏目的地方，尤其要引起编导的注意，也是主持人内心始终不可松懈的琴弦。

三、结构意识

结构意识体现在主持人对栏目的整体编排、局部组合、画面与音响的处理衔接等问题的了解与把握。参与编辑的主持人自然是对这一切了若指掌，出场主持时也必然平添几分自信与从容。问题在于不参与编辑的主持人要同样坦然地面对受众，就需要事先对节目框架、细节进行了解，以至胸中有数，我们姑且称之为结构意识。

结构意识首先应是对栏目的整体编排宏观上有所把握，对起承转合、人物对象、主要事件话题之间有所了解。其次，对具体的局部组合应清晰明了。直播节目，了解了细节对现场发挥主观能动性颇有益处。对于先分解制作再合成的录播节目，主持人只有深入了解每一个环节的安排组合，如音响、画面、剪辑、特技、解说、独白、对话、采访等等，理解消化具体内容，才有可能把握好上下段落和各个子栏目的内容，在录制时做到语气连贯、自然流畅。比如《正大综艺》，每次的整体编排框架基本一致，但现场嘉宾是在变化的，主持人在出场前要对他们有基本了解，如何进行介绍，要心中有数；节目中的各个小栏目基本上是通过现场大屏幕展示的画面组合串联起来的，主持人虽然看起来好像与观众在现场同步观看，但在做节目前事先的了解、熟悉、感受画面内容是必须的。只有这样才能使自己在现场迅速地先观众一步进入画面所规定的情景中，做好观众的向导。

有了结构意识，主持人不仅能更好地把握节目节奏、情绪分寸，也能更积极更有意识地配合制作人员，在话筒前、镜头前注意语言的连贯自然，表情的得体、大方，避免紧张、游移、松懈的情绪状态。

主持人参与编辑不可能是全能操作员，但应该具备全方位的编辑意识，这对主持工作不无裨益。

第二节 主持人播讲稿的编写

主持人的播讲稿如同演员演戏的脚本，是上台表演的依据。好的脚本是演员成功的保证，同样演播稿的好与差也直接影响主持人主持节目的效果。编写演播稿是文字编辑的基本职责。一个合格的主持人对演播稿的编写也应是驾轻就熟的。不同的节目对演播稿虽有一定的风格、细节规范，但总体上讲对主题的把握、思路的展现、语言的要求等方面是一致的。

一、主题明确、脉络清晰、结构完整

这显然是行文著书的基本要求。没有明确的主题，文章亦如无根之萍，漂浮不定，使人不知所云；逻辑混乱、结构残缺，会使文理不通，达不到交流、传播的目的。主持人的播讲稿，一般不像文章一样，必须字字落实，圆满成文，有时通常是大纲的形式，尤其是现场直播的 talk show 或综艺节目，只能是纲要或串联词的形式。然而这并不是说就可以淡化主题，松懈对结构、脉络的要求。反之，也正因为其简练了，就更要突出、强化核心内容，只有具备了健全的骨骼，主持人在现场的“再创造”才有可能血肉丰满。明确的主题是主持人现场

操作的舵，失去舵的航行，必然要迷失方向。而清晰的脉络，完整的结构又如同指引主持人运作的航线，寻着它便可以到达成功的彼岸。

编写播讲稿，要注意切莫沉浸在素材的展现中而淹没了主题，或者一味追求标新立异，迎合受众，而失去了栏目自身的风格、品味。

编写播讲稿，还要注意对节目的节奏安排。山不厌高，水不厌深，文不厌曲。这里所说的“曲”当然不是诘屈聱牙、隐晦艰涩之意，而是有变化，有灵动，有节奏。广播电视是视听艺术，直接作用于人的耳目，任何枯燥单调，平铺直叙的表达方式都会让人疲劳生厌。在播讲稿的层次、结构编排中注入了节奏因素，便有了吸引受众的良方。杨澜在总结自己的主持经验时，对节奏问题颇有体会。她说：“一开始，心里也没有数，只想把已准备好的话说完就算了，好像一瓢水，叽里咕噜都倒出来，自己就能舒一口气了。后来才明白，越是精心准备的东西，越要注意到节奏。自己心里滚瓜烂熟的话，观众都是第一次听到，要给人一个吸收信息的过程，要善于调动观众的期待心理，恰到好处地抖响包袱，才能收到预期效果。”①

二、语言流畅，口语化、个性化

语言是节目主持人进行传播活动的基本工具。演播稿虽然是文字形式，但它毕竟不是给人看的，而是要让主持人去说的。既然它的目的是说的，让人去听的，也就决定了它与一般文章写作在语言要求上有差异。除了任何语言表达必须具备的

---

① 《主持人》第4辑，第199页，中国广播电视出版社，1995年4月。

流畅、清楚、简洁、准确、丰富、和谐等等之外，还特别要注意口语化、个性化，避免书面语、共性化。书面语言是用文字记录语言、主要是供读者眼看目赏的，注重表情达意，可以不讲究语调的变化、语词的听觉效果。而口头语就要很讲究语音的运用，重音、字调、语调富有感情变化，语调随着感情的变化有抑有扬，有起有落，甚至大起大落。这也直接关系到对词汇的选择。有关这方面的具体内容将在下章深入阐述，此处不再展开。

主持人的本质是以个体行为出现，代表着群体观念，用有声语言、形态来操作和把握节目进程，直接、平等地进行大众传播活动的人。故而，播讲稿在语言的把握上，一定要体现并符合主持人的本质特征。主持人与受众进行面对面的、直接的、平等的心灵与情感的沟通与交流，语言应该是自然的、生活化的，亲切、和善的，只有这样才能使受众觉得你可亲、可近、可信，才能拉近与受众的距离，达到良好的传播效果。

不同的主持人在语言表现上有自身的特点、风格。这是我们在这里所说的“个性化”的基本内涵。演播稿要注意符合主持人的语言习惯，达到语言表达的最佳效果。而不能将自己的口吻强加给主持人。富有个性的语言，能增加主持人的魅力；比如，虹云的语言热情大方，充满活力，富有女性魅力；傅成励的语言沉稳、从容、充满智慧，音质浑厚富有感染力。而一位电影研究工作者，对沈力语言风格的评价，更是耐人寻味，并热情地将沈力向青年演员推荐，说她“语言高度洗炼，没有多余的话和多余的字，更没有空话、套话，既通俗又文雅。她的演播是艺术化和生活化的高度统一，毫无做作痕迹，庄重大方，亲切自然，可信可敬”①。

演播稿要生活化、口语化，并非要字字落实，如果每个语气词“哎”、“呀”都要写出，反而是十分不妥的。写出了语气词，表面上看很口语化了，但实际上这样就有可能失去演播稿的活力，往往会导致主持人被动、机械地操作演播稿，失去了对节目的调节、丰满、再创作的余地。

三、语言风格要与栏目对应，对象感强

正确选用与不同类型主持人节目相对应的带有风格色彩的词语、句式，是形成主持人节目语言风格的重要因素。不同的主持人栏目都有各自相对固定的受众群，例如中央电视台对青少年的节目，就有《七巧板》，主要对象为学龄前儿童；《天地之间》是针对小学生的；《第二起跑线》以中学生为主人公；给青年一代的是《十二演播室》。因此，演播稿的写作要有一种对象意识，因人而异，写出交流感。

一般来说，新闻评述类节目，语言严谨、犀利、思辨性强，充满可信性和权威感；服务类节目，语言亲切、通俗、富有人情味；少儿节目，语言活泼、生动、形象；欣赏性节目，则可以用散文或诗歌式的语言，抒情而富有韵味。

广播电视的语言表达方式丰富多样，提问、说明、叙述、描写、抒情、议论等等，不论运用哪种表达方式都需要尽量做到像和受众亲切交谈一样，直接平等、通俗易懂、平易自然、和蔼可亲。这是广播电视语言的共同特征。要做到这点，就要求演播稿的撰写者，有强烈的对象感，以主持人的身份，用笔

---

① 《电视的采编与创作》第59页，春风文艺出版社1991年10月版。

与之交流。这样才能有可能把握住演播稿的主持人状态，让接收者从心里真正感到主持人正在跟“我”进行平等、直接的交流。

为了严格地把握好这种平等交流、亲切谈话式的主持人节目的基本语体，需要对演播稿仔细审看，反复推敲，避免细节上的疏漏可能引起的不良效果。沈力就经常推敲编辑为她准备的稿子。比如，一次节目讲怎样做酸奶，有一段话原本准备这样说：“酸奶是发酵而成的，吃下去会不会有什么不好的作用？这一点我可以让你打消顾虑。”推敲之后，感到“我可以让你……”多少带一点居高临下的意味，于是琢磨着改成了这样：“这一点您可以不必顾虑。”这样略作改动后，口气就和缓了，更显得与人平等了。又有一次节目讲膳食营养，有一处原稿准备对观众说：“您懂得了膳食平衡的道理，就应该举一反三。”可播出前，沈力细一品味，感到这话有点命令味儿，不行，便推敲改成了：“您了解膳食平衡的道理，还可以举一反三。”这些从字面上看仅仅是几个字的改动，但却与节目风格和主持人形象密切相关。

总之，在演播稿上多下些功夫，可以达到事半功倍的效果。为了更好地把握节目，编辑与主持人之间的距离要尽量缩短。首先，主持人在可能的情况下，应积极参与演播稿的编写，至少在演播前，要用自己的语言感受统串一遍。杨澜初做主持人时，总是拿着编导给她的串联词硬背。搭档姜昆告诉她，不要老念别人的稿子，要变成自己的话说出来，这样才自然。后来和赵忠祥合作的两年半时间，赵忠祥言传身教带着杨澜一起写《正大综艺》的主持人串联词。

从此，杨澜养成了自己动手的习惯。不管是主持综艺晚会还是其他电视栏目，主持人的串联词她都坚持自己动笔写。若导演拿来现成的稿子，杨澜也要征得导演和原作者的同意，按照自己对节目的感受和自己的习惯表达方式再重写一遍。用她的话来说："并不是别人写得不好，可人家写的话是人家的感受，我要硬念出来就很容易像背台词，观众听了也不会被感动。只有我自己有感而发说出的话，观众才会觉得亲切，情绪上才容易被感染。"①

第二，缩短编辑与主持人之间距离的另一行之有效的方法，便是增加相互间沟通、了解。第一届广播金话筒荣获者傅成励深谙其中道理，所以总是积极参加《午间半小时》编辑部里的年轻人的聚会，与他们神侃漫聊，他知道这些聪明的年轻人会把他酒桌上的许多话题，写进节目中去。他愿意和编辑们交谈，向他们提供节目构思，哪怕片言只语，一个火花；他更愿意让他们了解自己，了解自己的为人，了解自己的经历，了解自己的思维方式，甚至怎样说话。因为，他意识到了一个主持人节目的编辑不好当，这编辑要有"主持人意识"，选材、构思、写稿都要以塑造主持人形象为中心，要按照主持人的身份、特点、风格去写稿子，甚至一句话怎么说，也要考虑主持人的说话习惯、方式。编辑与主持人相互沟通了，便没有写不好、播不好的演播稿子，便能提高节目成功的保险系数。

---

① 《主持人》第4辑，第194页，中国广播电视出版社1995年4月版。

第三节 话题的组合与操作

主持人节目通常是由板块型或称杂志型结构构成的一个个不同的栏目，广播电视的栏目与节目是既有联系又有区别的两个概念。栏目是按照一定的方针和目的，把某些内容、性质、功能或型态相近的节目纳入定期、定时播出的某一栏目之中。一个栏目可以由若干个节目串编而成，也可以每辑只播出一个节目，有些栏目中还包容着几个小栏目，我们姑且称之为母栏目和子栏目。当然，不能排除栏目与节目相互交融之处。这也是人们时常会交替混称它们的原因。

话题是主持人节目的支撑柱梁。在节目制作与编播过程中实行“栏目化”的结果，就是可以把不同内容、体裁、型态和长度的节目，错落有致地串编成为一个有机的整体，而栏目的最终体现也就是在话题的编排操作上。话题也有母话题与子话题之别，话题与话题之间的衔接、组合既可构成一个栏目的风格，又可以是一次节目中具体编排、操作的方式。因此良好的组合话题对优化栏目内部结构有着重要意义。再深入透析每一个话题的切入、展开、结束又大有文章可做。故本节就针对话题的组合与操作，进行归纳与总结。

一、话题的组合

主持人栏目按节目内容性质可分为：新闻类、知识类、服务类、文艺类、少儿类、体育类和综合类等多种类型的板块结构。每一个板块又分成若干块，块的基本构成就是话题。因此，话题不仅可以说是支撑栏目的栋梁，还可以被认为是构成栏目的细胞。没有话题便也无从谈节目了。

既然一个板块要由若干个话题构成，一个话题又可分解为几个话题——或曰“子话题”，或曰“角度”，那么话题与话题之间就有个衔接、组合的问题。同样的主料配料，不同的厨师会烹调出大相径庭的菜肴。我们需要的是能工巧匠，对话题进行最合理、最平衡的衔接、组合，这显然是一个优化的过程。俗话说，“三个女人一台戏”。好戏还是歹戏可要看女人的选择与搭配了。要优化就是要产生“三个臭皮匠赛过一个诸葛亮”的效果，否则就会形成“三个和尚没水喝”的局面。掌握话题衔接的技巧，目的在于使话题通过组合产生最佳效果。

1. *层层递进式*

即选择一个比较浅显、明白、易懂的话题做开场，随后步步深入，一个话题接一个话题层层递进，展现主题，加强力度，不断深化受众对主题的理解与把握。用形象的语言说，也就是“剥笋式”，对话题的组合采取由近及远、由浅入深、由表及里、顺时递进的方式。

比如：主题：关于菜篮子价格问题

①从家庭饭桌上引出吃菜人、买菜人的苦经
②菜农的感叹
③蔬菜批发公司如是说
④农贸市场菜贩子如是说
⑤政府部门谈蔬菜供应

在层层剥笋中，我们明白了菜价居高不下的症结，不在辛辛苦苦的菜农身上，不在蔬菜批发公司，关键在于最后出售的菜贩子。而结尾又是个开放式：症结找到了，怎么解决呢？提出了诸多设问，留下了一个开放式的结尾。

2. 中心辐射式

即以一个主题为中心，多方位、多角度、多层次展开话题，但形散神不散。这样的结构往往可以增加信息，拓展受众视野。

比如：《今夏服饰流行趋势》

①吊带裙倍受青睐
②真丝面料独领风骚
③淡雅亮丽各有所好
④饰件柜台人头攒动

围绕“今夏服饰流行趋势”的主题，组织了款式、面料、色彩和饰件四个方面的话题，为受众提供了时尚情报。

3. 对比反差式

即将两个截然不同、形成鲜明对比的素材成对地组合在一起，围绕着主题，小则一对，多则三、四对，衔接起来使用，造成强烈反差，从而强化对主题的揭示，给人以深刻印象。

比如：《上学了》，反映城市与贫困乡村的极大差距。

①A. 城市商厦文具柜台的热闹景况，采访家长、孩子、售货员，上百元的都不嫌贵。

B. 贫困乡村小孩上学的情景，一只塑料袋当书包，服装破旧。

②A. 都市孩子在家吃、玩无忧无虑的景况。

B. 乡村孩子的一天，放学后干农活、家务。

③A. 城市孩子的学习条件、态度，拥有很多书，但更爱玩儿。

B. 乡村孩子，家徒四壁，渴望读书。

在强烈对比反差的组合中，引发出令人深思的主题，差距是现实，如何尽可能地缩短这种差距则是我们每一个公民的责任。尽自己所能，为希望工程献一份爱心。

4．主副线式

即围绕主题设置一个主话题，若干个小话题，时间、内容上都是主话题占绝对优势，小话题只起敲边鼓、点缀、调剂的作用。

5．并列跳跃式

即将看上去互不相关的材料，组合在一起，吸引受众去体味其深刻内在联系。这与辐射式明显的不同在于，所谓辐射是由中心向四方拓展，而这种组合给人直觉的感觉是互不相干的话题在不断转换跳跃，一会儿说东，一会儿道西，但仔细琢磨便会悟出有一根红丝线在串接着这东南西北中。这种编排方式看似简单，其实要达到效果是要下功夫的，否则会在跳跃中失去主题，或者隐藏太深受众难以准确把握。

除以上所列之外，还有诸如：烘云托月式、响鼓余音式、留白开放式等等，不再一一陈述。

选择什么样的组合方式要因主题、素材、栏目形式、对象而定，目的在于优化效果。主持人是话题的直接操作者，对组合的方式要心中有数，成竹在胸，方能运筹帷幄，得心应手。

二、话题的操作

广播电视主持人节目一般都以话题的方式进行传播活动。了解了话题的衔接、组合方式，还有必要掌握如何具体操作一个话题，即怎样选择最恰当的方式切入话题，在充分的展开之后，巧妙地作结，避免单调、乏味。

话题切入与结束的方式和技巧丰富多样，编辑、主持人要根据不同的素材，节目主旨，演播环境，接收对象，选择最能够使节目生动、自然、引人入胜、耐人寻味的方式方法，使节目更富有感染力。

1．话题切入的方式与技巧

①开门见山　直破题意

②循序渐进　层层深入

③承上启下　自然贴切

④设置悬念　引人入胜

⑤引例入导　生动朴实

⑥触景生情　渲染气氛

2．话题结束的方式与技巧

①首尾呼应　题意鲜明

②梳理归纳　概述要点

③重复重点　强化印象

④点评要点　深化主题

⑤响鼓余音　耐人寻味

⑥留白开放　请君思考

真正好的话题，只有在好的操作中，才能达到最佳传播效果。主持人在演播前，十分有必要沉下心来，仔细研究已有资料，重视对稿件、资料进行周密的话题设计，选择最恰当的话题进入和结束。这样，对于充分体现编辑意图，提高话题质量可以达到事半功倍的效果。话题的切入与作结，不但缺一不可，而且要首尾照应，力求完整和谐。既要避免虎头蛇尾，也要防止头重脚轻，失去平衡，没有吸引力。在话题设计与操作中，要追求新颖、独到，切忌重复使用同类方式。可以借鉴他人的长处，但不可照搬、模仿。话题切入与结束的方式多种多样，远不止以上概括的几点。而不同的切入与结束的方式相互组合，又可变幻出千姿百态的设计方案。因此，话题的设计与操作是节目主持人智慧的结晶，是主持人素质和功力的综合体现。主持人要在实践中注意积累，勇于创新。

第九章　主持人的有声语言

有声语言是节目主持人进行工作的基本工具。人类自从进入了电子传播媒介阶段，有声语言便成为传播活动中的重要元素，如同没有文字语言便无从谈起报刊书籍一样，没有有声语言电子传媒便失去其根本功能。电子媒介的有声语言，包括语言、音响、音乐等诸元素，主持人的有声语言指主持人开口说出的语言，是相对于无声的体态语言而言的。这是主持人赖以沟通媒介与受众的主要手段，对于广播节目主持人来说则是惟一的手段。

斯大林说："语言是作为人们交际的工具，作为社会中交流思想的工具为社会服务的，这个工具使人们能够相互了解并调整他们在人类活动的一切范围（包括生产的领域，也包括经济关系的领域，包括政治的领域，也包括文化的领域，包括社会生活，也包括日常生活）中的共同工作。"① 作为大众传播活动中的主持人的语言虽然具有明显的人际传播的色彩，但是事实上仅仅是借用其某些形式、特征而已，本质上是在进行

① 斯大林：《马克思和语言学问题》。

有意义、有价值的传播活动，因而也是很艰辛的语言创作的过程。在这之中主持人是以大众传播为目的的，承担着传播者的职业角色。

既然有声语言是主持人职业的看家本领，媒介的意图、栏目的宗旨、自身的素质最终都是要通过有声语言传达出去，那么对于主持人的语言功力、语言表现力、语言魅力等语言能力的高标准、严要求，绝不为过。

主持人的语言能力是其素养、品格和多种能力的综合体现，并非能说会道、口若悬河便具备了节目主持人的语言能力要求。语言学家张志公先生说："口头语言能力高，不是指'口若悬河'说个不停，也不是指的词藻美丽，才华出众，或者诙谐幽默，引人发笑，更不是孔夫子说的'巧言令色'那种会说迎合他人爱好的好听话，而是指：能用基本标准的标准语，即普通话，有力而得体地达到说话目的。"显然，对于主持人来说，语音标准是起码要求，关键在于"有力而得体地达到说话目的"即大众传播目的，这不是轻而易举，随心所欲，信口开河便可以做到的。

张颂教授认为："所谓语言功力，就是语言的功底和能力。理解力、观察力、感受力、反应力、表现力、感染力、调检力，这些都是语言造诣和语言功力的体现，不可等闲视之。"① 因此，作为一个节目主持人必须意识到其语言能力的特殊性、丰富性以及掌握它的重要性、艰巨性。

① 张颂：《播音语言通论》第137页，北京广播学院出版社1994年2月版。

第一节 主持人语言的特点和要求

电视节目主持人语言的特点是相对于以有声语言为手段进行大众传播的播音员的语言状况而提出的。播音员所进行的是把视觉的书面语言转换成听觉的有声语言的再创造劳动。他（她）们的播音是以书面稿件为依据，在正确理解，具体把握的基础上，以准确、鲜明、生动地传达出稿件的精神实质为根本目的和最高要求。电视节目主持人则要“用有声语言、形态来操作和把握节目进程”。

当然，我们强调主持人的语言特点，并非表明主持人的语言对播音语言特点具有排斥性，恰恰相反，优秀的节目主持人都应该具有良好的播音语言功力。而且，播音语言许多明显的特质，比如规范性、庄重性、鼓动性、时代感也是融合在主持人的语言表现之中。但是，播音员与主持人毕竟是两种不同的语言创作活动过程，故而也必然有各自不同的特点和创作原则、要求。

一、主持人语言的特点

1. 亲切、自然、口语化

在主持人节目中，主持人以第一人称的口吻出现在节目里，与受众构成如同和朋友交谈一般的非常和谐的传播情境，平心静气、娓娓道来，亲切而自然、通俗而平白。这与播音员的腔圆字正、规范、庄重的语言风格是有所不同的。主持人的语言状态是轻松的口头语，播音员则相对严谨，带有书卷气。前者散淡通俗，后者规整凝练。

然而，口语化所追求的是语言的通俗化，而非粗俗化、低劣化，是亲切而不是媚俗；是自然而不是随意。主持人语言的口语化是对人们日常口头语言经过筛选、加工、提炼后的再制品。正如高尔基谈到文学语言创作时所说的："虽然它是从劳动大众的口语中汲取来的，但它和它的来源已大不相同，因为用来描述的时候，已抛弃了口语中那一切偶然的、暂时的、变化不定的、发音不正的、由于种种原因与基本精神——全民族语言结构——不合的东西。"① 主持人对民间口头语言的选择使用，是一个净化、纯化的过程，即舍弃其中不规范、不纯洁的语言现象，努力使之更准确、顺畅、健康，达到良好的传播效果。

2．坦率、真诚、情感化

主持人节目被公认为是烙下了浓重人际传播痕迹的，富有人情味、情感味的大众传播活动，并因此吸引广大接收者。那么，主持人在传播过程中，不可避免地要以"情"为先导，与受众进行面对面的、直接的、平等的心灵沟通与交流。坦率而和善，真诚而质朴的情感化语言是缩短与受众心理距离的最佳途径。

主持人要始终用一颗真诚坦荡的心对待每一个接收者，诚于中必形于外，慧于中必秀于形。主持人语言有了真诚的情感因素作催化剂，又何愁失去其成功的源泉呢？

3．独具魅力，个性化

个性化是主持人节目形式有别于播音员节目形式的重要特

① 高尔基：《和青年作家谈话》，《论写作》第3页，人民文学出版社1955年版。

征。体现在主持人的语言表达上，不同的主持人，由于栏目不同，自身修养、阅历不同，音质不同，语言习惯不同等等，就形成了各自不同的语言风格。有的热情爽朗；有的幽默机智；有的节奏短促，快人快语；有的细语漫谈，缓缓道来……不一而足，多姿多彩。主持人节目个性化的追求，为主持人语言个性化的形成发展提供了保证。这与传统的播音模式形成极大的反差。

别林斯基说："风格是在思想和形式密切融汇中按上自己的个性和精神独特性的印记。"风格独具的主持人个性化语言，是构成主持人节目一道道亮丽风景线的重要因素。尤其对于广播节目主持人，多少听众就是被那些优秀主持人极具磁性、充满魅力的语言吸引，惟其是听！对于主持人来说失去个性便意味着失去魅力。而语言的个性化在主持人的个性构成中又何等重要。

4. 相互沟通，交流感

主持人与受众进行的是一对一、面对面的交流。因此，主持人的语言具有明显的对象感、交流感，要有应答性，反弹的感觉。而不是掷地无声，有去无返的感觉。受众是主持人的朋友，主持人在和朋友交谈，在告诉朋友所见所闻，在帮助朋友排忧解难。尽管主持人的面前通常只有冷冰冰的话筒、镜头，但在主持人的心中、眼前始终要有交谈对象，是这个隐形的对象默默地牵引着主持人的思路，激发着主持人的灵感，促使主持人去强烈地表现"自我"。这与播音员以第三者的身份去读他人的稿件或文章，单纯地作我播你听间接交流的语体状态有所不同。

二、提高主持人语言水平的要求

节目主持人的语言是特定语言环境下的产物，失去这个“语境”，也就无所谓主持人的语言了，上述的各特点也就可以套解在日常用语中了。我们说主持人的语言以口语化为主要特征，但它是一门艺术，就必然有别于一般日常用语。如同歌德所说：“艺术所以为艺术，正因为它不是自然！”[①] 任何艺术的创作规律及其本质就是源于生活而高于生活。“人在艺术上表现基本原因与基本规律的时候，不用大众无法了解而只有专家懂得的枯燥定义，而是用易于感受的方式，不但诉之于理智，而且诉之于最普通人的感官与感情。艺术就有这样一个特点，艺术是‘又高级又通俗’的东西，把最高级的内容传达给大众。”[②] 以此来理解主持人的语言特点，指导主持人的语言创作是极其有意义的。

语言是思想的外壳，是文化的载体。在主持人晓畅的语言中，传达着媒介、栏目的主旨思想，渗透着主持人自己的生命体验、生存意识、生命价值观。主持人语言的表达技巧掌握得越好，语言的艺术性就越高，所达到的传播效果也就越好。因此对于主持人语言的要求必须是高层次、高水准、高起点的。一流的目标、一流的要求、一流的付出，才能达到一流的效果。

主持人要提高语言的表达能力，必须有意识、有目的地加强学习和训练，使语言具有充实的内容、深刻的内涵、健康丰

① 《歌德谈话录》

② 丹纳：《艺术哲学》第 31 页，人民文学出版社 1983 年 7 月版。

富的情感、优美动听的吸引力。具体如下：

首先主持人要加强自身的政治素质、文化素质、业务素质、艺术素质的培养与提高。这在前面章节已有所阐述，这里不再重复。

其次，要求主持人必须熟悉掌握并运用语言这门学科的基本理论和基本技巧。

有的人误以为当主持人是件轻而易举的事，不就是亲切、自然、轻松的口头语吗？只要我会讲普通话，人又长得不错，话筒、镜头前不发怵、能说会侃就行了。甚至有人总结出诸如“调子降下来，速度快上去，声音要减弱，中间加点错”的“经验”来指导实践，自以为取巧走了近路。然而正如伟人所说，“在科学的道路上，是没有捷径可走的，只有不畏艰险，敢于攀登的人，才有希望到达顶峰”。

主持人节目形式的出现，确实打破了传统播音方式在我国广播电视节目中的一统局面，在有声语言的表达风格上形成了独特的风采与魅力。在各种语言手段和表达方式的综合运用上，如词汇、句法、修辞、节奏、布局等方面都形成了具有一定系统性的、与播音员播音有所差异的语言特点。当然，这并不就意味着因此主持人便可以忽略语言基本功的训练，不必像播音员那样冬练三九、夏练三伏，一个字、一个音地苦苦练习了。相反，主持人语言训练的内容更丰富，要求也更高。语言是一门科学，一个以操作语言为基本工作手段的人，怎么能够不了解、不熟悉、不掌握语言学科的基本理论，又怎么能不经过系统、深入的语言基本功训练，就能驾轻就熟地运用语言呢？至于目前实践中一些没有经过良好的业务训练，急促出镜、出声的主持人的使用状况，只能说是不得已而为之，是飞速发展的广播电视事业与专业教育、培训一时难以同步进行所导致的。随着时间的推移，管理逐渐走向规范化，这种状况也必然会改变。

我们不否认语言能力的高低有一定的先天因素，但是玉不琢不成器。因此，严格系统的语言训练、大量的有针对性的语言实践是主持人得以准确、自如、得体地运用把握有声语言的保证。

第三，主持人必须重视“出声”前的准备工作。无论是详细的文本，还是粗略的大纲，都应仔细审看，深入理解，融入自己的思想，化为自己的语言。在即时现场采访中，更要积极开动脑筋，尽快理清思路，有备而说。主持人在节目中的临时调整和即兴发挥很重要，但这是在熟悉把握节目主旨的前提下进行的。语言的即兴应变力，不是随心所欲，任意漫谈。许多著名的主持人都很重视“出声”前的“冥思静想”，一位香港明星主持人曾谈起，为了让每一次节目的开场白都给听众以新鲜感，事前他都要苦苦思索，在走廊里踱上 10～20 分钟。显然，主持人有声语言现场发挥状况的良好与否与其播前准备的充分与否成正比。

第二节 主持人运用语言的技巧

语言无疑是人类智慧的结晶。“人在这个世界里可以直观自身。人在语言这个世界里理智地、能动地和现实地复现了自己。一代一代的人接受上一代人的审美启示，语言结构中优美的东西便沉积起来，粗糙的东西越来越少。”① 主持人的语言技巧也是从实践中来又服务于实践。主持人要运用好有声语言，就要在语音、词汇、语法规范化的前提下掌握一定的技巧。不同类型的节目性质和节目形式，对语言技巧的选择与运用也有所不同。以下从语言表达的几个主要方面（词汇、句式、修辞、节奏等）综合介绍主持人语言表达中的有关技巧，具体操作时要根据节目，灵活运用。

一、词汇

1. 注意口语词和书面语词的差别

口语化是主持人语言的突出特征。口头语和书面语的差别，在词汇上表现最为明显。例如：

生日——诞辰　　睡觉——睡眠
马上——即将　　到达——抵达
吓唬——恐吓　　行礼——鞠躬
这几天——连日　　来信——来函

以上各对词，左面为口语词，右面为书面语词。主持人要根据节目要求和具体的语境，选择适当的表达语态和语词。比如一般在谈话、综艺、少儿等节目中应尽量选用口语词，但是在严肃、庄重的场合，不宜用生活化的口语。口语的用词非常丰富，主持人一定要有选择的使用，去掉粗杂、不规范、不纯洁的语言现象，使主持人用语成为高层次的口头语言。

① 钱冠连：《美学语言学》第96页，海天出版社1993年5月版。

2. 避免使用同音异义词

汉语中有许多读音相同、意义不同的同音异义词。主持人的语言直接诉诸听觉，没有字形辨析的过程，因此，主持人在词汇选择使用时，要尽量回避使用同音异义词，以免产生歧义。例如：

①长期食用菌类食品可以治癌。
长期食用菌类食品可以致癌。
②胃病患者切记饭前服用胃舒平。
胃病患者切忌饭前服用胃舒平。

可见，对于容易产生异义的同音词，在使用中要特别慎重，尽可能不用，或更换使用。如“期终考试”与“期中考试”同音异义，口语中应用“期末考试”。或者变单音节字词为词义明了的双音节字词，如：“治”——“治疗”，“致”——“导致”。另外，注意明确该词出现时的上下文语境，从而界定该词的语义，不产生异义。

3. 多用响亮词、双音节词，少用简称

广播电视的语言稍纵即逝，要让人在短时间内听得明白，听得悦耳，就应该选择词义明确，响亮悦耳的词汇。

汉字语音响亮与否，主要取决于元音的开口度的大小，一般来说开口呼的字音要比合口呼、撮口呼、齐齿呼的字音要响亮、清晰一些。例如：立即——马上　比如——好像　旭日——朝阳　美滋滋——喜洋洋

要使语义明确，使用双音节词比单音节词保险系数大得多。汉语单音节词的词义往往趋向多义，且音波短暂，不容易

让人听明白，想清楚。如一个“时”字，可以拓展为“时候”、“时节”、“时间”、“时期”、“时光”、“时段”等等许多双音节词。因此，应该尽量将单音节词扩展为词义明确的双音节词，避免误解、漏听。例如：

虽——虽然　　如——如果

因——因为　　但——但是

应——应该　　为——为了

另外，尽可能少用简称，这也是避免产生歧义，使语言清晰的方法之一。

4. 多质朴、少华丽，求简练、避繁琐

主持人与受众的交流，是在朋友式的氛围中进行的。朋友之间的语言是不需要任何雕琢、装饰的，惟有质朴才能让人感受到亲切自然的人情味，华丽的词藻总有矫揉造作之感，只会拉开距离，让人生厌。朱光潜先生在谈到文学语言时曾说：“我并非要求美丽的词藻，存心装饰的文章甚至使人嫌恶；我所要求的是语言的精确妥贴，心里所要说的与手里所写出来的完全一致，不含糊，也不夸张，最适当的字句安排在最适当的位置，那一句话只有那一个说法，稍加增减更动，便不是那么回事。”① 用鲁迅先生的话来说，就是“有真意，去粉饰，少做作，勿卖弄”。这些名人箴言对于主持人的语言修养颇具指导意义。

5. 追求生动、形象、幽默，避免重复

主持人的语言应该是富有感染力的，因此对词汇的选择要力求生动、形象、幽默、活泼，避免枯燥、抽象、沉闷、呆

① 《朱光潜全集（4）》第226页。

滞。例如：

> 长江已暴跳了千万年，但是它也和《水浒传》里的鲁智深一样，具有粗中有细，刚里怀柔的性格。
>
> ——《话说长江》

为了追求语言的丰富性，当同一种词义反复出现时，应换用同义词、近义词，避免在一次或一类节目中重复使用相同的词语。例如：高兴——愉快——快乐——兴奋，气愤——生气——愤怒——恼火等。

6. 词语的选择要切合语境、对象

主持人的语言总是在一定的语境中展开的，主持人要有明确的对象感，词语的选择要与所处的语境、对象吻合。男女老少，性别不同、年龄不同、职业不同、兴趣不同，词语的择取要切当适合。否则有失礼仪、有失情趣，最终失去受众。

二、句式

主持人语言的句式特点主要体现在口语句式与书面语句式的差别上。

1. 句式简短、结构精练

口语是日常生活中的用语，一般比较随意、简洁、粗糙，加之辅以体态语，让人很快明了语义。主持人的口语与日常口语同中有异，尤其广播用语没有体态语相助，语言的要求相对要精确一些。主持人语言一般在句式上既不能像书面语句式那样严谨、完整，把相互关联的内容组成复杂的长句；也不能像日常口语那样随意、松散，具有跳跃性。主持人语言的句式应是简洁明了，结构精炼的。句子的附加成分少，并列成分少。当要表达较为复杂的意思时，采用短句加短句的形式较好，轻易不要用结构复杂的单句或关系复杂的复句。例如：

今天，要和朋友们谈的是一位年纪轻轻，相貌平平，却干出了事业的王长柱。

今天，要和朋友们谈的是干出了大事业的王长柱，尽管他年纪轻轻，相貌平平。

同样的内容，表达句式不同。前面为书面语，在“王长柱”前面有长长的定语成分，说、听都费劲。后者将附加成分改为分句形式，句子短、结构简练，说起来、听上去都顺当，是主持人适宜的口语句式。

2. 自问自答，句式活泼

主持人为了启发和开导听话人的思路，或者加强语气，引人注意，可以采用自问自答的设问句，来引出下文。这样的句式变化多，有起有伏，语气流畅、活泼、自然。例如：

俗话说：“河有头，江有源。”那么长江的源头究竟在哪儿呢？

——《话说长江》

以问句的形式，扣住接收者的心弦，充满好奇、疑问，使听的人急切了解下文。主持人有问有答，亲切热情，使人兴趣盎然。

3. 关联词少，语气词、感叹词和象声词较多

主持人的谈话体语句中，书面语里常出现的“因为——所以”“不但——而且”“与其——不如”等关联词用得较少，主要用语意表达出分句之间的关系，符合听觉要求。

为了使节目主持得引人入胜，在音色、语气、语调中追求变化，往往像日常口语一样，语气词、感叹词和象声词用得比较多，出现频率高，从而造成书面语体所没有的特殊语感。例如：

> 嘿，我们兰州哇，可真是个好地方，到夏天哪，瓜果可多呢，白兰瓜呀、香瓜呀、西瓜呀，又多又便宜，你就使劲吃吧！

短短的一段话，用了8个语气词和感叹词，易于口语表达，语气活泼，富有感情。语气词、感叹词可以用在句首、句中或句尾，不仅用来表示各种语气，还用来表示停顿。像上面这段话，在主语后面加了语气词，有了停顿，表达的意思也更突出了。

语气词多是口语的突出特点，但是主持人不能为了追求口语效果，而盲目地添加语气词，这样反而会弄巧成拙，显得语言拖沓、罗嗦、琐碎，甚至让人感觉你没话可说，硬拖时间。

三、修辞

文学语言讲究修辞，这无容置疑。可主持人语言是口语化的“大白话”，有的人以为可以忽略修辞了，然而，广播电视节目主持人要想把有声语言表达得绘声绘色、有景有情、生动

有趣、活泼动听，就必须运用掌握各种各样的修辞手段。例如：

如果说苏州的河是这座城市的五线谱，那么桥便是这座城市的音符。水和桥结合在一起，就谱成苏州的交响曲。

——《话说运河》

长江流域有许多湖泊，打个比方吧，如果说长江是一条长长的藤，那么这众多的湖泊就是这长藤上一个又一个的瓜。由西往东数，这是第一个大瓜——洞庭湖。

——《话说长江》

以上主持人的解说词，通过比喻手法，使苏州的河、长江流域的湖泊形象而生动地展现在人们面前，加强了画面效果。

汉语的修辞方式很丰富，常用的有“比喻”、“对比”、“比拟”、“夸张”、“排比”、“对仗”、“借代”、“引用”、“反复”、‘顶真”、“双关”、“衬托”等等。广播电视主持人节目多种多样，语体风格各有不同，要根据节目选择合适、贴切的修辞手段。

四、节奏、韵律

汉语是非常具有节奏韵律的语言。声有四声，调有平仄，韵有十三辙十八韵，从而形成抑扬顿挫、起伏有致、明暗相间、合辙押韵的语言节奏。主持人语言诉诸于受众的听觉，为了能产生良好的吸引力和冲击力，就要提高语言的表现力，增强语言的形式美感，节奏韵律是其中重要一环。

主持人语言的节奏韵律除了体现在重音、字调、语调随着感情、内容的变化而有抑有扬，有起有落外，主要还是从句式的长短变化和句子类型的交替使用中产生出来的，而不是像诗歌主要产生在语词的平仄、声韵之间。一般地说，长句是指字数多、形体长、结构相对比较复杂的句子；短句指字数少、形体短、结构单一的简单句子。句型的变化以陈述句、抒情句、疑问句、感叹句、议论句为主。例如：

> 您可能以为，这是大海，这是汪洋吧？不，这是崇明岛外的长江！您可能会联想到长长的飘带，洁白的哈达，是啊！多么美，这也是长江。
>
> 有时候，人们用峨眉二字形容女子修长而美丽的眉毛。呈现在你眼前的山峰，像不像峨眉呢？峨眉山就是由此得名。
>
> ——《话说长江》

这样的语言确实是琅琅上口，富有韵律感的。句式长长短短，错落有致，句型交叉更替、活泼生动，很有感染力。

显然，主持人语言的节奏韵律，主要是追求语言形式在衔接关联时的内在节奏和韵律，注意语感的流畅与语言的气势，而不应将着眼点放在合辙押韵上，况且这也不符合口语的自然形态。

总而言之，一切技巧都是为内容服务的。主持人良好的语言表达，最终目的在于创造一个轻松、和谐、友好、平等、交流的气氛，从而吸引更多的接收者，越听越爱听。

第三节 主持人的语言训练

语言训练是节目主持人提高说话能力的重要环节。由于语言本身是一个人内在素质和言语能力的综合体现，所以，事实上语言训练也是一种综合素质的训练，只是在这里我们侧重于对主持人说话能力，即语言的口头表达能力的训练。如同在前一章“主持人的编与写”中，我们没有介绍写作基本功的训练一样，这里也不谈语音、语技的训练了，这些是主持人写、说能力的基本功，有关专著、教材都有阐述，这类书是主持人的必读书，学习训练的指南。

节目主持人语言训练的综合性，不仅体现在对主持人自身素质要求和训练的方式、方法、目的、效果的综合性上，而且还显示出主持人语言训练理论建构自身的边缘性和与其他学科的交融性。它除了与传统语言学的词汇学、语法学、修辞学、逻辑学、文章学密切相关；还直接涉及到现代语言学的诸多方法论理论；同时还不能忽略它与大众传播学、社会心理学、美学等等学科的紧密关系。

无疑，主持人语言训练所要达到的不是单纯的解决语音、词汇、语法上的问题，而是要塑造主持人有声语言的完美形象。

一、训练要求与目的

主持人语言训练以口语、无稿、现场的即席训练为主，其目的总体上说就是要提高主持人的语感，增强其语言表现力，追求美的声音形象。

所谓语感，狭义指一个人天赋语言的感受力，广义则是天赋与实践修炼后的语言感受、表达能力的总和。“是把接收、鉴别、储存信息和发出、丰富、驾驭信息全部融入语言感受中的能力。”[①] 所以，语感几乎可以涵盖语言能力的全部，提高语感，最终的体现便是使主持人有较强的语言表现力、驾驭力，形成独具魅力的语言风格。这是从宏观角度说。具体的要求体现在以下三个方面：

1. 提高语言的生发组合能力

主持人的内在语言生发组合能力是形成现场语言表达能力的第一要素。面对现场的事件、人物等等，主持人应该能够迅速、敏锐地找准话题，明确主题，生发联想，组织材料，理清脉络。这是语言得以流畅、清晰表达的基础。缺乏这种能力，势必主旨不清，脉络混乱，词不达义。而丰厚的内涵、积累是语言迅速生发组合能力的坚实后盾。

2. 增强语言的迅速表达、应变能力

主持人临场发挥成败与否，关键在于思维的敏捷上，具体表现为捕捉信息后语言的迅速表达与突发事件后应变能力的强与弱。面对现场随时可能出现的稍纵即逝的信息点，出人意料的突发事件，主持人必须具有很敏捷的捕捉力，和非常强的应变力。处理得好，不仅会化险为夷，还会锦上添花。这是主持人智慧的展现。[②]

① 张颂：《播音语言通论》第 141 页，北京广播学院出版社 1994 年 2 月版。

② 可参阅本书第四章第三节（四、敏捷机智的应变能力）。

3．强化语言的驾驭能力

主持人通过系统、严格的语言训练后，在主持节目时对语言的操作应该表现出轻松自如的驾驭能力。具体体现为：语技扎实熟练，语气亲切自然，语流连贯通畅，语脉清晰明了，语态得体自如。当然，这是一个高标准的要求。惟其高，惟其难，我们才要努力训练，不积跬步，又何以致千里？

二、训练方式

1．题目形式

①命题：按指定题目进行说话训练。

②拟题：按自己拟定的题目进行说话训练。

③仿题：模仿某个已完成的话题结构形式，进行说话训练。

④扩题：围绕一个已然话题，扩充其内涵、外延的说话训练。

⑤辨题：对几个相似的话题，进行思辨性的说话训练。

⑥串题：围绕一个中心话题，把相关的子话题贯通串联起来，形成一个比较大的话题板块的说话训练。

2．训练形式：

①话题训练：根据题目和要求，可以进行独白性的讲述体、对白性的会话体、交流性的讨论体等多种样式的说话训练。要求主题明确、思路清晰、语言流畅、词汇丰富。

②采访训练：根据选题，制定采访提纲，进行问答式采访体的说话训练。要求思维敏锐，提问得当、准确、深刻而有新意。

③应变训练：对群体现场交流中出现的难题和人为制造的

“突发事件”进行应变处理的训练。要求心理素质稳定、反应敏捷、巧应妙答。

④评述训练：根据指定内容，听、看主持人节目，进行综合评述。要求观点鲜明，见解独到，有理、有力、有据，语脉清晰。

⑤演讲训练：根据题目进行独白的演讲体和群体的辩论体的语言训练。这是对思辨能力、知识构架、语言能力的多维训练，要求综合性强。

⑥角色训练：用语言塑造性别、年龄、性格、修养等等各不相同的人物角色，练习语言的可塑性、表现力。要求惟妙惟肖、生动形象。

⑦词汇训练：进行扩词、组词、同义词、近义词、反义词的积累表达训练，并同时练习各种修辞手法的运用。目的在于扩展词汇、积累词汇，要求熟能生巧。

⑧综合训练：模拟现场设计各类节目，进行整体性说话训练。这是对语言能力的综合测试。因此，不仅可用于平时训练，也是考试测评的主要手段之一。

第四节 热线直播节目的操作

广播电视节目采取直播的方式，极大限度地发挥了电子传媒的优势，与此同时也对主持人的素质提出了全面的高要求。而热线直播节目的开办，更使传播者变间接传播为直接传播；使接收者变被动接收为主动接收。传者与受者之间的信息通道，畅通无阻，可以直接互通有无。这样，对节目主持人来说无疑是更为严峻的挑战与考验了。

主持人如何在热线直播话筒前，把握好分寸，随机处理好每一次热线，实在不是件容易的事。他们既要是受众可以信赖的朋友，善解人意、能提供咨询服务；又始终必须是媒介、栏目的代言人，要掌握导向、传播真善美。这其中必然存在着非常丰富、复杂的因素。热线直播节目，不仅广播里有，电视中也有，但广播的热线直播节目似乎更普遍，节目涉及面更广泛，影响更大，因而也更具有代表意义，故我们将重点放在广播上。

一、热线直播节目的特点与类型

如果说主持人节目的重要特征，就是在以人际传播的方式进行大众传播活动。那么主持人的热线直播节目则将人际传播的主要形式运用得淋漓尽致了。在电台与电话共同驾起的空中信息通道中，主持人与受众进行着直接的、面对面的交流，共同努力将人际传播中的情感距离与心理距离缩短到最低限度，从而携手营造出一种和谐的、如同与朋友交谈一般的人际传播情境。在这样一种情境与氛围中，主持人努力施行着自己的传播目的，追求着传播效果；而受众也在不同的心态驱使下，完成着自我的追求与满足。因此，热线直播节目，不仅仅使广播传播信息快的优势发挥到了很大程度，而且尤其值得称道的是它使传受双方可以得到即时的信息反馈，使交流与沟通得以在最大限度上畅通无阻；受众的参与感得到直接的满足。这便是热线直播节目红红火火的主要原因。

热线直播节目的出现，确实丰富了广播电视的节目形式，特别为广播事业带来了生机活力。但是它的即兴性、随意性，恰恰也影响着节目的形象、魅力。从话题的设置，到内容的把握，都对主持人的素质、现场驾驭力提出了更高的要求，这里容不得滥竽充数。在直接的、一对一的交流中，主持人的水准高低是一览无遗的。因此，主持人必须提高自身素质。当然，这是老生常谈，无庸一再强调了。具体一点说，热线直播节目主持人要深谙自己节目的特点，掌握其内在规律，并将这些规律游刃有余地运用在节目操作过程中。

热线直播节目的表现样式，是多姿多彩的，归纳起来可以分为三大类：

1．服务类。这类节目主要通过热线直接为受众提供咨询服务。诸如：医疗保健、市场信息、股市行情、法律咨询、温馨点歌等等。这里需要特别注意的是温馨点歌类热线服务节目。主持人对于热线点歌的受众的应答，既要避免以千篇一律程式化的套话来应付，也要防止过分的拉杂闲扯，卖弄口舌，离题万里，喧宾夺主。应该用得体的语言，表现出真心诚意的服务与祝福。此外，性咨询节目，必须以科学、健康、道德为前提。

2．娱乐类。这类节目以有奖竞猜、游戏类节目为主。节目主旨意在松弛一下现代都市人终日紧绷的神经，调节郁闷情绪。很受都市人青睐。但需要注意的是，应努力避免粗制滥造、单调重复，低俗乏味。

3．谈话类。这类节目是以主持人与受众进行对话、交谈的方式进行的。当然任何节目在本质上都是为受众服务的，只是形式不同而已。谈话类节目又可分为：

谈话类
- ①有话题节目，根据栏目定位，每次设置一个中心话题。
- ②无明确话题，但栏目本身有主旨范围和指向。如:《往事回忆》、《你好，老爸》。
- ③无话题节目，以热线为主的无主题交谈节目。如情感热线类节目:《孤山夜话》、《今夜不设防》、《伴你到黎明》等等。

谈话类节目是热线直播节目的重头戏，也是最见主持人功底的试金石。关于话题的选择不是本节讨论的问题，关键在于如何操作。首先要尽快揣摸、了解对方的心理、谈话的主题，而后寻找最佳切入点。始终要把握自己的主旨、意图、导向，思路清晰，语言流畅。切忌随意逢迎，没有观点，缺乏必要的把关和引导。或居高临下，发表的观点过于绝对，口吻过于强硬。

二、热线直播节目的操作

对于主持热线直播节目的主持人来说，每一个打进电话来的受众，都是一个未知数，是男是女？是老是少？职业、文化程度、经济状况如何？将谈点什么？一切的一切都是不可知的。主持人要平视每一个人，以不变应万变。以下就是这不变的基本心态、基本规则。或者从某种角度上说，就是操作热线直播节目的主要技巧。

1．尊重对方

尊重他人，原本就是做人的一种基本品格。只有懂得尊重别人的人，才会受到别人的尊重。主持人面对每一个与他直接交流的人，无论是怎样的人，谈吐不清也罢，观点不一也罢，甚至对你不恭也罢，你首先必须真诚地、努力地去理解他，并尊重他。这是得以交流、沟通的第一步。

美国著名的传播学教授唐·库什曼认为：“一个人要想进入人际沟通，不需要首肯对方提出的每条想法，但必须把对方作为一个独特自我或一个重要的个人加以支持。积极的尊重对这种互动来说是最基本的。”① 主持人与热线受众是以进行人际交流的方式进行沟通，因此，尊重对方是首要的，是产生亲和力的源泉。

看起来尊重对方是件很轻而易举的事，其实并不然。为数不少的主持人，总莫名其妙地有一种良好的自我感觉，这种状态往往会下意识地在节目中表现出来，或居高临下，或自恃清高，话语口气中也常会流露出优越感和自负。作为一个热线直播的主持人，这是一个很致命的“业障”。这直接阻碍了你与受众的平等、友善的交流与沟通。

2. 认同对方

认同对方包含了几层意思。首先，对于热线受众谈的问题、观点及事实，你可能表示赞同、认可；其次，你可能不同意对方的观点，但是要表示理解；其三，无论是哪种情况，主持人都应该“拣好听的说”。即讲说出来顺口，听起来顺耳的话。

“拣好听的说”在美学语言学中被认为是“一个交际策略，一个最广为人所接受的说话策略，却深刻地体现了谈话人的美学追求，顽强地表现了人将语言符号变为审美对象的努力

---

① （美）唐·库什曼、杜·卡恩：《人际沟通论》第146页，知识出版社1989年3月版。

探索”。事实上“‘拣好听的说’，已经大大超出了以好言取悦于人这一功利目的——虽然这个策略坦然地包容了取悦于人这一层目的。不需要特别留心就能发现它作为一个策略自古至今在言语活动中通行着，中外概莫能外。”① 显然这一交际策略，对热线节目主持人来说也特别适宜。平时日常生活中为人处世，人们尚且好说歹说都是说，当然要“拣好听的说”，更何况主持人与受众是在进行大众传播活动。受众是主持人的朋友。受众参与节目，与主持人交谈，无论出于什么心态、目的，要求提供服务也罢，宣泄情绪也罢，倾诉甘甜苦辣也罢，可以肯定的是，没有人是想听你主持人奚落、训斥的。甚至尽管倾诉者本人也意识到了自己的无能、懦弱、窝囊等等，但他绝对不希望通过主持人的口来批评他。他倾诉的目的，也许是为了乞求帮助，也许根本仅仅只是倾诉本身、宣泄本身而已，因此，主持人切切不可出语伤人，要“拣好听的说”，小心地呵护他人的自尊心，无疑是沟通你与受众心灵之桥的制胜法宝。

3. 把握自己

主持人具有双重身份，他既以朋友的身份进行着一对一的交流，又是媒介的代表，在进行着一对众的大众传播活动。因此主持人一方面要尊重对方，认同对方，另一方面要始终不能失去作为媒介人的原则与立场。也就是说，态度可以亲切，语气可以柔和，但是观点要明确，不能模棱两可、左右逢源。一个在与受众交谈时拿不出自己观点的主持人，是不称职的。其

---

① 钱冠连：《美学语言学——语言美和言语美》第255页，海天出版社1993年5月版。

次，要注意导向问题，不能失控，要有分寸感。要能够在循循善诱中，指点迷津。

4. 把握节奏

热线直播节目中，主持人在现场演播中，既是气氛的调节者，又是节奏的把握者。谈话对方交谈过程出现的种种情况，如偏离主题、语言罗嗦、占线时间太长、节目规定的时间要到了等等，都需要主持人得体，有礼地提示，使节目运转正常。

5. 含而不露

含而不露主要体现在两个方面。其一，主持人应该也必须有自己的观点，但观点的表露不应太锋芒毕露、太张扬，应该沉稳地把握好一个度，才能更显示出主持人的内涵与分量。同时，对方也比较容易接受。其二，主持人要给对方留下一定的思考空间，不要说到极点，有时要善于用潜台词。

此外，主持人在操作热线节目时，要禁忌不负责任的随心所欲，想到哪儿说到哪儿，或者心不在焉的有口无心，自己都不知自己在讲点啥。这样的主持人是绝对不合格，必然要被淘汰的。

第十章 电视节目主持人的无声语言

电视是声像传播媒体，这就决定了电视节目主持人与广播节目主持人根本的差异点，即除了用有声语言进行大众传播活动外，还要通过无声语言，传达信息，与受众进行交流。

无声语言，在传播学中被称为非语言符号，是指语言以外，可以通过视觉、听觉、触觉、嗅觉感受到的姿态、音容、笑貌、气味、颜色及其他所有传播信息符号的总称。语言学家爱德华·萨丕尔（Edward Sapir）把非语言符号称为“一种不见诸文字、无人知晓但大家全都理解的微妙代码”（elaborate code）。

电视节目主持人的无声语言，主要体现在主持人在节目中表现出来的音容笑貌、行为举止、服装佩件、化妆修饰。这种无声语言表达着特定的含义，体现特定的情感，具有鲜明的直观性和视觉的可感性。因而观众总能直接从中捕捉到一定语义，留下深刻的印象。显然，这对于主持人塑造自我形象，传达节目内容起着不容忽视的重要作用。正如传播学家施拉姆所说：“符号可以是语言的或非语言的，可以是看的、听的、嗅的和触摸的。它可以是讲话、文字、印刷品和画片，可以是一个姿势、一个微笑、搭在肩上的一只手、一阵大笑或者一股香味。"① 然而，这种信息与人们清醒的、自觉的意识中表达的有声语言不同，有时往往是模糊的、不自觉的、潜意识的流露。

鲁道夫·阿恩海姆认为，当媒介角色"被作为一个艺术媒介使用时，除了被观众看到的部分之外，便不包含别的——至少对观众来说是如此。他的一切特别和行为也同米考特方块一样，全得由自己的表象和行为含蓄地展示出来。如果他的动作像蜻蜓点水那样轻飘自如，那他在秤盘上称出的160磅的重量，也就在观众的眼里不复存在了，他的全部思慕和向往也就只能局限于他的姿态和手势中所显示出的那么一点；他的灵魂一点也不会超出我们在一幅画中所看到的人物形象所具有的那种灵魂"②。电视节目主持人是一种特殊的媒介角色，他们以直接的、面对面的人际交流的形式进行大众传播活动，他们总是要自觉不自觉地借助无声语言传达信息。而据传播学家和社会心理学家研究证明，在人际交流过程中，非语言符号可以传达40% ~65%的信息。

无疑，人际传播所具有的特征必然会在主持人节目中有所折射。电视节目主持人只有通过有声语言和无声语言的相互配合，才能取得最佳传播效果。因此，了解并掌握无声语言的内涵、规律和技巧，对电视节目主持人来说势在必行。

---

① （美）威尔伯·施拉姆、威廉·波特：《传播学概论》第74页，新华出版社1984年9月版。

② （美）鲁道夫·阿恩海姆《艺术与视知觉》第559页，中国社会科学出版社1984年3月版。

第一节 体态语言的把握

体态语言，又称为“人体语言”、“行为语言”，它不同于人们的一般日常动作。体态语言指的是用表情、动作和体姿来进行思想交流、表情达意、传递信息的非语言符号。电视节目主持人的体态语言也正是通过他们的一颦一笑、一蹙一展、一举手、一投足之间表露出来的。节目主持人的职业性质、特征，决定了其体态语言的特点，在这些特点的制约下，形成主持人体态语言具体运用的技巧。

一、主持人体态语言的特点

1. 大方正气

主持人的体态语言，由于栏目类型的不同，主持人个性的差异、节目内容的迥别、主持环境、氛围的变化，会形成各自不同的风格，展现特定的体态语言，但是大方、正气是共有的特征。

主持人不仅仅是个体行为的体现者，更是群体观念的代言人，是党和人民喉舌、电视台的台标、栏目的体现者，因此，表现在体态语言上，任何拘泥、小气、俗气、媚气、傲气、邪气等都是与主持人的形象格格不入的。他（她）的言谈举止，应该也必须是落落大方，正气端庄的。

尽管栏目不同而各有所异，新闻节目主持人的体态语言一般以沉稳、严谨、简洁为主，综艺节目主持人则以热情、活跃、比较大幅度的体态语言为多，服务类节目主持人的亲切、轻松、和善的音容笑貌、举手投足给人留下深刻印象，少儿节目主持人以他们明朗、活泼的体语缩短了与小朋友们的距离。然而，无论哪一类节目主持人，都不能失去大方与正气。

2．独具风格

主持人体态语言的风格，首先体现在不影响栏目个性的前提下，保留自己日常生活中习惯的体态语言，适当张扬与栏目和谐的表情、手势、体姿，从而形成自己独具的体语风格，完成个性形象的完美塑造。

其次，体现在不同的地域环境之中的民族个性。无容置疑，体态语具有鲜明的民族性。不同的文化背景，地域环境，同一语义的体态语会有所不同。比如，见面时打招呼的体态语，不同民族就有不同的表示：中国人见面打招呼是双方握手或点头以示问好；欧美人常以拥抱和亲吻的方式表示；日本人见面互相鞠躬致礼；拉美一些国家则以拍背为礼等等。我国的节目主持人在与采访对象、现场观众接触表示礼节时，就必须符合中华民族的礼节习惯，否则就会不伦不类。有的主持人在表示无奈或不同意见时，热衷于仿效欧美人的举止，一耸肩、一摊手，自以为潇洒、倜傥，其实却不知道这种非本民族的体态语言，作为一个媒介的形象——节目主持人来说是非常不合适的。

3．自然得体

主持人的体态语言应该是自然得体的，这就意味着主持人在颦笑蹙眉、举手投足中，都要是真诚内心的自然流露，要与节目、环境、对象和谐、贴切，做到恰如其分，恰到好处。切忌矫揉造作，故弄玄虚、盲目效仿。别人洒脱的举止未必适合你的个性、你的节目；你自己的某些漂亮举止也未必在每一个节目场合都适应。失去自然，强求某一体语，也将会由于不得体而影响传播效果。

比如，程前和袁鸣最初搭档主持《正大综艺》时，在每次节目中都重复使用滚动双手的手势，以强化他们的“加快速度，争取抢答”的有声语言，结果由于使用频率过高，反而显得生硬造作，很不自然得体。后来他们听取了观众意见，减少了这一动作。

某地方台的综艺节目主持人，在主持“鹊桥荧屏会”和“婚礼直播”时，曾很不得体地动手去撩动应征女士的面巾、掀开新娘的面纱，自以为能以此制造气氛，事实上是极不礼貌、不尊重人的。这种行为体语反映了主持人自身修养问题，很难让观众认同。

总之，体态语言是心灵的流露，是一个人的文化修养、综合素质的外化。电视节目主持人要把握好体态语言，除了加强自我的内在修养，提高素质，别无选择。

二、主持人体态语言的运用

主持人的体态语言从个体行为的部位和表现力着眼，可以将其区分为表情语、手势语和体姿语；从主持人在主持现场与他人交流的角度着眼，又可表现为距离空间语。

作为声画并茂的电视传媒，主持人适当地运用体态语言能有效地配合有声语言传递信息。比如用手指的动作来比划事物的数量或种类；为抒发胸中的激情可辅以手掌或手臂的动作，起到补充和强化有声语言的作用；有时体态语言又可以暂时离开有声语言，仅用表情、手势、体姿来传递信息，交流情感，达到此时无声胜有声的效果。总而言之，主持人体态语言运用得好，可以大大增强有声语言的表达效果。

1．表情语的运用

表情语是通过面部表情来交流情感，传递信息的语言。表情语在体态语中占有重要地位。正如美国学者尼伦伯格·卡莱罗所说：“在所有‘非言辞沟通’的范围中，最不易产生争论的，就是脸部表情。因为这是最容易看到的表情，而且一目了然。”①据研究资料表明，在70万种人体语言中，表情语就多达25万种，占总数的35.7%。其中表现力较强又与节目主持人关系较密切的是目光语。眼睛是被人们公认的“心灵的窗口”。主持人的眼睛是与观众进行交流、沟通的最重要的表情语。主持人的目光应该始终是炯炯有神，充满了真诚、友好和执著。主持人独自主持节目时，目光应相对稳定地直视前方，如有采访对象，视线应比较多地停留在被采访者的双眼与嘴部之间的三角区域，时而面向镜头与受众交流。

主持人的目光切忌漂浮游移、麻木呆滞，使人觉得你心神不定、心不在焉，精神疲倦、恍惚。

主持人虽然通常是坐在演播室面对镜头与观众进行交流，但是眼神中应该能够让观众感到你是在对“他”讲，在和“他”交流。这就需要主持人要有明确的对象感。美籍华裔主持人靳羽西说：“我主持节目就像面对一个人说话，而不是许多人，不是像在大会上讲话。因为做电视节目主持人，你就是坐到别人家里头了，坐在人家面前，像我和你坐在家里交谈一样。”难怪人们看靳羽西的节目，她那热情、亲切的目光总让

① 转引自《电视的采编与创作》第361页，春风文艺出版社1991年10月版。

人感到她仿佛就坐在你的面前向你娓娓道来。

此外，主持人还通过眉毛的变化传达内心的情绪，通过嘴的笑意表达内心情感，这些也是观众常常可以直接体会到的表情语。当然，主持人的面部肌肉的状态也能够传递出信息。

2．手势语的运用

手势语是人体上肢所传递的交流信息。它包括手指、手掌、手臂及双手发出的能够承载交流信息的各种动作。手势语也是表现力很强的体态语，主持人的手势语是使用频繁的体态语言，运用得体与否很有讲究。

首先，手往哪儿放？这是许多初上镜主持人的共同困惑。双手下垂，觉得晃来晃去不自在；双手抱胸，又显得过于自负；双手插袋，不够自然；于是频频变换手的位置，给人以紧张而不安定的感觉。主持人在自然状态下的双手以自然下垂；或双手交叉置于体前；或一手插袋一手自然下垂等姿势比较好，显得轻松、自然，又不失自信。偶尔变换，辅以手势动作，会更显得具有风度。

其次，手势怎么做？主持人为了加强或者弥补有声语言，总会自觉或不自觉地使用手势语，或者强化情感，或者辅助描述具体事物的形状大小，比划数量。一般来说新闻、专题访谈类主持人手势语的幅度不宜过大，否则，显得不礼貌，不真实，不沉稳；而综艺节目主持人的手势幅度又不宜太小，否则，显得拘泥、小气、死板。手势语丰富多样，主持人应有所了解、选择，适当运用，要避免生硬造作。

第三，怎么握手？握手是主持人工作经常要接触到的体态语，无论出不出镜。握手是一种承载着较丰富的交流信息的体态语。它的语义可以是祝贺、理解、告别、期待、和解等等，但对于主持人来说，一般是向对方表示欢迎或祝贺。主持人的职业决定了他（她）与人交流是完全平等的身份，同时他（她）又是节目的主人，所以不论男、女主持人都应主动伸出右手，与对方相握。同时面带笑意地注视对方，表示出发自内心的真诚欢迎或祝贺，而非礼节性的应付。

尽管手势在传情达意上有自身优势，但主持人不可频繁使用手势语，以免给观众造成视觉混乱，影响有声语言的传播效果，更有损于主持人的自身形象。

3. 体姿语的运用

体姿语是人的各种身姿所传递的信息。通常可分为坐姿、立姿、步姿、蹲姿、俯姿、卧姿等。对于主持人来说，主要是掌握正确的坐姿、立姿。常言道“站有站相，坐有坐相”，要“坐如钟，站如松，行如风”，这是一个人体姿的基本功。主持人当取其内核为己用，但要避免紧张有余，松弛不够。

主持人的坐姿，女性以并拢双膝或双脚踝前后交叉的体姿为最端庄、优雅。男性以双腿微张而坐，显得稳重而坦率。主持人的坐姿不能取随意的、仰身、靠背、跷二郎腿的姿势，但又要在“正襟危坐”中显示出自然、轻松、随意，这样才能给人以可信又可近、可亲的形象感觉。

主持人的立姿，应挺拔而不拘谨、死板，给人以精神饱满、潇洒自如的深刻印象。

主持人作为屏幕上的公众形象，确实要“坐有坐相，站有站相”。

4. 距离空间语的把握

距离空间语也是一种无声语言。在传播活动中人与人之间的不同的距离间隔、方位趋向，就形成了不同的非语言符号。

节目主持人之间搭档共同主持节目，或与被采访对象交流时，都存在着如何正确把握距离空间语言的问题。

主持人与合作者保持多少距离是最佳状态呢？美国心理学家克拉·巴克认为美国人交往的亲疏关系在距离空间语中表现为：亲密区（小于0.45米）；个人区（0.45至1.2米）；社会区（1.2至3.6米）。这些可以作为主持人的参考，当然不能照搬。一则国情不同，二则主持人受工作特定环境的制约。

在演播室中，主持人与伙伴搭档的距离以0.30~0.50米为好。虽然他们之间不是亲密关系，但演播室的特定环境，屏幕上的视觉效果，决定他们不能太疏远，两者又切忌坐得太近，甚至肩肘相碰，显得过于亲近，很不得体，有时也使得主持人很紧张、拘谨，下意识中总在试图避让，影响传播效果，主持人与访谈对象或嘉宾主持在演播室的相互距离，应比与搭档的距离略为远些，并最好形成45°~60°的夹角，便于自然而轻松地进行交流。

主持人在室外现场采访和综艺大观现场主持时，因区域环境较大，摄像镜头视角也广，主持人与交流者的距离就应适当疏松拉开，切忌太近。

电视节目主持人的体态语言在传播活动中，对增添主持人的个性魅力，强化传播效果，无疑起着十分重要、不容忽略的作用。正如施拉姆所言："尽管非语言的符号不容易系统地编成准确的语言，但是大量的信息正是通过它们传达给我们的。"① 因此，主持人应该增强体态语言意识，提高美学修养，

① （美）威尔伯·施拉姆、威廉·波特：《传播学概论》第85页，新华出版社1984年9月版。

自觉运用、把握体态语言，优化节目，完善自我形象。

第二节 服饰语言的运用

服饰作为电视节目主持人的无声语言，与有声语言一起，共同构成主持人进行大众传播的基本载体，直接参与视觉形象的塑造，传达着主持人的思想、个性、文化修养、艺术品位，与受众进行美的交流。服饰语言是否得体，与电视节目的成功与否交相呼应。在有声语言的声波环绕中，主持人所释放出的无声语言系统，往往更潜在地左右着人们的欣赏和评价。因此，主持人应该学会正确地运用服饰语言。

一、个性化的追求

服饰是文化，这已无容置疑。它如同一面镜子，宏观上能够展现出一个国家的政治、经济、文化、教育的现状和水平，显示出一个民族的精神面貌、风俗礼仪；微观上则能透视出一个人的心灵、内涵。追求服饰的个性化可以说是当代人着装的主旋律。主持人当然也不例外。但是主持人的服饰个性有着特殊的内涵，并不等于着装人自身的服饰个性，一如主持人的个性不等同于其自身个性一样，是一个与节目息息相关的复合体，是编导、主持人共同营造的形象。因此，主持人在服饰的选择上不仅要考虑个人的追求，还要兼顾所主持节目的特征，将自身与节目有机地融合，不能顾此失彼。

主持人追求服饰个性，与我们每个人一样，首先有个自我认识，自我定位的过程。自我认识，即了解自己的自然条件（肤色、脸型、形体）和内在素质（个性、气质、修养等）；自我定位，是指在心中对自我有个理想形象的设计。或端庄典雅的大家闺秀风范，或秀丽娴静的小家碧玉类型，或亮丽潇洒的浪漫青春一族，或其他种种。有时虽然会有所变化，可是在人们心中的总体印象应该是基本固定的。作为主持人的形象定位，要在节目形象和主持人自身形象中，寻找一个恰当的契合点，实现独具魅力的个性形象。通过自我认识，自我定位，选择适宜的色彩、款式、面料、饰件，塑造最佳的自我。

显然，服饰是完成主持人形象塑造的有机组成部分。主持人通过服饰克服或改善自身的某些遗憾，进而更好地增强和展示自我形象的魅力。

无声的服饰语言也是主持人自身文化素养的外化。正如美国一位研究服装史的学者所说：一个人在穿衣服和打扮自己时，就像在填一张调查表，写上了自己的性别、年龄、民族、宗教信仰、职业、社会地位、经济条件、婚姻状况，为人是否可靠，在家中的地位以及心理状态等。服饰的这种特殊功能是任何其他生活用品所不具备，因而也无法替代的。我们可以通过服装了解对方。

著名的美籍华裔主持人靳羽西女士，1994 年春出现在中央电视台的《东方之子》屏幕上时，身着一领大红的呢外套，宽松的外套上仅领口有一颗硕大的黑扣子，内衬高领黑色羊绒衣，亮红的唇色，浓黑的短发，用这简洁而鲜明的红与黑，烘托出了她端庄秀丽的气质容貌，和激情、奋进的生命活力。靳羽西在服饰色彩上对红与黑的偏爱是很明显的，通过款式、面料、饰件的变化，不断走出清新、独特又是永恒的她。即使在和羽西有关的化妆品包装、广告设计、封面装帧中，我们通常能看到的色彩也只是红与黑。这种鲜明的色彩搭配，给人以强烈的视觉印象，与靳羽西丰富的内在素质和谐地融为一体。

确实，服饰个性化的最高境界就是和谐美观的整体效果。和谐，是一个重要的美学法则，它体现于种种形式美的规律之中。音乐离不开和谐，即使在不和谐的音符组合中，音乐家也要追求和谐的效果；建筑师也讲和谐，著名的悉尼歌剧院错落有致的贝壳式群体建筑，展示了独特的充满和谐韵律的美。因此，完整与和谐的观念，对各种艺术都适用。服饰也是一门艺术，服饰的个性化，说到底就是服饰与着装者，及穿着的背景条件达到最佳的和谐效果。

当然和谐不能刻意。正如古希腊哲学家赫拉克利特所说："看不见的和谐比看得见的和谐更好。"① 用大艺术家罗丹的话说就是"自然总是美的"，"我惟一的欲望，就是像仆人似的忠实于自然"②。对于服饰个性化的追求，不能偏离自然、大方，在这个前提下典雅也罢，活泼也罢，随意也罢，过分的刻意就会失去自然。

曾经看到一组文化专题节目，主持人着浅色 T 恤，外系一件白色的编织大毛衣，下穿牛仔、运动鞋，头上一顶网球帽，整个形象潇洒而随意。仿佛是由于奔波采访，薄汗轻衣透，于是脱下外套，随手披肩一系，实在是几分随意，几分洒脱，自然而得体。内在的生命活力也随之熠熠扬扬。可是，接下去转换了两个话题，采访对象、所处环境都变了，主持人的

---

① 《古希腊罗马哲学》第 23 页，三联书店 1957 年版。

② 《罗丹艺术论》第 73、17 页，人民美术出版社 1978 年版。

服饰却没有变。这样，原先的随意变成了刻意，潇洒转为做作。这是不懂得服饰语言？还是不在意？抑或太在意这身装束了？一般说来这种打破常规，不规范的装束，偶尔运用，可恰到好处地表现主持人洒脱、不拘，崇尚自然的禀性，但集中在不同的节目中重复出现，是应忌讳的。西方有种说法，如果公司老板见到他的职员接连三天不变装束，就会认为这很可能是一个僵化、呆板、缺乏想象力的人，就有可能炒其鱿鱼。这是否也能从一个侧面给予我们一定启迪呢？

主持人追求服饰个性化，决不是标新立异。目前，在电视屏幕上可以看到的主持人，不分场合，都戴着帽子、墨镜面对采访对象和观众，自以为潇洒有个性，其实是对他人的不尊重，也是自身缺乏修养的表现。

二、节目的制约

主持人服饰个性化，要与背景条件相吻合。所谓背景条件，就是指国际上界定通行的着装 TPO 原则，即 Time（时间）、Place（地点）、Object（目的）的缩写。对于主持人来说这个 TPO 是与节目紧密联系在一起，受到节目的制约的。不同的节目，不同的内容，不同的环境、时间与不同的时尚，主持人的服饰选择也要有所变化，不能随心所欲。

晨间节目与夜间节目有别；演播室里与自然环境有别；新闻采访与娱乐主持有别。比如，清晨当我们打开电视，一般都希望在漫不经心中让女主持人的声音、形象如一缕清风飘入耳目，她的服饰效果应与清新、恬静、优雅的晨间主持风格相吻合。这时，一款柔和的嫩绿、鹅黄会是多么赏心悦目。

大名鼎鼎的美国 CBS《晚间新闻》主持人，无论是沃尔特·克朗凯特还是他的继任人丹·拉瑟，节目服饰的选择都不会偏离晚间新闻主持人风格的共性：沉着稳健。深色的西装，考究的衬衫，是他们此时的钟爱。

再比如，一般情况下，随意、休闲的装束与青山绿水的自然环境较为协调；端庄、典雅的款式更适宜在演播室里做新闻、社会专题节目的主持人穿着。主持人选择自己的服饰时，还要考虑与搭档的配合关系，应在款式、色彩上追求整体和谐的效果。当主持人深入基层，工厂农村进行现场采访时，要特别注意服饰、打扮不要与采访对象、环境形成太大的反差，这样会破坏传播学的“认同策略”，拉大与被采访者的距离。总之，主持人运用好 TPO 原则，会使自身与节目默契相融，交映生辉。反之，会弄巧成拙。

记得在一个寒冷的冬季，曾经看到一个娱乐节目主持人在某娱乐城主持节目。开始时着一袭鲜红的毛衣套裙，站在同是以红色为基调的装满背景中，使整个画面形成了一片红海洋。没有反差、没有对比，也不调和，给人的视觉感受是呆板而疲劳。转而进入了好水乐园，主持人竟出人意料身着泳装走入镜头。数九寒冬，受众心理一下子难以认同，这暂且不说，偏偏她又并没有投入泳池去参与嬉水游乐，只是站在岸上，“主持”游戏。这样她就使自己陷入尴尬，既远离了受众，又没有亲和节目，将自己与受众和节目都拉开了距离。并且从她不自如的言谈举止中，可以让人感到这种着装在潜意识中影响着她的心理，使她并不轻松。她的穿着目的究竟是什么呢？这实在不能说是一次成功的主持。主持人在服饰语言上的疏忽，破坏了 TPO 原则，失去了和谐，也流露了其内在的欠缺。

节目自身的特点对主持人服饰的制约显得非常突出，有时甚至是很苛刻的。中央电视台《七巧板》节目主持人“鞠萍姐姐”对此体会最深了。她说：“如果让我在牛仔裤、紧身衣和宽松肥大的服装中选择，我选择后者。这倒不是牛仔裤、紧身衣没有美感，而是对于幼儿教师缺乏实用性。要给孩子们做示范动作，穿着紧绷绷的服装，自己会感到不舒服，孩子们看了也会觉得吃力。……节目的性质决定了我的服饰不应和其他播音员一样，如果我也穿一身西装，端坐在屏幕前，恐怕不会为孩子们喜欢。”① 是少儿节目这个特定的节目内容，受众对象，决定了鞠萍总是穿着宽松、舒适、明亮的休闲便服，与她自然、清新、活泼、可亲的主持风格浑然为一体。少儿节目决定了她除了这类服饰风格外，别无选择。

与少儿、新闻节目相比，文化综艺节目的主持人，对服饰的选择就宽泛、自由得多了。气派西装、优雅旗袍、富贵礼服、浪漫长裙、休闲装束……从色彩到款式、从面料到饰件，在和谐得体的前提下，几乎可以任君挑选，一展风采。于是我们看到了，《正大综艺》中在几近中性服饰包装下走向我们的程前，倜傥而潇洒，节目的活力与自身的生机连同浓浓的南来风，随着那一抹橡皮红，拂面而来，令人耳目一新。

不过在这里需要注意的是，即使同是娱乐节目，也存在着差异。因此，细节把握尤为重要。比如同是文娱晚会，新年音乐会与春节联欢晚会有所不同。前者由维也纳新年音乐会移植，后者是生于斯、长于斯的民族传统文化的组成部分。所以新年音乐会的主持人着西装、礼服；而春节联欢晚会中的倪

① 徐德仁、施天权：《时代的明星》第 74 页，复旦大学出版社 1990 年 12 月版。

萍，不同于她在《综艺大观》节目中的打扮，身着一款富丽典雅的旗袍，置身于充满浓郁的中华民族所特有的欢乐氛围中，倍添光彩。

主持人服饰受节目的制约是不可避免的。只有了解节目，把握节目，才能在节目中通过服饰语言，体现出自我的艺术品位，塑造出自我的个性特征，从而形成自我的形象魅力。

三、广告前的思考

商品经济中广告的渗透真是无孔不入。对于面向亿万受众的电视主持人，广告人无论如何不会放过的。另一方面，从电视制作者来说，也需要雄厚的经济实力，来维系并发展自身高效率、高品质的运作；从主持人来说，仅靠自己的工资收入去不断变换出多姿多彩的装扮，确实勉为其难。于是对于广告商频频送来的秋波，电视人无不回眸一笑。结局便是在电视屏幕上不断出现本节目主持人服装由某某公司提供的字样。不可否认的事实：广告——挡不住的诱惑。

这样，主持人的服饰在自身与节目的夹缝中，还要顾及广告人的契约。在偌大的服装大厦，并不是所有的时装架都对你开放，鱼与熊掌不可兼得，又不能不都得。选择，主持人素质水平的体现；决断，电视人与广告人的较量。

我们提倡在不失去主持人服饰个性的前提下，形成良好的广告效益，这对于方方面面都是皆大欢喜的事。但是如果有悖于这个基准，主持人一味屈求广告效应而越出节目，抛弃了自我，就将是一种遗憾和可悲。

其实，主持人的服饰即使没有广告商的参与，本身已具有一种传播效果。作为视听复合的大众传播媒介电视，除了让人悦耳，还要在视觉上给人以美感。人们在结束了一天紧张的工作之后，坐在舒适的家中，一杯清茶，一盘瓜果，完全带着消闲的、娱乐的心情打开电视机，期冀得到的也是一种放松与愉悦的美的享受，并没有想从中获得任何物质的功利实惠。这是特殊的精神快感。当主持人时尚雅致的服饰令观者耳目一新、认同并欣赏时，愉悦之余便会效仿。这种审美感受的功利性，是潜藏在审美喜悦里，通过喜悦来实现的。

所以，主持人服饰独具的广告功能在审美过程中得以实现，如果偏离了人与服装审美关系这个特定内涵，也就失去了它的广告意义。这就要求我们的主持人在广告的诱惑下，不能游离理性的思考。

服饰是文化的象征，思想的象征，它通过自身的“形”与“神”，诉说着无尽的内涵。读懂服饰语言，运用好服饰语言，对于每一个电视节目主持人是何等重要。

第三节 主持人的化妆艺术

化妆是电视节目主持人修饰容貌塑造屏幕形象的重要手段之一。主持人通过化妆产生的效果，同样会向观众传情达意，是辅助表情语的无声语言。

电视节目主持人的化妆是一种特殊的艺术。它既不同于表演舞台妆，也有别于日常生活妆，有自身特点与要素。

一、主持人的妆面特点

1. 干净利落，自然大方

化妆的风格千姿百态，对于电视节目主持人来说，妆面要求是：干净利落，自然大方，切忌浓妆艳抹，矫揉造作，失去自然。主持人是媒介的代表，不同性别的主持人化妆时可以突出阳刚之气与阴柔之美，但必须把握分寸，过分的剽悍与妩媚都不适宜。

2. 贴近栏目，贴近观众

不同类型的栏目对化妆的要求有所不同。有的侧重庄重沉稳；有的强调亲切活泼，有的需要重妆出场，有的只需要生活淡妆甚至可以不化妆。这就需要因节目、因环境、因对象而做出选择、把握。

在演播室的灯光下，是必须化妆的。综艺节目由于现场氛围热闹、环境大、背景丰富，妆面一般可偏重。而在现场采访的自然光条件下，可以生活妆或原貌出现，亲切而自然，从而贴近被采访者，拉近与观众的距离。

3. 妆面相对稳定，不宜常更换

个性化是主持人节目的重要特征。主持人化妆后妆面一旦确定后，必然也就融入到节目形象中。因此，主持人的妆面，包括发型都切忌频繁更换，这会直接影响节目形象和主持人个性形象的相对稳定性。杨澜自从《正大综艺》第一次亮相，至今都没有改变她那清新、明快、自然、大方的妆面，发式也始终是秀发直披，质朴而充满青春活力。发型的改变往往会明显改变主持人的形象。从这点来讲，主持人要有所牺牲，要耐得住新潮发式的诱惑，不能“新象”叠出。

二、主持人化妆的要素

1. 整体着眼、扬长避短

如果说舞台上演员的化妆，是根据角色而定，以夸张为主，而日常工作生活中的化妆以追求自然为主的话，那么，节目主持人化妆的核心要素就是要讲究弥补。即主持人要从整体着眼，客观地找出自己脸型、五官的优点、欠缺与不足，进行多方面的调整与修饰，突出长处，弥补缺陷，扬长避短，寻求最佳屏幕形象效果。

2. 强调轮廓

主持人化妆的最终目的是要实现镜后的最佳效果。要想“上镜头”，化妆的着眼点必须放在脸五官的轮廓线上，而不能把主要精力放在精描细画眉眼唇鼻中。

强调轮廓线，就是要主持人在化妆中通过高光和阴影的处理使整个面部的轮廓以及各器官的轮廓都鲜明，脸面富有立体感。

我们通常有这样的体会，一般上镜后脸都会“胖”一点。这是电视屏幕长、高的特定比例与显象管的扫描以横线条为主，形成水平向扩展而导致的。因此，在面部造型时要考虑这个因素。

人的面部审美标准是：五官匀称、对称、协调；五官的分布要符合“三停五眼”的黄金分割律。即：“三停”指以发际至眉心，眉心至鼻底线、鼻底线至须底线，这三段距离应是等分的。“五眼”指两眼间距、左右眼长、外眼角至左右外耳孔的距离，这三段应是等分的。

然而，事实上大多数人并非符合这样的标准，但可通过化妆来弥补。主持人就是要运用化妆的技巧，使自己五官的分布直观上更接近黄金分割律的分布。

因此，轮廓造型是主持人化妆的关键，也是最花时间的。一般如果用 30 分钟来化妆，其中造型就要用 20 分钟。

3. 慎重选用色彩

色彩的选择与使用，对化妆的直观效果影响很大。电视主持人化妆后不像日常生活妆那样是在自然光下活动的，而是要面对镜头、灯光，要在特定的背景中活动，这些构成了主持人化妆色彩选择的制约参考因素，当然服饰因素作为共性因素也不容忽略。

首先，目前由于电视技术中色彩还原的局限性，导致彩色摄像机会在屏幕上夸张红、黄、绿的色调，因此主持人在化妆色彩的选择上应避免选用纯度较高的红、黄、绿色，而应选用不饱和色系列，这样可以达到自然、柔和的效果。

其次，在演播室强烈的照明灯光下，化妆时应选择略深于肤色的粉底进行打底，口红不宜用浅色。腮红适中，以避免面色苍白，没有生机。

第三，主持人化妆色彩的选择与使用，还要与所主持节目的背景色彩，自身的着装色彩相互协调。色彩基调组合的形式美法则，主要是对比与调和，服饰与背景色彩的搭配可以用对比也可以用调和，但是主持人化妆的色彩只能选择与服饰与背景相协调的色调，不宜形成大反差。对比手法的运用要比较谨慎。

三、化妆的基本步骤

化妆一般有粉妆和油妆两种。

粉妆主要以粉质材料进行化妆。其长处为便捷、省时，对皮肤的副作用小，不足的是弥补性弱，留存短，怕出汗。

油妆主要以油性材料进行化妆。长处是修饰性强、稳定性好。但化妆时间长，材料对皮肤的副作用大。

主持人化妆一般以粉妆进行直接化妆。但如果根据个人条件、上镜时间长短及季节的不同，也可另作选择。

一般化妆的基本步骤：

1．修眉。

2．基础化妆：打底；粉底条；打轮廓；打高光点；定妆。

3．五官化妆：眼线，眼影；唇型唇膏；腮红。

4．发型。

第十一章 节目主持的状态

虽然我们说一个主持人在节目中的驾驭能力、语言的表现能力是至关重要的，但是给予接收者最初、最直接的感观印象还是他的整体状态如何，而且主持人最终在节目中发挥、体现出的能力高低、表达好坏都与其当时的主持状态有着直接的关系。节目主持的状态究竟是什么？有哪些相关因素？一般体现在哪些方面？怎么才能把它做好？本章就此展开探讨。

第一节 节目主持状态概述

《现代汉语词典》中对“状态”一词的解释是：人或事物表现出来的形态。所谓节目主持状态，是指节目主持人在主持节目中所表现出来的精神与行为的形态。节目主持状态是非常直观的首先给予接收者的东西，有的精神饱满、积极向上，充满强烈的传播欲望，潇洒自信，轻松自然、应对自如；可也有的神情造作、举止拘谨、反应迟疑、感觉错位。状态不同，主持的效果也明显不同。

状态的体现有先天的、灵性的因素。有的人生性无拘无束，不太受环境左右，镜头前依然故我，感觉、悟性好，这样的人做主持人确实十分适合。这也是我们在选拔主持人时非常注意的一个因素。比如，张越一旦进入采访交流状态，几乎永远不知道镜头在哪儿，全身心的投入到与对方的交流沟通之中。但是毕竟更多的人走进演播室、面对镜头时总会不自觉的“变脸”，无奈地失去自然状态，更何谈亢奋状态。于是，有目的的训练和大量的实践打磨是必要的。据说，北京广播学院播音主持系的重要任务之一，就是用四年的时间让学生能够在做节目时忘记镜头的存在。

与节目主持状态相关的因素有：

一、状态与传播心理

以什么样的心态、情绪走进演播现场，对主持状态有着直接的关联。节目主持人是否有足够的传播欲望，会折射在你的精神面貌中。积极的传播欲望能够促使传播者努力地进行“这一次”的传播活动。而这样一种饱满的传播欲望，首先来自于传播者在内心深处对传播内容、传播形式的认识与感觉，它是主持人对节目的新鲜感，认识度，了解度，热爱度的体现。当主持人对传播对象有了足够“度”支撑下的表达欲望时，也就有了足够的自信度。因此，好状态一定是自信的。我们看白岩松、王志的节目都有这样一种感觉。白岩松的那种睿智和充满思辩性的提问与即兴评述；王志那种不可替代的追击式的质疑，都给人们留下深刻的印象。他们在节目中的良好状态有目共睹。

状态怎么体现？是整体的，也是细节的。大到总体的精神面貌，神态举止，语言表达；小到眼神、面部肌肉、手势、坐姿，在点滴细节中流露。当我们在评选节目把许多主持人放在一个平台同时看的时候，就会发现即使同是一类节目，做同样的内容，由于主持状态的不同是会产生很大的差异。

常言道：眼睛是心灵的窗户，言为心声。所以，调整好心理状态，是获得最佳主持状态的源泉。

二、状态与传播内容的关系

用什么样方式传播怎样的内容，影响甚至决定着节目主持的状态。节目主持人在广播电视中以个人身份出现，代表着群体意识，用有声语言、形态能动地操作和把握节目的进程，直接平等地进行大众传播活动。直播，平等意味着什么？就意味着主持人最本质的传播特征是一对一地对象感很强的、人际化的传播特征。当这种方式运用到我们大众传播当中，节目就会好看，就会成功。因此，这也是主持人需要把握的关键点。既然用人际传播的方式，那么人际传播的直接的面对面的状态是有很多规律可以遵循的。

传播什么内容是交流与沟通中的核心要素。在人际交流当中，有一个永恒的定律，就是你只要传达了这样五种声音，在交流与沟通中成功概率就很高。这五种声音就是：不同的声音、为你的声音、智慧的声音，真诚的声音、平白的声音。不同的声音是非常关键的，所谓独家的新闻就是不同的声音，这里包含着创新因素，求新求异思维。在节目的传达过程当中，在我们主持人的风格个性的形成当中不同的声音意味我们的创新度，意味着我们独到性。不同的声音一定要有支撑点。我们希望说出不同声音的时候依赖的一定是文化的积累。有了这样积累的时候就有了自信，主持的状态就会非常好。为你的声音，是指我说的话是为你而说的。作为接收者的“我”当然更愿意倾听为我而说的话。如果你讲的东西和我没有一点关系，我可以不选择你。当今的社会充满了选择机会和空间，所以当我们说的话是在为传播对象而说的时候，才有可能留住他的耳朵和视线。智慧的声音，是对传播内容含金量的要求。真诚的声音是对传播态度的要求。平白的声音是对传播语言的要求。显然这个人际传播的永恒定律，对主持人进行传播活动，取得成功具有很好的借鉴意义。

三、状态与传播定位

这不是单纯的节目内容定位或自我形象定位，而是一种人生价值意义上的定位，是能够对主体宏观上指导行为方向、微观上确立语言与行为选择的观念定位——我们为什么要传播，在传播中我要做什么？无论工作还是生活，当我们把制造愉快当做一种目的的时候，这个时候我们的状态一定是兴奋的、积极的，轻松的、向上的。其实，创造愉快，享受愉快不仅应该是我们每一个人的工作目标也理应成为生命的追求，生存的状态。

第二节 话筒与镜头前的良好状态

广播电视节目主持人在话筒、镜头前的状态如何，是衡量一个主持人是否成熟的标志。良好的现场状态，可以使“胸中成竹”生机勃勃地跃然于声波、荧屏中；反之，则会使“心中之翠竹”成为“笔下之枯草”，形神俱失。

主持人在话筒与镜头前现场主持的状态，与感觉是否准确、是否到位密切相关。沈力认为节目主持人现场感觉一般表现为四种类型：无感觉类型、感觉空泛类型、感觉错误类型和感觉正确类型。这种正确“感觉”不是空灵、神秘而不可捉摸的，而是有一定的理论依据，在长期实践积累中获得的。

众所周知，主持人节目形式最突出的特征，就是以人际传播的方式进行大众传播的活动，故而，了解并把握人际传播的特点，对于主持人寻找良好的现场感觉，不失为一把钥匙。美国著名传播学教授唐·库什曼认为：“人际环境中的沟通以其亲密性特征而不是疏远冷淡性特征，与‘纯交谈’、‘礼仪式闲聊’、或‘浅交谈’毫无共同之处。人际沟通是人们彼此变为好朋友或知己的中介，包含着有关人员的独特自我观相互渗透的过程。为使这种渗透成为可能，参与沟通的每个人都必须表露有关自己的独特自我形象的信息。”①

显然，人际沟通以彼此平等、亲和、不掩饰个性为主要特征。主持人为达到最好的交流状态，可以在此基础上，找到主持人应具有的最佳感觉。具体体现为：

一、语境感

所谓语境，即语言环境，其中包括语言过程的内部环境和

① （美）唐·库什曼、杜·卡恩：《人际沟通论》第146页，知识出版社1989年3月版。

外部环境。这里针对后者而言。主要由场景、方式、交际者三个部分组成，这三个组成部分中的任何一部分有所改变，都可以产生新的语境。不同的语境决定并影响着语言的表达和使用。节目主持人的语言借助广播电视媒介来表达，在自身特定的语境中，对语言的词汇选择、组合手段、表达方式都有自身的特点和要求。主持人要在话筒与镜头前运用好语言，就要把握广播电视的语境特点，找到正确的语境感觉。

主持人所处的语境，一般可以概括为两种：其一，现场语境；其二，场外语境。

所谓现场语境，亦称实语境，即主持人演播主持的现场语言环境。由主持人或与嘉宾组成的主语境和主持人与现场参与的观众组成的副语境构成。

所谓场外语境，亦称“虚”语境，即主持人与看不见的无数收音机旁、电视机前的受众所构成的语境。显然，这是“虚”其表，而实其里。因为传播的终极指向毕竟是广大的接收者。

在这样特定的语境中，主持人要准确把握感觉，调整情绪，进入良好的主持状态，关键在于加强对象感、受众意识。

在主持人的现场语言中，虽然面对的是冰冷的话筒和无言的摄像机，但是目中有人还是无人直接影响到主持状态。增强对象意识，就是要求主持人心中有人，目中有观众。听众、观众从你的一声招呼、一个眼神中感觉到你是在和他做最亲切的交流。

“受众”不是一个空泛的概念，而是一个个各不相同、各具特征的人，具有多层次、多类别、多向性。比如：年龄层次、文化层次的差异；性别、职业、民族的差别，这些都必然导致需求的多向性，主持人需要在演播外，对他们投入极大的关注，进行积极的交流。在对节目的多方参与中，让受众意识驻足心里。这样当你面对话筒、镜头时，眼前就会自然而然地浮现出一个个熟识、亲切、生动的面容，与他们娓娓而谈，语言自然就平和口语化了，神态自然就轻松、灵动了，便有了与传播交流对象的同欢乐，共悲伤。

沈力在镜头前与观众形成的真诚坦率、亲切的交流风格，实为年轻主持人们的楷模。她说："我感到我与观众之间似乎有一种情感上的纽带联系着。'观众'二字在我心里已不再是空泛的词汇了。每当我站在镜头前，就会想透过镜头看到他们，赢得他们的信任和友谊。"确实，在沈力的节目中，观众真真实实地感受到沈力"看"到了自己。一次，沈力向观众介绍做凉菜，介绍完了本可以结束了。可是，沈力却仿佛"看"到观众还意犹未尽地盯着荧屏，于是就生发出像朋友交谈般的结束语："四种凉菜都做了，按说应该先请您尝尝，可惜隔着荧光屏您没法尝，那就请您自己动手自己品尝吧。祝您做得成功，吃得高兴。"主持人心里时刻装着观众，就能突破演播室的围墙，将现场语境与场外语境融为一体。

二、呼应感觉

呼应感是良好语境感的具体表现，也是其所应达到的现场语言传播效果。人际交流少不了呼应，没有相互的呼应，难以形成沟通、交流。主持人在演播过程中，要努力营造出有所呼应的传播氛围。这种呼应体现在：

1．语言的反弹感

语言的反弹感，是指主持人在虚语境状态下，面对话筒和镜头进行传播活动时，所说的话与收音机、电视机旁的受众所产生交流互动的感觉。主持人说话是有的放矢，与心中的“对象”在进行交谈的，不是单一的我说你听，而是我说的同时，也在听“你”的心声，虽然“你”没有出声（除了热线直播），可我的说是接“你”的心声而言的，这就是一种反弹，就是呼应。简言之就是以一对一的交流状态和感觉，达到一对多的效果。用水均益的话就是：“电视主持人，是‘一’对‘多’的交流，不是你在发言让别人听你的话，你必须要在无法与观众直接交流的情境中达到使人感到在交流的效果。”

仍以《为您服务》为例。一次介绍塑料地板怎样使用粘合剂问题。主持人沈力想到曾有观众来信赞誉节目的同时询问过有关问题，就在节目中这样说：“前些时候，我收到了贵州玉珠等几位青年朋友的来信，信里说，每当《为您服务》栏目播出的时候，他们总是争先坐到我看不到的标准席位上，静心地等着看我们的节目。我想今天大概也不例外。我们虽然相隔遥远，但是此刻都是近在咫尺，对吗？□□□□□□（注：□为笔者加注，即有呼应处，下同。）你们希望我介绍一种粘合剂，我不知道你们要粘什么东西，家具还是地板？□□□□□□这样吧，今天先向你们介绍用什么样的粘合剂粘塑料地板。”这样的语言就具有一种反弹的感觉，主持人仿佛能听到对方在说什么，在和他交谈，商量着把节目推进，深入进行下去。

语言的反弹在不同节目中会以不同情景出现，但呼应的原则不会改变。

2．目光的交流感

电视节目主持人除了用有声语言来传播信息，同时还用他的体态语与观众交流情感。目光是沟通传受双方的直接通道。是双目无光，呆板凝滞呢，还是炯炯有神，坦诚灵动？眼睛这扇心灵的窗口，将主持人的内心状态暴露无遗。

目光的交流感一则来自明确的对象感、受众意识；二则不容否认与经验积累相关。没有一定量的实践操作、适应，很难达到镜头前目光灵活、轻松自如的交流境界。这也是为什么演员面对电视采访或担当节目主持人，都自然、松弛，驾轻就熟的主要原因。

3. 场上人员的沟通感

主持状态的呼应感还体现在主持人之间的呼应；主持人与嘉宾及现场参与者的呼应。

两人以上的主持人共同主持节目，尤其要注意主持人之间的呼应关系。所谓和谐的搭档就是主持人各方在主持节目中达到默契、沟通之后，所形成的最佳呼应关系。至今公认的最佳搭档如《正大综艺》的主持人赵忠祥、杨澜；《午间半小时》的主持人傅成励、虹云；在国外，则曾有美国 ABC 的黄金搭档亨特利和布林克利。

主持人之间的呼应表现各异，但总的来说以互补达到相得益彰。比如赵忠祥与杨澜开始是师徒式的呼应，渐渐发展为宽厚长者与灵慧少女的呼应，最后以宽厚沉稳与聪灵敏捷的呼应形成了他们的主持风格。同时这种呼应也体现在他们对现场嘉宾，对观众得体、热情的照应之中。

所以，有没有呼应，呼应得好不好，妙不妙，是衡量主持人是否真正进入主持状态，是否真正“心中有人”、“目中也有人”，是否能够沟通、驾驭现场各类人物的尺度。

三、自信感

自信，是主持人获得现场良好状态的基本保证。有了充分的自信心，他（她）才有可能镇静自若，神思清晰地主持驾驭节目。即便你是初上节目的新手，或者尚有这样、那样的不是，但是，一旦上节目，主持人的整个精神状态应该是十分饱满、充满自信的。要敢于对自己说：“我能行，我是最棒的！”

当然，自信心要有实实在在的内在基础作支撑，绝不是也绝不可能靠虚张声势故作镇静便能获得的。任何出色的现场表现无不建立在对节目的准确把握与演播前的充分准备的基础上。

1. 准备充分　了若指掌

增强自信，首先就应该对所主持的节目充分掌握，了若指掌。因此我们提倡并要求主持人积极参与节目的构思、采编，在走进演播室前，一定要对文本进行仔细地、反复地阅读理解，理清脉络，消化为自己的语言。关键处要做下标记，重点记忆、把握；不理解的、或有疑义的地方尽早与编导交换意见；没把握读准的字词一定要弄得明明白白；现场可能出现的问题要尽量事先考虑充分，想好如何应变。

主持人有了对文本从篇章到词句，从话题到实例、从开篇到作结等各个环节了然于心的充分准备，自信心也随之而来了。

2. 调节心理控制情绪

充分的准备是自信心的重要构成因素，但不是全部。为什么有的主持人，分明在台下能将文本背得滚瓜烂熟，可一进演播室便语无伦次、思维凝滞了，也有的虽然口若悬河，可是给人的感觉总是不到位，这其中就有一个心理调节、定位，控制情绪的问题了。

①心理调节

主要针对话筒、镜头前紧张状态而言。心理紧张必然要导致思维混乱、阻滞甚至造成空白；声带绷紧，气浅声浮；体态语言僵持，不自然。引起心理紧张的原因，是经验不足，或某些外在环境的变化。改变这种状况，除了经验积累的必然过程外，在每次临上场自觉调节好心理状态尤为重要。可以通过深呼吸法，自我暗示法，排除杂念等途径，缓解心理紧张状态，松弛神经，放松肌肉，排除杂念，稳定情绪，集中精力，全身心地投入到自己的节目中去。当然，良好的心理应变素质，平和、沉稳的心境是要在日常生活的点点滴滴的小事中培养造就出来的。主持人理应具备较强的抗外界干扰的能力和适应各种环境条件的稳定心境。

②心理定位

主持人在话筒、镜头前与受众交流，要对自我有准确的心理定位。居高临下的优越感是错位；仰而视之的自卑感同样是误区。以平常心去感受，以平常心去表达，是主持人与受众得以亲切、平等交流的最佳心理状态。这种平常，是一种真诚、坦率、平等、轻松地与受众同甘共苦的心态。主持人只有怀抱真诚，才能真正缩短与受众的距离。

难怪丹·拉瑟不能容忍许多主持人面对当今世界令人忧虑的事件，却依然一味地潇洒、调侃和发噱。他说：“几乎所有人都认为，作为一名全球性的主持人，他必须潇洒、儒雅，能够侃侃而谈。而我则相反，12 年来，我一直在电视屏幕中沉默寡言，甚至郁郁寡欢。为什么我就不能在我的工作时间里保留我的内心风格呢？这一切难道还不够令人心寒吗？”正因为有了这种“心寒”，每天晚上美国东部时间 18 点 30 分，当丹·拉瑟坐在面对全世界的 CBS 主播台前时，就像坐在家里一样，告诉你这一天发生在世界各地的令人瞩目的忧伤和欢乐。最后，他要为世上发生的残暴、灾难事件，向观众表示歉意，同时又为某位母亲为保护孩子献出自己生命而感到深深的自叹不如。撇开其他因素不谈，至少他能与新闻事件中的人同呼吸，仅仅是因为他觉得自己和每一个观众一样是一个普普通通的人，是人类的一份子，而不过于表明自己是一名主持人，一位著名的晚间新闻的节目主持人。

不能找到准确的心理定位，缺乏主持意识，就会使主持人拉开自身与受众距离，导致整个状态、语言、语气都不能到位。比如用轻松欢快的语调播送紧急插入的寻人寻物启示，这与不幸的、心急火燎的受众之一——报失者的心态失之千里。有时听或看某些主持人的节目，总忍不住想说一句——“不要太潇洒”！这种自我感觉太好的人，会使自己的主持流于轻浮，走入误区。他们往往笑得太得意，说得太随意，举止太任意，这些，拉开了他们与接收者的距离。你太优越了，你太自负了，你太“潇洒”了，于是你便不是我们中的一个。既然你不处在我们的中间，你能为我们设身处地地想点啥？又会为我们说点啥？

所以，还是如莱辛所说：“处境同我们最相近的人的命运才能最深刻地打入我们的灵魂深处”。[①] 节目主持人要想与受众达到真正的沟通，首先就必须在心理上与他们接近，平等。

---

① 《西方美学家论美和美感》第 150 页，商务印书馆 1980 年 5 月版。

在这样的心理状态下，调整控制自我，操作、把握节目。

四、新鲜感

主持人既要在镜头前沉稳老练，对内容滚瓜烂熟，又要始终以充分的新鲜感面对无数受众，这似乎有矛盾。其实不然，新鲜感是一种情绪状态外化的因素，是一个精神饱满、充满生机的主持人形象的内在动因。对生活失去新鲜感的人，一定是一个疲惫的、消极的、没有激情的人；没有新鲜感的艺术家，他的创作源泉便会枯竭；一个节目主持人，面对话筒、镜头，没有新鲜感，他的演播、主持的情感便成为无源之水，干瘪、无生机、无色彩，更何谈富有感染力。

故赵忠祥以其数十年的实践经验深有体会地说："电视播音员最致命的弱点就是丧失了镜头前的新鲜感，缺乏新鲜感就丧失了激情；丧失了激情，就会使观众看到一个对工作与生活没有兴趣的形象。感情一要自然，二要充实，缺一不可。在镜头前的振奋感和运动员保持竞技状态一样，要有跃跃欲试，不可按捺的冲动与激情。"① 主持人与播音员在镜头前的感觉是有许多相通的地方的。因此，对于节目主持人来说，每一天的太阳都应该是崭新的，每一次节目都应该是同中有异的，每一个新朋老友都在等待着你"出新"。对"烂熟"的内容，要给自己留下点发挥的空间。全神贯注地提起精神，时时准备捕捉时机，迸发智慧的火花。主持人要有"喜新厌旧"的欲望，无论对自我，还是对栏目，要有热情去寻找新意、挖掘新意、创造新意，这对不断发展节目，完善自我都有益无弊。

---

① 《主持人》第2、3辑，第66页，中国广播电视出版社1993年3月版。

第三节 主持人职业角色的把握

关于电视节目主持人的“角色”与“非角色”、“表演”与“非表演”的问题，前几年曾是广播电视理论界关注的热点，也是与电视主持人镜头前具体行为状态切切相关的理论问题。节目主持人是大众传播活动中的一分子，对于主持人的研讨当然不能偏离其职业的本色与特征。

一、主持人职业角色的确立

主持人究竟是一个什么样的角色？传播学者认为：“在一种文化所经常面临的种种任务中，协调任务具有这样的前提：每个人如果想采取任何一项行动，他必先确定自己是谁，怎样同周围的对象和其他事物相处，或准备如何与人相处，只有在这之后，个人才能发展关于他选择某些对象和其他事物关系的意向，以及发展实现这种意向的手段。”①

对主持人的定位，事实上是很明确的，即“在广播电视中，以个体行为出现，代表着群体观念，用有声语言、形态来操作和把握节目进程，直接、平等地进行大众传播活动的人”。但是，为什么在“角色”与“非角色”、“表演’与“非表演”问题上，往往使主持人弄不清自己是谁了呢？演员？非也；“角色”，是什么角色？何为“非角色”？何为“表演”？

---

① （美）唐·库什曼、杜·卡恩：《人际沟通论》第37—38页，知识出版社1989年3月版。

众所周知，表演艺术的突出特点，就是演员以自身的声音、形体、情感创造艺术人物形象。将表演概念引入主持人理论中，本也无可厚非，主持人需要有一定的表演功底，尤其综艺节目主持人，然而问题在于不知不觉中它偷换了主持人“角色”的概念。主持人既然是大众传播者，当然与表演艺术中的演员塑造人物形象的角色内涵没有内在关联，如果对“表演”词义加以衍化，结果会使其本义变了味，令人难以把握。

唐·库什曼进而指出：“角色”一词，是指任何占有特定文化或社会组织位置的个人受社会指定的在特殊情况下的行为方式。角色表征一个人根据其拥有位置的既定情境所应该做的事。”① 主持人作为一个“角色”的表征，在其拥有的特定情境中，是电子传媒与受众的连接者。这是一个职业性的特定角色。在社会人生这个大舞台上，每个人都在不同的“既定情境”中承担着一定的多重的社会角色。例如：父母、夫妻、儿女、兄妹等情境中的亲情角色；朋友之间、同事之间、上下级之间等等的人际角色；教师、医生、记者、售货员等便是职业角色。演员其实也是一个职业角色，但是由于他们通过表演所创造的艺术形象也被称为角色，而混淆了两个“角色”内涵的差异。主持人不创造艺术形象，只是承担一种职业角色。任何职业都存在着进入角色的问题。无非程度不同、要求不一而已。比如：教师职业角色，要求教师站在讲台上应该是端庄、典雅、沉稳的；空中小姐要微笑服务，这是职业要求、职业责任使然。由于人们总是在屏幕上与主持人交流，便以演员

① （美）唐·库什曼、杜·卡恩：《人际沟通论》第38—39页。知识出版社1989年3月版。

的“角色”来解读他们了。

主持人的职业角色，要求主持人在屏幕上将节目与自我混为一体，展示于众。主持人可以借助表演弥补自身与栏目的距离，完善自我形象，但他绝对不可能通过表演再重新塑造一个自我，这与主持人的基本理论与现实是相悖的。主持人必须具备较高的政治素质，敬业精神，真诚坦率、亲切地对待观众，这不是用表演所能替换的。观众需要的是真真实实地与他们心灵相通的主持人而不是通过表演塑造的非真我形象。

同样，演员在戏剧、电影中塑造人物，运用表演艺术将艺术形象塑造得栩栩如生，这是成功。反之，如果说某演员离开特定形象将自己表演得淋漓尽致，那必然是失败。

因此，主持人与演员的根本差异点在于主持人以完善节目与自我形象为宗旨，演员则以塑造艺术形象为最终目的。一个属于大众传播的范畴，一个是艺术创作的天地。属类的不同，运用的主要手段也就不同。不能用同一手段——表演去套解他们不同的工作性质。主持人作为一种职业角色，根据不同类型节目的特点，总会或多或少地需要并借用一定的表演功底与技巧，但这不是总体意义上的表演。用应天常先生在此处的眉批：“三分表演足矣”。过多地强调表演，只会导引主持人走向误区。

二、主持人职业角色的把握

在前面的章节中，我们对于节目主持人的个性特征，素质要求，各项工作的操作与把握已做了比较详尽地阐述。这里提出的“主持人职业角色的把握”，是针对本节的主要议题，讨论主持人如何借鉴表演技巧，把握好主持人这个职业角色。

成功地主持了大型纪录片《望长城》的焦建成，曾经是一名话剧演员，他在总结拍《望长城》的体会时说："从拍片之初的'矫揉造作'，喧宾夺主，到平视交流带来的从容自如，我走过了'主持意识'从强化到淡化的过程。主持人的责任并非自我塑造，而应该是主持人自身言行的自然流露，不应借助表演，但又应是个有表演技能者，并以此来控制自己的形体及情感，而作为导引人，把自己融入片子的整个氛围中，通过主持人潜在的把握和交融，把观众也带入情境，使其身临其境。"① 焦建成以自己的切身体会提出的"不应借助表演，但又应是个有表演技能者"证实了我们所说的主持人需要有一定的表演功底，但要将表演技巧的运用不露痕迹地融入到自己的言行中的观点。

演员的表演技巧，由内部技巧与外部技巧两个部分组成。内部技巧亦称心理技巧，内在动作，是表演技巧的灵魂、支柱。外部技巧，亦称形体动作，外在行为，是表演技巧的外化形态。两者是既对立又统一的辩证关系②。表演技巧的具体内涵是很丰富的，主持人应该特别了解并巧妙地渗透在节目主持过程中的主要有：

1. 内紧外松

主持人在话筒、镜头前既要坦率自若、轻松自然地娓娓道来，又要全身心投入节目，排除杂念，把握节目进程，应变突发事件。这时演员的一个基本功——内紧外松，与主持人现场

① 杨伟光：《望长城》第586页，中国广播电视出版社1993年7月版。

② 赵美成、李齐：《通向明星之路》第42页，国际文化出版公司1993年1月版。

状态的要求不谋而合。松弛的外在言行与紧绷的内在心理交融为一体，谁把握住这个火候，谁就能找到融入情境，又超然于环境的心理感觉，谁就能松而不懈，紧而不滞，游刃有余地操作节目。

2．把握分寸

表演讲究分寸感，过了就做作，缺了就夹生。节目主持同样非常讲究分寸感。用杨澜的话说，主持就是一门分寸的艺术。确实，主持人的一言一行都有一个度，一个分寸问题，失之毫厘或许会产生差之千里的负效应。主持人要在节目、观众、自我之间把握住最佳分寸，情绪表达要适度，言谈举止要得体。分寸把握的得体与否直接影响着传播效果。

3．迅速进入情境

节目主持人与影视演员一样，都要面对视听兼备的传播媒介，都要面对不断变化的新情境，于是共同存在着如何进入情境，融入情境的问题即使反复重拍，也依然保持良好的情境感觉的问题。表演艺术要求演员能够迅速进入规定情境、角色，主持人进行现场采访，现场主持，尤其直播综艺节目的主持，需要有这种迅速进入情境找到良好感觉的基本功，只有进入情境才有感可发，有情可抒。

依然要加以强调的是，主持人需要上表演课了解表演艺术，具备表演功底。但是主持人只能借鉴表演技巧，并且要不露痕迹地融为己用，追求本色，完善本色，这才是主持人真正魅力所在。作为演员出身又是综艺节目主持人的倪萍，有着扎实的表演基本功。但是为她赢得众多电视观众掌声、中国节目主持人最高奖——“金话筒”奖的三次金奖和特别荣誉奖的绝对不是她的表演艺术，而是她的真诚与成就。大名鼎鼎的丹·拉瑟不也是以自身映衬在如花岗岩般厚重深透理智光芒中的本色，而吸引着无数观众吗？主持人的职业角色追求的是“天然去雕饰，清水出芙容”，真诚、自然、本色的美。

第四节 群体意识和伙伴意识

节目主持人与“制作群体”的关系问题，乍一看与本章的主题“节目主持的状态”似乎相去远矣。然而，每个主持人都至少与一个相对稳定的栏目联系在一起，而主持中的伙伴搭档又是常见的。每一个广播电视栏目就是一个相对独立的制作群体，少则几个人，多则数十人，即使是“主持人中心制”的形式，绝大多数主持人依然不可能独立完成全部节目制作过程，因此，主持人能不能正确地处理好个人与群体的关系，把握好与搭档主持的关系，也直接影响着主持的状态与节目效果。

一、群体意识

主持人的群体意识，就是要明确自我在创作集体中的位置；既是群体形象的化身，又是群体中普普通通的一分子。这就要求主持人要全身心地融入创作集体，尽自己的最大努力展现群体形象，同时要谦和、朴实、宽容地与同事相处，共同营造一个和谐、奋进的创作集体。

主持人与制作群体是鱼与水的关系。如同赏鱼，人们关注的焦点总是鱼，但是没有水，鱼又安存？没有制作群体做主持人节目的智囊团、加工厂，现场演播的“集团军”，节目主持人又何能风风光光、坦坦然然地出现在观众面前？所以，群体意识这根弦主持人应始终绷得紧紧的。特别应注意与编导、摄像等栏目组全体同仁和谐相处，尊重他人，互通有无。切忌自以为是，高人一等。无疑，从节目角度看，主持人是栏目的中心重点，因为集体的心血最终是由主持人体现出来的。然而这并不意味着主持人个人就是人们的核心，你们理应听我的，围着我转。为节目服务，以“主持人”为中心与为个人服务，以“我”为中心是两个概念。这种感觉状态的误区，是低素质，缺乏对职业和自我的认识的表现。不和谐的创作集体，在现场状态、节目效果上都不会令人满意，不可能做出最棒的节目。

每一个成功的主持人背后都有一个优秀的创作集体。面对鲜花与荣誉，明星主持人都会对这个“集体”表示由衷的谢意。

沈力说：“荣誉不该只属于我个人，因为它饱含着亿万观众朋友对我的鼓励、帮助、关怀和厚爱，也凝聚着许多曾与我共事过的同事们的智慧、辛劳、汗水和奉献。这荣誉应该归功于‘整体’”。

徐曼说：“衷心感谢为‘徐曼小姐’这个开拓性主持人形象辛勤耕耘的领导、同仁、朋友！”

倪萍说：“我是这个栏目培养出来的。……我要重复千百次说过的一句话：谢谢大家，谢谢各位！”

确实，强有力的制作群体是产生明星主持人的温床，主持人应该珍惜、尊重，不可有丝毫轻视、疏怠。

二、伙伴意识

主持人的伙伴意识，就是要明确与共同主持节目的人相互之间的关系，应是伙伴的搭档。凡是二人以上共同主持的运作方式，都存在着主持人相互之间的协调、配合问题。这也是主持人主持状态的直观展现。

所谓伙伴，即朋友。强调伙伴意识，说明主持人彼此之间要把握的基本感觉，是以对方为朋友，坦诚相待，相互沟通，默契配合。

主持搭档的组合，一般都以求异、互补为原则。男女组合，刚柔相济，阴阳互补；同性组合，风格各具，性格各异。总之，在异中求同，同中求异，主持人既要各展其长，又要互补其短。彼此不离不即，不疏不密。信道通畅，相得益彰。切忌“抢戏”、“压人”等现象。

最佳的伙伴主持状态应是默契，相互的交流是心灵的沟通，整个主持浑然一体，不存在任何阻滞，每个人都极大限度地张扬了自身的优点，遮掩了自己与对方的不足。

50 年代中期 ABC 的亨特利—布林克利率先以独特的风格成功开创了伙伴型主持人节目的先河，以他们长达 12 年的搭档风范，启示着后来者，成为合作型主持人的楷模。

赵忠祥与杨澜在《正大综艺》中的默契配合，无不令人拍手叫绝。傅成励与虹云在《午间半小时》表现出的珠联璧合，赢得多少赞誉。

搭档主持以男女组合为多，如何把握好其中分寸，虹云曾深有体会地对记者说，她喜欢舒婷的《致橡树》，特别欣赏橡树旁的那棵木棉。她认为，男女主持人共同主持一个节目，女主持人就应该充当那棵木棉。为了让节目有力度，男主持人应该成为节目的支撑，以充分发挥男性的阳刚之气。女主持人不要去夺戏，不要去做自己力所不及的事情。当然，本是英雄的木棉，自有自身的个性。她应该向人们去展示她火红的花朵，她的热情，她的美丽。如果不去发挥自己的个性所长，反急着高出橡树一头，急着要比试“英雄本色”，去长成五大三粗的模样，还有什么美感可言?[①] 虹云的这番话对于男女搭档主持人应是不无启迪。傅成励与虹云，前者是敏捷干练的记者，学识渊博，大度豁达，富有阳刚之气；后者是资深名就的播音员，功力深厚，情感丰富，富有女性魅力，两者风格各异，业务互补，为《午间半小时》栏目的成功立下了汗马功劳。

节目主持的状态与把握，对于主持人来说是至关重要的，其中内涵是多方位，多角度的，主持人需要通过大量的时间积累去体会、领悟、把握。

① 《主持人》第4辑，第350页，中国广播电视出版社1995年4月版。

第十二章 主持人的发展与未来的思考

我国的广播电视节目主持人虽然起步晚，但是一经出现，便以其特有的生命力和极大的影响力，生发拓展，在全国范围内形成巨大的波澜，对广播电视事业的发展起了极大的推动作用。现在经过20多年的发展探求，已经坚实地确立了主持人节目与节目主持人独立的学术地位和独立的职业形式。走出初创时期的判断误区，带着清晰的自我认知，这支年轻的队伍充满自信地前行着。面对21世纪高科技的飞速发展，多元文化的发展和日益加快的现代化步伐，尤其主持人在广播电视传播中越来越显现出重要的地位，无论是传播者还是接收者，对主持人的职业化水准要求都更高，对其个性魅力的期待也更强。因此，主持人的选拔、培养、管理需要在新理念的支撑下完成；主持人的自省、自强、自律必须成为一种完全的自觉。惟有如此，中国的节目主持人才能在21世纪时代的进程中完成生命的蜕变、升华；才能让思想与智慧的火花绽放在空中；才能使人格与个性的风采成为荧屏永恒的魅力。惟有如此，具有中国特色和世界一流水平的中国节目主持人才会更多地出现在我们的广播电视媒体中。

第一节 生存背景与现状分析

一、对传媒生态环境的认知

马克思主义的哲学观认为：存在决定意识。对主持人的认识不能游离于他所生存的社会文化生态环境。尤其当我们要对他进行动态的研究认识时，环境的发展变化更是必须引起我们关注的重要问题。这是一个发展与变化中的时代；这是一个充满机遇与挑战的时代；这是一个张扬个性与多元共存的时代；这是一个造就明星与消灭明星的时代！因此，认识时代，了解社会，是主持人生存与发展的基础。

1. 社会阶层变迁与电视传播价值取向

一个国家的社会阶层的变迁，必然对整个社会产生方方面面的影响。在价值观念、社会需求、审美趋向、社会心理心态等方面都会随之发生变化。电视作为社会现实变化的敏锐的风向标，直接或间接地让人们从荧屏中观瞻现实、观瞻自我。电视媒介人作为风向标的操纵者，应当首当其冲地感受、捕捉社会变革的蛛丝马迹，他们的思想、观念、价值取向一定会受到现实存在的冲击、碰撞和影响。而电视人的观念对电视传媒的价值取向与传播效果起着决定的作用。当我们直面当前中国电视在社会阶层变迁背景下的现实状况时，可以肯定地说，我们的电视媒介人，已经自觉或不自觉的成为社会阶层变迁的传播者、鼓动者、利益相关者。

这种影响和变化首先体现在媒介人的观念变革。我国自改革开放以来，社会文化生态环境的变化，媒介人在传播活动中的自主意识已经明显发生了变化。媒体的喉舌功能已经不是惟一的功能，丰富百姓生活，传播大众文化已成为共识。90年代尤其中期以后，随着改革的深入，国家现代化步伐加快，媒介改革也加大力度。无论媒介人承认也罢，不承认也罢，他们的传播观念都自觉或不自觉地变化着，并直接转化为节目呈现出来了。其次，节目构成的变化。中国电视真正的春天始于改革开放以后。在当时的种种发展变化中，最为引人注目的就是平民化视角的出现。这与以往的单一的喉舌功能，狭窄的节目题材，居高临下的传播状态，形成了极大的反差。90年代中后期，中间阶层的出现扩大，电视人在保留了已有的平民视角的同时将视线上移，于是成功的商界名家、艺术界明星与各行业的白领人成为传者与受者的共同宠儿。相应的电视栏目和电视剧纷纷出台。如中央电视台的《对话》、《艺术人生》、《朋友》、《商界名家》。第三，受众接收心理的变化。社会的发展使人们比以往有明显的主体意识，既喜欢在荧屏上注视自己，表现自己，实现自己，又希冀通过荧屏超脱现实进入理想境地。热线节目、谈话节目纷纷出台，反映白领丽人优雅生活的剧目，正是迎合和满足了某种发展变化中的接收心态。

2. 加入WTO后我们将面临什么

中国的广播电视进入新世纪后，面对世界形势在政治、经济、科技、文化各个领域的飞速发展变化，特别是我国加入世界贸易组织后，境外大量媒体对我国电视节目市场虎视眈眈，他们将不仅带来雄厚的资金和优越的技术，更带来他们的传播理念、价值观念、审美趣味和民族秉性。因此，中国电视将面临前所未有的冲击和影响。中国电视将如何发展？尤其是如何在竞争与挑战、危机与机遇共存中，把握机遇，迎接挑战，保持与弘扬自己固有的民族优秀文化品格，及已有的影响和市场份额，并且自觉发展民族电视事业，积极与国际接轨，走向世界，参与国际竞争，这是摆在我们面前严峻的、迫切需要研究分析解决的现实问题。我们面对的是以消费文化产品为普遍接收心态，精英文化在电视传播中步履维艰、曲高和寡的时代；是媒介功能与媒介责任被无限放大的时代。因此，此时媒介承载着比以往任何时候都更重要的角色。因此，媒介的价值趋向也比以往任何时候更广、更深地影响着接收者和社会的发展。新世纪中国的社会发展对有序化、民主化、科学化、开放化的追求愈显迫切；社会的民主化进程随着入世也加快步伐。而从某种角度上说，社会的民主化进程很大程度依赖于媒介传播的民主化进程，两者互为联系，互为推动。中国电视无疑在负载着推动国家与社会进步的历史使命中，迎来入世后的冲击与挑战。

“WTO”对中国将产生哪些影响？我们将面临哪些竞争与挑战？危机与机遇何在？我们需要在深入了解分析“WTO”相关条款与把握中国电视现状的前提下，全面地探讨并梳理入世对中国电视可能产生的方方面面的影响。从传播理念到运作机制；从传播内容到制作方式；从文化观念到收视心理，都会形成不同层面的影响——正面影响与负面影响；直接影响与间接影响；短期影响与长期影响；有形影响与无形影响；积极影响与消极影响等等。电视媒体将面临的竞争与挑战，诸如人才竞争、节目制作竞争、经营管理竞争；要应对观念的挑战、机制的挑战、资金的挑战、技术的挑战。在这样的多元影响与冲击下，中国电视节目主持人必须有充分的危机意识和足够的心理准备，以应对形势的发展。

“狼”来了，我们的电视传播者有多强的应对能力？我们的社会、接收者、主流阶层，能有多大的认可度、承受力、包容度和辨别力？都是确立对策前需要认真思考的。有人提出中国电视当以做大做强为基本方针，但这是否可行值得研究。对中国电视发展的研究，不能孤立地就电视而电视地做狭窄探求，也不能将视野局限于国内。必须将其放在世界与中国社会发展的大背景下做全方位的探讨，借鉴英、法、德等欧洲国家抵制美国影视文化侵略的经验、以及印度等发展中国家保护影视文化民族性和政治、经济利益的策略，结合我国国情提出从宏观到微观的应对措施。

3. 市场与受众的无形之手

节目市场化是在我国已经部分地成为事实。收视率几乎是评价一个节目、栏目、频道成败的重要标杆。收视率不仅展示着该节目、栏目、频道的受众关注度，更意味着它们的广告市场份额的可能占有度。电视人通过收视率的晴雨表，调整节目的生存发展取向；广告商通过收视率的高低，决定其广告资金投入的去向、多少。在我国，虽然我们不能说收视率对节目具有绝对的控制权，（尽管这在西方商业电视运作系统中早已是铁的定律），但是收视率对电视人和广告商的参考度、影响力、控制力是不容忽视的，并且越来越在相当程度上占据主导位置。

关注收视率，从本质上看是我国改革开放后，广播电视事业发展，传播观念变革、进步的具体体现。今天，时代的发展已将传媒人的观念从以传者为中心过渡到以受者为中心。在以传者为中心的时代，传播者的主导意识中对媒介功能的认识相对单一、简单化，过分地强调了宣传功能、教育功能，忽略甚至抑制了信息功能、娱乐功能、服务功能。这样的结果，不仅使大众传播媒介的本体意义、价值得不到真正实现，还在一定程度上产生了异化作用。因此在这个时期，几乎没有人去过问接收者的意愿，当然收视率也无从谈起。但是就传播而言，它的核心支柱就是传播内容，传播方式，传播效果，而使之得以实现的惟有传播者、媒介和接收者。忽略接收者的传播必然是跛足的。80 年代中期我国开始引入了收视率的概念。关注收视率就是关注接收者。通过收视率，了解接收者的收视状况，评价程度和节目的实际传播效果，从而为传播者从宏观决策到微观调整、节目编排、反省自身提供重要的参考、评价依据。显然，收视率的调查不是以获得观众的收视情况为惟一目的，它终极目标是指向传播实践的，是为电视媒体和节目市场服务的。

4. 主持新人辈出的时代

主持人这个职业，看起来似乎很美丽、耀眼，可以使人一夜成名，成为万众瞩目的明星；而且这个队伍也确实明星闪耀，美女俊男云集，不仅吸引着无数年轻人努力跻身于这个行业，而且也成为不少企业家、办学者的关注热点。于是各种名目、各种头衔的主持人大赛接连不断，全国性的，地方性的，业余的，专业的。你方唱罢，我方登场。节目主持专业也如雨后春笋般破土于上百所高校之中，而社会办学更是遍地开花。至于央视的《挑战主持人》栏目，更是将主持人理念的探索与张扬、主持新人的选拔与展示、文娱节目的制作与竞争融为一体。这些大赛、培训、竞争也确实筛选出了一些主持人的好苗子，直接给主持人队伍注入了新鲜血液。在这样的背景下，主持新人必将辈出。这对在岗者既是挑战也警钟。因此，需要指出的是，其实，主持人这个行当，并不是看起来的那么美丽，在光环的背后充满了危机。既然能够有无数人的喜爱，同时也有可能被无数人所厌烦。因为，你面对的是大众，你必须接受每一个人的评判。这是一个美丽的陷阱，当你准备走向这条路时，就要有足够的心理准备，迎接你的未必都是鲜花和掌声。

二、现状问题分析

主持人节目与节目主持人的出现，给我国广播电视事业带来了新的面貌，新的推动力，这是有目共睹的。在肯定主持人事业进步发展走向成熟的前提下，为了事业发展的需要，我们更要思考、揭示目前存在的种种问题。

节目主持人每天都在公众面前曝光，他们的名字与形象很快可以家喻户晓，但他们的缺陷与失误也比任何其他行业更显得无可逃遁。对于我国节目主持人的不足之处，专业工作者与广大听众、观众评议颇多，中国广播电视学会常务副会长刘习良曾经将之归纳为：一、政策理论水平欠缺；二、思想修养、认识水平、审美情趣还不够水平；三、文化根底不厚实；四、语言功底不扎实；五、驾驭全局的魄力不足，应变力不强。① 如今九年过去了，再重新审视这支队伍，令人欣喜的是伴随一批优秀节目主持人的出现、成长，在整体上提升了观念认识、拉动了人员素质和队伍建设。以往的带有普遍性的人员素质问题明显有了变化，但是目前存在的问题既有新形势下的新问

① 详见《中国广播电视学刊》1994 年 5 期，第 7 页。

题，也有原有问题的遗留与变化。

1. 从录用、管理体制的角度看

首先，我们在节目主持人的人才选拔观念上在起步时有失偏颇，往往重外表、轻内涵；重年龄、轻阅历；重语言、轻素养。当然，形象俏丽，字正腔圆，这些都是应该具备的。然而如果仅有美丽的外表，却缺乏个性魅力；仅有漂亮的语言，却不能传递丰厚的文化思想内涵，那么从大众传播媒介的功能来看，又何益之有？节目主持人的选拔、招考是由各有关媒介的专门人员进行考核审批的。考核者本身的专业素养、选材标准乃至办节目的指导思想若停留在低水平阶段，又怎么能够真正择贤而用呢？依笔者看来，如果说某些节目主持人存在着先天不足的话，那么这种不足是在招考时便留下根子的。一棵发育不良的树苗，怎么能长成参天大树呢？目前，这种情况有所改变，一般都有了一条学历标准的硬杠子，但是本质上没有脱离原有的观念，是美女＋才女的选才标准。且不说十全十美本为天下难事，就是真有，这是大众传播媒介应该的方向吗？一定是利大于弊吗？

其次，人才管理体制上的不足。现今不少广播电视单位，优胜劣汰的竞争性管理体制尚不健全。缺少科学的主持人评估体系和管理规则。其结果是不能调动激发大家的工作积极性和创作激情。一些节目主持人在“保护伞”下优哉悠哉，但求无过，不求进取。而真正具备节目主持人良好素质的后来者却无用武之地。其实，节目主持人应当是一个竞争非常激烈、淘汰特别无情的职业。广播电视是年轻又充满生命力的大众传播媒介，要在不断的更新中寻求自身的完善与超越。而要更新就必须淘汰，要淘汰就必须竞争。竞争可以带来高素质、高效率和高质量。如果主持人的人才管理体制跟不上，就不可能提高节目主持人的整体水平。

1993 年开办的《东方时空》已走在前沿。当时的新闻评论部主任、该栏目的制片人，现任央视副总编的孙玉胜曾明确地说过，他们的栏目就是准备推出大量的记者，通过优胜劣汰，形成自己的名主持人。如今，经过十年的运作，《东方时空》在激烈竞争和不断地淘汰中已经凸现可与世界接轨的一流的新闻节目主持人如白岩松、水均益、敬一丹、王志、方宏进、崔永元等。

其三，新闻体制、观念的限制。在我国由于长期以来形成的新闻体制及观念，存在种种条条框框，难以形成富有个性特色的新闻节目主持人。而这种体制与观念不是某个新闻节目主持人所能左右的。因此一味地用西方著名主持人诸如沃尔特·克朗凯特、丹·拉瑟、汤姆·布罗考等人的潇洒自如、锋芒毕露、睿智豁达等充满个性的主持风格，作为参照对象来比照我们的新闻节目主持人，并从而对我国的节目主持人作出种种非议，是有所不公的。不同国度的不同新闻体制、新闻观念，自然造就出各自的主持人。我们要根据自己的国情条件，汲取西方之长，弥补自身之短，努力创造自己的节目主持人。在这点上，央视新闻评论部的诸多名牌节目和新闻频道已经有了很好的探索，为中国新闻节目主持人的发展奠定了良好的发展方向。

2．从主持人工作生存环境角度看

其一，随着商品经济的发展，人们的人生观、价值观发生了很大变化。广播电视等新闻机构从原先的国家供给、旱涝保收的事业型单位，转为企事业混合型的单位。在这样的工作环境中，许多事都与经济效益挂钩。节目主持人如果自身思想素质不高，容易滋生重名利、轻务实的意识和作风，有些人甚至利用自己职业的特殊地位，谋取私利。

其二，节目主持人经常出头露面，为公众所注目，工作忙，应酬多，如果自制力不强，对自身要求不高，往往产生浮躁情绪，沉不下心来读书，得不到应有的充实、提高。

3. 从受众的角度看

我国广大群众，从整体上看科学文化水平与世界先进国家相比还有差距，这对广播电视节目及主持人提出了更高的要求。我们的电视节目不仅要适应受众心理的要求，而且要进行正确的引导。“受众是上帝”这是西方广播电视界的座右铭。这种观念使得受众在广播电视传播中的地位非常之高。但是这种观念的形成与实施是在西方资本主义商品经济的背景中进行的。本质上是为了垄断收视市场，以增加广告收益率。今天，我们的广播电视人也非常重视与受众的关系，从节目的策划、制作到播出，都将受众摆在首位。但是这与西方应有本质的不同。我们的广播电视是在不背离党性原则、真实性原则、社会效益第一原则的前提下为受众服务的，担负着舆论导向、寓教于乐的重任。因此，即使消闲的娱乐性节目，格调也必须是健康的，不能宣扬凶杀、暴力、色情等低级趣味，不能简单地迎合某些受众的不正当需求。

上述情况表明，我国节目主持人所面临的问题，并不单纯是某些主持人本身的问题，其中，有主观原因，也有客观原因，情况比较复杂。当然，主体与客体是两相依存的，揭示出节目主持人走入误区的背景，并不是排斥主体的主观能动因素。外因通过内因而起作用。节目主持人应努力发挥进取精神，修正自我，完善自我。

第二节 现实走向与未来趋势的思考

与10余年前不同的是，今天的电视已经成为一种生活方式，深深地介入人们的日常生活，甚至悄然地替代了传统的以人际交流为主的沟通方式。那么接收者在看什么？他们的需求随着岁月的流逝、社会的变迁发生了哪些变化？不同阶层人员对媒介的接收与选择情况如何呢？又会产生怎样的影响？

电视的普及使整个人类生活视象化了。视觉形象传播以其直观的优越性，迎合了后现代时代人们娱乐生活，消解紧张，追求幻象的心理需求，同时使语言文字传播失去了以往的风光。电视传播者几乎以受众需要为第一目标，收视率成为衡量节目传播效果的重要标准，而隐藏其后的是广告商利益诱惑。商品市场经济为一些视象节目烙下了商品的印痕。其直接结果导致电视传播充斥着喧闹与浅表，价值探求淡化、深层思考游离。在多元化的荫蔽下，消解大众传媒的价值意义诉求。

尽管我国主持人节目与节目主持人尚存在这样、那样的不足，整体状况尚不尽如人意，但毕竟已经走过了初创阶段，进入了发展时期，并开始走向成熟。一些名牌节目与著名主持人已互为依托初露端倪；理论界对其的关注也不再是主持人与播音员的异同、主持人与演员的差异等等诸如此类的问题，而是开始了全方位、深层次的思考。理论视角更多地投向对主持人的价值取向、思维方式、评估管理、实践操作等多维探讨与研究，努力改变主持人理论研究的滞后状况，适应广播电视迅猛发展的形势需求。

电子传媒是科技高度发展的产物，随着现代高科技的突飞猛进，电子传媒技术在不断地更新、发展中日趋先进。广播电视节目终将跨越时空的局限，走出省市、跨越国界、面向世界。广播电视栏目化已成为必然走向。栏目化势必导致对节目主持人需求量的增加；一方面，栏目竞争最终也在一定程度上表现为主持人实力的竞争，这无疑将给主持人事业带来新的生机、活力与发展，同时，新的趋势也提出了新的挑战。

一、广播电视节目现实走向与发展

1．栏目分级化

栏目分级化首先体现在名牌栏目与一般栏目愈来愈拉开距离。明星主持人将伴随着名牌栏目蕴育、成长、熠熠生辉。名牌栏目所产生的响鼓回音、余音缭绕的传播效应，与明星主持人形成的个性魅力，相辅相成，互为依托。他们也自然成为同类栏目制作人与主持人效仿的楷模。反之，更多的栏目在种种条件的制约下仍必然处于过眼烟云的状态。中央台占有技术、人才的绝对优势，加之覆盖面广、影响力大，使地市台望尘莫及，难以抗衡。这种剪刀差的分级局势在所难免。问题在于：名牌栏目在走向成熟，创出牌子的同时，如何避免形成自身的模式化？既要有相对稳定的栏目风格，又要常看常新；而对于一般栏目，如何最大限度地挖掘自身潜力，突破陈规，办出富有个性的节目，却是最值得投入精力思考的。

其次，栏目分级化还体现在栏目的多层次性上。为适应各个层次接收者的需要，栏目必将愈分愈细，形式亦将愈显多样。这既是适应我国社会主义市场经济蓬勃发展的需要，也是广播电视的各种功能得以充分开发的必然。正如刘习良所说："经济体制的变化必然深刻地影响到社会生活和文化生活，进而引起人们观念上的变化。这些变化可以列出很多条，但是基本的变化是从单一走向多样，整个社会生活显得丰富多采，生动活泼，复杂多变。从广播电视来说，一方面，它仍然保留着党、政府和人民的喉舌这一基本属性，另一方面又充分发挥其多种功能，这就是：适应提高政治思想认识、提高道德水准需要的社会教育功能；适应了解、掌握社会各方面发展状况需要的信息传播功能；适应各个层次不断增长的对文化生活需求的娱乐审美功能；适应提高生活质量需要的提供服务的功能等。为了充分发挥电视的多种功能，我们才办起名目繁多的节目，其中主持人节目占了相当大的比重。"①

广播电视栏目的多层次化、细目化即分类具体化，如同商业市场为适应不同顾客而出现的众多专卖店一样，受众指向相对明确，避免了综合化导致的栏目形象不确定，包容性太大，效果反而不佳的状态。中央电视台经济部 2000 年 7 月推出的 60 分钟谈话节目《对话》，是央视目前播出时间最长的严肃节目，也是被业界内外公认的面向精英群体的名牌节目。它既是我国当前社会发展的产物，也是传播创新理念、引领社会进步的号手。从其开播的第一天起就将目标收视群体锁定为：关注经济改革动态并具有决策能力的社会精英人士。走入《对话》演播室的目标嘉宾是：制定国家重大经济政策的高层官员和政

① 刘习良：《90 年代广播电视的新发展向节目主持人提出的新要求》，见《中国广播电视学刊》1994 年第 10 期，第 9 页。

府人士；最新出现的经济热点中的新闻人物和新兴产业的代表人物；经济界成功人士，包括国内外事业有成和创造了财富的企业家、投资者；了解国内外相关经济环境及其发展趋势、具有理论前瞻性并对政府决策提供理论依据的经济学家；对话事件中的当事人、目击者或见证人。而内存于其中的实质是：栏目的制作人始终追求的创新理念、前沿思考，以开放的视野，开放的思维，开放的心态去关注“那些在全球经济浪潮裹挟之下，在前沿阵地兴衰沉浮、焦虑惶恐、创新求异的中国人，即使我们所选取的对象是国外巨子，《对话》的出发点也永远是那些浴血奋斗着的中国人。”（制片人王利芬语）① 因此，《对话》虽然阳春白雪，但是它拥有固定的收视群，人们在这个节目中获得的不仅仅是先进文化、创新理念、前卫思考、精英魅力，更有一种民族精神的激励鼓动在心。由于这个收视群体拥有明显的资源优势，所以这类节目产生的潜在影响和可能延展的释放力不容低估，它势必对社会进步起到积极助推作用。

广播电视事业的发展，要求制作人既要顾及本省本地区的广大视听对象，又要有全国乃至全球意识，于是栏目分级化、多层次性便是必然趋势。然而，制作人如何在追求文化价值与商业价值的夹缝中，把握住最佳的栏目定位点，也是让广播电视人煞费脑筋的事。

2．受众分流化

受众分流与栏目分级互为前提。受众的多层次性是促使栏目分级的直接动因；有了栏目的多层次性，也势必导致受众分

---

① 《CCTV 对话》，南海出版公司 2002 年 5 月，第 1 页。

流。在广播电视的初创阶段，节目单一，受众没有更多的选择余地，受众的多层次性受到客观条件的制约。只有在当今广播电视事业腾飞的时代，广播电视节目才得以百花齐放、百家争鸣，受众才能青菜萝卜各择已好，分流不仅成为了可能，也是发展的必然。

受众分流使人们认识到，收听、收视率不再是衡量、评判一个栏目的绝对参考系数。抛开收听、收视率本身的准确度不谈，栏目的定位、性质、内容的差异，显然使一些栏目之间缺乏可比性。比如《东方之子》在文化层面上的高品位追求，与《生活空间》编导们提出的"降低视点，平视生活"的哲学定位，决定了前者最初的受众层次定位只能是知识分子，而后者"讲述老百姓自己的故事"，当然，受众也就是一个极大的群体——平民百姓。两个节目之间缺乏比较的等平线。

接收者复杂的差异性与栏目丰富的多层性如何才能找到最佳的呼应点？"受众是上帝"的口号已被不少广播电视人认同。然而，"'以受者为中心'不应视为一切围着受众转，文化应当超越现实，不应放弃崇高理想和引导的天职。实际上受众潜意识中都有追求高雅文化的愿望，发达国家的文化发展表明，随着社会经济的发展，未来文化必将走向高雅"①。这无疑是未来的趋势。可是面对当前的大众传播对文化所产生的一些负影响，文化学家们不无担忧，认为媒体们孜孜追求收听、收视及发行率，导致迎合受众而形成的大众文化是一种重感官直觉的文化；追求的是同质化的发展，忽视了个性与风格，从

---

① 朱光烈：《现代文化批判与新现代化道路》第 95 页，北京广播学院出版社 1994 年 7 月版。

而带来千篇一律的流行品格；此外无孔不入的渗透性对青少年的正面偶像崇拜形成了一定干扰；而电子传媒简化与便捷的特点更助长了人们思维的懒惰。凡此种种，无不是文化发展到现代工业化社会以适应现代社会而形成的，确实有待理性的引导，高雅文化的融合。

因此，受众的分流不是靠一味的迎合来完成的。“大众传播工具应当看清文化发展的前景是高雅文化的复兴，站在时代前面引导大众追求积极的人生价值，追求较为高雅的文化，争取在一定程度上减少大众文化的恶劣影响。以上两个方面可以概括为八个字：面对现实、立足引导。这应当成为我们的天职，成为市场经济发展过程中、现代化过程中报纸、刊物、广播、电视等大众传播工具文化选择的第一个原则。”① 在这一原则思想指导下，我们有理由认为，创造受众也是媒体义不容辞的责任，而一味地迎合受众，将是媒体的悲哀与自我毁灭。媒体追求文化品质的导向，是社会责任感与使命感的体现。《东方之子》正是以它的高品位的文化性，吸引了许多对社会发展现状、个人成功因素和性格魅力有所向往和好奇的非知识阶层群众，它的收视群远远超出了预期设定的知识阶层。因而《东方之子》栏目所产生的文化意义不仅仅在于它以不迎合低层次欣赏趣味来扩大栏目收视率，更在于它在创造着高品位的观众。

总之，受众分流的趋势，需要在广播电视人强烈的社会责任感与使命感指导下，由雅俗各俱，形式多样的具体栏目，演

---

① 朱光烈：《现代文化批判与新现代化道路》第 46 页，北京广播学院出版社 1994 年 7 月版。

化疏导而形成。创造受众无疑是媒体的神圣使命之一。

二、节目主持人发展前瞻性思考

1. 新形势下主持人的生存机遇与挑战

①表意功能将进一步强化。伴随着节目市场化发展的快速步伐和入世的现实鼓点，节目主持人作为节目的标识与符号，其形象的表意功能将进一步强化。名牌节目与明星主持人越来越成为人们关注的热点。主持人所要彰显、承载的意义功能也愈见强烈。无论传播者还是接收者对主持人符号的作用，虽然出发点不一样，但异曲同工，都期待他（她）能够赋予节目更多表意价值。这种表意价值是多向的：审美价值取向、信息传播功能、服务、教育、娱乐等等。总之，主持人不是花瓶，不是摆设，需要有意义价值的含金量。

②自我的选择空间势必拓展。

③对主持人的包装、炒作力度必然加大。

2. 新时期主持人的核心竞争力

一个具有时代感的人，一个具有专业知识的人，一个具有国际视野的人，一个善于传播与沟通的人。

3. 主持人中心制的再思考

主持人中心制不是新鲜问题。问题的关键是如何认识和实施。已经走了22年的中国节目主持人，从开始时的说别人的话，到努力说自己的话；从注重说，到努力学会倾听；从节目中被动的状态，努力达到主动的节目驾驭者。这些都是在进步。许多主持人走上了领导岗位，或者身兼制片人，对节目有了比较大的控制空间。但是，是否这样就是主持人中心制了呢？白岩松于2003年8月底主动将《时空连线》、《新闻会客厅》等节目的制片人卸担，全身心投入做一个专职节目主持人。试图探索主持人中心制在中国的发展之路。

事实上主持人必然成为未来广播电视节目中的支柱人物，这意味着主持人是栏目制作群体中的中心人物，或者成为全权在握的总负责人；或者全面参与节目制作的全过程，起着举足轻重的主导作用。这要因人、因地制宜。至于究竟是“中心制”还是“负责制”不是主要的，关键在于广播电视同仁将越来越强化栏目务必以主持人为中心的意识，并且将在体制上有所进步，并逐渐完善，为栏目个性化提供根本保证，为主持人施展才华创造广阔的天地。

主持人中心意识的加强，不仅仅体现在主持人自身在栏目中的地位更为人关注，有了更大的操作节目全过程的权力，还表现为在栏目制作群体共同努力下所实现的主持人的包装。这种包装是紧紧地和栏目形象相吻合的。因而事实上这也是整个栏目文化包装的结果。

主持人的包装，包括文化包装和形象包装。当然严格地说，形象包装也可说是广义上的文化包装。这里所说的文化包装，是指主持人在语言、风格、内容、意向上所直接表现的文化内涵。不同的栏目，要呈现出自己的栏目风格。尤其对于同一栏目不同的主持人之间更要注意这种异中求同的文化包装。形象包装，是指主持人在体态语言、服饰语言中所表现的个性风采与栏目的内在关联。主持人作为栏目的文化形象、风貌表征，要与栏目契合，并达到相对稳定的效果，包装是必不可少的。

当然主持人中心制的本质意义，更在于对主持人自身的综合素质要求大大提高了。仅仅是漂亮、会说普通话的人在主持人中心制里是没有立足之地的。现实的走向，未来的趋势，对节目主持人都只有一个共同的呼唤——高素质、高品位、高追求！

第三节 提高主持人素质的基本途径

据有部门统计我国现有主持人已经6万人左右了，这是一个多么巨大的数字！这又是多么严峻而艰巨的任务！节目主持人在广播电视事业中所肩负的重任，容不得我们对主持人的发展有丝毫的懈怠，为提高节目主持人的素质，改变现状，迎接未来的挑战，尽快地建立科学的主持人评估体系、健全优化节目主持人的管理机制，加强主持人的培训工作已经时不我待。

一、管理机制

逐渐规范的主持人管理机制是实践的迫切呼唤。需要廓清的理念是：管理从选拔开始；使用与培训对接；流动与淘汰共存；发展与节目相伴。

1．建立具体的、切实可行的优胜劣汰的竞争机制。从而使管理部门有章可循，有据可依地行使职权，对政治素质、业务能力不合格的主持人取消任职资格。增强主持人的使命感，进取精神。同时又要有危机意识，紧迫感，不上则下。主持人行业既很风光又不是唾手可得，需要付出艰辛的努力，用心血与汗水去领略无限风光。

2．建立全面系统的主持人考核制度。对主持人的工作业绩、素质、能力等诸方面，进行定量、定性、定期的考核评比，考核结果与聘用挂钩，以保证主持人队伍始终处于良好状态。

3. 建立全国性的主持人人才档案库。关于这一点白谦诚早在一年多前就指出："我们应该创办主持人人才库，把社会各界有志于当节目主持人的人才资料输入库中，并对他们加以培训和考核，供全国广播电视台挑选。如果再进一步，广播电影电视部以法规的形式颁布节目主持人的政治与业务标准，社会各界人士愿意当节目主持人的，经过正规的政治审查和业务考核，合格者颁发'广播电视节目主持人许可证'。只有领到许可证的才有资格到广播电视台和制片公司应聘。这样，主持人的人才市场才算走上了法制化、规范化的轨道。"① 如果这一设想得以实施，对于节目主持人事业的发展，无疑将起到积极的推动作用。

4. 建立主持人定期回炉进修或读书假的制度，为主持人自我调整、自我充电给予一定时间上的保证。主持人如果只输出不输入，再强的能量块也要耗竭殆尽。主持人平时注意加强学习是一个方面，另一方面应该看到不少主持人的工作量较大，加上工作性质的躁动性，也难以沉下心来读书。因此在制度上给予一定保证，对于系统地看点书，有目的地进行自我审视是很必要的。

二、培训途径

还是那句老话，取法其上得乎其中，取法其中则得乎其

① 白谦诚：《节目主持人：历史的昭示 · 现状的扫描 · 未来的走向》，《中国广播电视学刊》1994 年第 5 期，第 16 页。

下。人才的培养同样必须高起点、高标准。

记得有人说过，只存在一流、二流的节目主持人，不存在一流、二流的主持人节目。因此，真正优秀的节目主持人无论让他（她）操持什么栏目，都能将节目办得有声有色。倪萍曾充满自信地说："即使不主持收视率很高的综艺节目，哪怕要我去主持一档农业知识讲座的电视节目，我也会认真地去办好它，尽可能做得与众不同，在同类的节目中成为最好的。我不会因为主持'农业知识讲座'而闭着眼睛说话的，我起码把八亿农民争过来，让大家知道，要想丰收，就要看我的节目。"① 这正反映了一个优秀节目主持人应该具有的素质，这更是一种高度敬业精神的表现。培养节目主持人就必须坚持这种高标准，只有这样，培养出来的人才能在工作中站稳脚。

主持人培训的指导思想，要注重在传授知识与技术的同时，加强道德教育、方法教育。良好的政治素质、强烈的敬业精神、明确的新闻职业道德观，是每一个新闻工作者都应具备的素质，主持人作为媒介的代言人，更应取乎其上。方法教育强调给予主持人开启知识宝库的钥匙，让他们学会举一反三，在知识的海洋中自由驰骋。针对主持人素质综合性强的特点，要有意拓展培训对象的知识构架、理论视野。注重其各种能力的培养、训练，如思辨力、应变力、语言的口、笔表达力、组织能力、公关能力等等。既然主持人是一个相当特殊的职业，对其人员的选拔、培训也需要有针对性。尤其"实践"这个环节不可缺少。

具体培训的方式方法，是多途径的。

---

① 见 1995 年 1 月 19 日《浙江广播电视报》。

1．科班培养

这是培养优秀节目主持人的一条重要途径。通过对考生的口试、笔试、面试，严格筛选、录取。在高校经过系统的学习、训练和实践，使之具备优秀节目主持人的良好素养。北京广播学院已设置了这个专业；浙江大学新闻与传播学院分别于1994年、2000年从在校本科二、三年级学生中挑选人才，尝试开设了本科的主持人专门化班；浙江广播电视高等专科学校也办了大专主持人班，其他省市也有在办的，这些无疑都是培养优秀节目主持人的有益探索，同时也需要在不断的调整中发展完善。

2．在职人员的培训

这是优化在岗的节目主持人的最佳途径。培训的方法可以因人因地因台而异。有条件的应组织未经过本科学习的主持人到高校进修。对于已有一定的专业基础，只是在某些方面有所欠缺的人员，可以采取师傅带徒弟、一对一、甚至众对一的强化培训方法，帮助他们提高。定期召开业务研讨会、评节目、找问题、交流经验、互通有无。

对于某些具备良好素质有发展潜力的主持人，还可以聘请名专家、名学者、名主持、名编辑、名记者共同会诊、指导、栽培，促使他们迅速成长。实践证明，这有利于在不太长的时间里培养出若干优秀主持人，是一种行之有效的方法。

3．建立相关的双学位制

这虽然还是一种设想，但它确实是一条理想的途径。大学本科毕业生通过广播电视的实践或根据自己的兴趣、特长，报考第二学位，专修节目主持专业。这样的毕业生既有一专之长，又熟悉传播理论、主持业务，综合素质比较好，驾驭节目的能力也就比较强。

4. 实践中造就

节目主持人是实践性很强的专业。即使是科班培养也不能脱离实践这个重要环节。近几年，有许多优秀节目主持人就是在实践中边干边学成长起来的。但这个办法必须在一定条件下进行：其一，本人已具备节目主持人的良好素质；其二，有一定的编辑、记者经历；其三，勤奋好学。

多途径的培养方式，至少在当前和今后相当长的一个时期内，符合我国国情和实际需要。重要的是，无论采取何种方式，都应该也必须坚持高标准、严要求，要在公平竞争中选贤举能。

我国广播电视节目主持人群体，在祖国这样广袤丰腴的土地上诞生成长，其前景将是辉煌的。我国的经济在发展，社会在前进，节目主持人与亿万受众在文化共生中互为作用，必将走上一个个新的历史阶梯。

第四节　主持人理论研究发展轨迹探寻

——历届“金笔奖”参评论文调查报告

我国节目主持人事业历经 22 年的发展，已经逐渐走向成熟。这种发展的迹象不仅体现在实践领域的生机勃勃，新人辈出，一批优秀的主持人与主持人节目被广大民众所喜爱、认可；而且还体现于主持人理论研究领域的拓展与深化，主持人自身理性思考能力的提高与自觉性的增加。本节力图通过对

2002 年第六届“金笔奖”评奖情况的梳理，比照历届“金笔奖”，以探求主持人理论研究的发展轨迹，结合实践，前瞻未来。

一、参评概况（单位：篇）

	参评论文总数	广播	电视	综合	参评单位	参评人数	获奖篇数
第一届 1992 年	49						38
第二届 1994 年	123						76
第三届 1996 年	141		45				90
第四届 1998 年	207					210 人	146
第五届 2000 年	113	59	54		70 个	120 人	98
第六届 2002 年	131	54	51	25	81 个	144 人	111

二、综合评述

节目委员会从 1992 年首届论文评奖活动开始至今，每两年举办一次，已历经六届。回首走过的岁月，今天摆在评委面前的论文，不仅仅是数量的增加，更是质量的提高，尤其令人欣喜的是在参评论文中体现出的理性思考已愈见敏锐、深刻，理论视野愈显开阔、前瞻，早已走出了总结经验、泛论素质、浅谈技巧的初级阶段。

从参评人员看，75%以上是在一线工作的主持人，此外还有不少热心主持人理论研究的编导、记者、部门主任、甚至台长，近两届高等院校的教师、硕士生、博士生参与评奖的人数明显增加。以节目主持人为主体构成的参评队伍，即体现并实现了大赛本身的宗旨与目的——研究理论，提高队伍，也使研究的成果更具有来自实践的鲜活感和现实指导意义。而一线的编导、记者与管理工作者的积极参与，为主持人理论研究带来了同行的丰富视角，往往针对性强，可操作性也比较强。对于高等院校师生的参评，由于他们的工作和学习的状态、背景（如以硕士论文来参评）与在岗主持人有明显差别，不在一个层面上，那么如何保证评奖的公正性，不打击各方面参评人员的积极性，鼓励更多的人来关注主持人理论的建设，显然事关重要。就此，第五届评委会专门进行了讨论，取得了一致意见。大家认为，这类论文参评，对于提高参评论文的质量，提升主持人节目理论研究水平可以起到积极的推动作用。因此，研究会将鼓励高校师生参评。当有一定的论文数量时，将单独分组进行评选。在没有分开时，评委适当把握评奖要求。有了这个基本精神，第六届评奖时，不仅参评总数没有减少，高校师生参评人数还增加了，北师大、复旦大学、南师大、中央民族大学等5所大学参加了，这些论文在理论创新与学术探讨上都各有所长。同时，伴随着我国主持人队伍整体素质、学历水平的提高，参评人员的知识体系、理论水准的总体状况也明显提高，论文质量的提升是在必然之中。

从获奖情况看，第一届获奖篇数为参评总数的77.5%，第二届是62%，第三届是64%，第四届是70%，第五届、第六届都达到了85%。提高获奖比例，前提就是参赛论文的总体水平提高了，需要扩大奖额鼓励参评人员；再者，希望激励更多的主持人在热运作中多一些冷思考。其实，获奖不是目的，更重要的是通过参评，迫使其坐下来针对实践进行理性梳理。当我们的主持人具有了理性思考的自觉，将阅读成为一种生活的必须时，我们的广播电视媒体的有效传播能力才会有令人振奋的发展。

从参评单位看，总的来说，地市台多于省级台，省市台多于中央台。处于西部的乌鲁木齐台、兰州台几乎每次都送来几篇。这与主持人所在单位重视与否直接相关。第五届辽宁台送来了一批；第六届天津人民广播电台在台内论文评选的基础上，送来12篇参评论文。吉林电视台齐刷刷的7篇，也给评委留下深刻的印象。但是，值得一提的是，中央电视台，历来参评人员不多，这与他们历届“金话筒”奖中的参评大户与得奖大户形成极大反差。今年索性一个都没有。其中原因可能多种，信息不通，时间紧张等等，可都不足以说服人。目前，已有不少电台、电视台将主持人每年论文写作、发表与参评，纳入主持人年终考评的指标系统。相信随着主持人管理工作的深入及其规范制度的建立，在金笔奖论文的评选中也会有所体现。因为理性的思考是主持人不断超越自我持续发展中不可或缺的重要品质。

从广播电视参评人员及论文总体状况看，无论是参评人数还是总体论文质量，一向是电台多于电视台，强于电视台。尽管今年第六届电视类参评论文数量增多，但还是没有超过广播的总数。广播电台的主持人表现出了论文写作的积极热情，和更为扎实的文字功底。因此，主持人理论在广播的领域的开拓，取得比较明显的成果。比较而言，电视偏弱，更多的滞留于操作层面，经验总结的范畴。然而，今年我们非常高兴地看到了电视类的进步。根据评奖规则二等奖以上广播、电视、综合三类打通评比，结果12篇一等奖论文中电视类有6篇，“金笔奖”也是此类的。这是以往任何一次所没有的。这不仅说明电视人的进步，也从另一个角度让我们看到，电视主持人研究领域未开垦的处女地还很多，需要我们给予更多的关注与思考。

三、论文分析

1. 从素质研究到全方位前瞻性探讨

我国节目主持人起步晚，出现后又一下子如雨后春笋般的勃勃发展。但是究竟什么是主持人？他们应该干什么？怎么干？什么样的人适合做主持人？这些非常基础的问题却是大家共同的困惑。因此，“金笔奖”参评论文，开始几届涉及到素质构成的论题占有相当比例。通过反复认真的探讨，形成相对集中的认识，对主持人队伍建设起到了积极的推动作用。但是这仅仅是主持人研究起步的初级阶段的理论命题。随着社会的进步，我国广播电视事业的飞快发展，主持人节目形态的增加，主持人传播特征的强化，对主持人与主持人节目的研究也全方位的展开，与节目主持相关的方方面面都涉及到了。不仅关注现实普遍存在的问题，研究热点、难点问题，也对未来的发展提出前瞻性思考。

2. 从经验总结到学理性规范论文写作

许多早期主持人在开始写论文时，都是在自己多年实践的基础上完成的，因此在前几届比较多的文章是以第一人称经验总结式的、或归纳、描述性的方式写就的，现在已经明显减少。许多论文选题独到，切入点小，论述有理有据，不流于表面，既有实际工作感触，又努力上升到学理层面思考。思路清晰，结构完整，语言流畅，文风扎实，论文写作的规范性大大提高了。这当然与主持人队伍构成的变化密切相关。

3. 从单学科关注到多学科视野的开拓

中国的节目主持人经过20余年的发展，已经确立了自身的学科地位。这门新兴的学科以其边缘性、综合性为特征。它与多学科相关、渗透，难以分离。但是认识是循序渐进的。最初研究的理论依托，延续了传统的学科体系，往往囿于语言学、新闻学的范畴。然而，如今多学科、多视角、全方位已经成为普遍与必然。传播学、美学、社会学、心理学、文学、职业生涯管理理论等等。大家在积极地探索、为建立有中国特色主持人节目理论体系而努力着。

4. 从浅论试论到理论创新的追求

创新的价值越来越获得广泛认同，它已经成为我们国家发展的核心理念了。确实，创新之于一个人而言，是活力；之于一个企业而言是生机；之于一个国家与民族而言则是进步、发展。有了创新意识，便不会人云亦云，东施效颦。一篇有创新意义的论文，它不仅能先声夺人，也更有了其探讨的价值。即使不完美，也能因为让人眼睛为之一亮，达到启示他人的作用。从近两届的情况看，参评论文总体上已经走出了浅论、试论、泛论的初始阶段，开始积极地追求论题的前瞻性、批判性、独到性，以理论创新为己任。这不正是这支队伍走向成熟的重要标志吗？

四、存在问题与未来发展的思考

1．主持人参评的面要扩大，量要增加，质要继续提高。

2．增加理性思考分量，注意避免停留于叙述性、描述性的层次，努力寻求理论依托与提升。

3．有些选题无新意，无理论探索的新视点与价值，没有再开拓空间。

“金笔奖”的品牌建立已势在必行。目前“金笔奖”显然没有形成与“金话筒”奖旗鼓相当的影响力。究其原因，主要有三：其一，奖项活动本身的宣传、包装力度没有跟上；其二，奖项没有完全纳入管理机制当中；其三，主持人自身对理论研究的淡漠。

因此，要提高“金笔奖”含金量，必须有针对性的从上述入手，首先加强对活动的宣传力度，让相关人员了解其深远意义，从而引起广播电视媒体管理层和广大主持人的足够重视，使其能够纳入主持人管理条例之中；其次，完善“金笔奖”评奖规则，加强评奖后的研讨活动，使评奖的意义延伸，扩展；其三，请专家学者讲学，有针对性地指导论文写作。

提升“金笔奖”含金量的终极目的，就是要为主持人理论建设服务，为广播电视传播中相关的具体问题提供理论指导，为主持人这支队伍的发展、壮大尽力。行成于思而毁于随，未来的岁月，我们努力在思考中前行。

附录　中外著名主持人谈主持

修养篇

一个电视广播员需要具备合乎要求的自然条件：端正的容貌，匀称、健康的身材，准确、清晰的普通话语音，更为重要的是广播员的风度。给观众以怎样的印象，决定性的因素是广播员的内心世界、精神面貌在形象上的反映。这种风度是不能靠模拟和表演获得的，必须靠自己长期刻苦而严格的锻炼，加强思想修养，不断提高政治、文化水平，才能逐渐形成。

——沈力

如果一个中国的节目主持人，没有对中华民族文化怀有如醉如痴那样一种压抑不住的热爱，你不能当好一个中国的主持人。

——赵忠祥

作为一名成功的主持人，最重要的是必须有责任感与使命感。

——赵忠祥

对你的风格承认，你的业务能力被人承认，是有一个过程的，这时你不能怨天尤人……大家要认准一个方面，在业务上要有所建树，还需要一个韧性，不屈不挠，凭的就是你咬紧牙关坚持到最后的一个瞬间，这是很痛苦的。

——赵忠祥

自己总是感到有压力，感到沉重，只有把压力变动力，才能向最好主持人的高度攀登。

——倪萍

得到今天这一切，我从来没有狂喜过，也没有觉得有多么幸福。我是一步一步奋斗过来的，奋斗中的甘苦，只有真正奋斗过的人才能体会到。我这个人不怎么抱怨，就是在奋斗、吃苦，处于逆境时，也从没抱怨过。这可能同我的修养有关，我喜欢读书，最喜欢读名人自传，也许是许许多多名人伟人的道路、事迹、思想感染、启迪、影响了我。

——倪萍

我觉得当主持人最重要的是心态，应当有个健康的心态。这样，遇到大场面才不至于乱了手脚，也不至于盛气凌人。

——杨澜

学问是一个非常公正的回报，而在社会上，有些事情就不一定是这样的感觉。我挺得益于我过去在漫长的校园生活中受到的各种教育和熏陶，中西文化都接触了不少，挺系统的。

——杨澜

如果把电视节目主持人看作是青春职业，那我干这行太晚了；如果把从前的一切，包括当知青，做播音员，读研究生都看作是一种积累和准备，那么我在30岁以后才当电视节目主持人，也许正当年。

——敬一丹

主持人在知识方面、阅历方面必须是个很好的资料库，需要您广知博览，就如人们常说的记者是“外行里的内行，内行中的外行”。

——水均益

第一，不结巴。第二，心理素质要好，做主持人是天天要被别人指指点点说好说不好的行当。第三，做好做长跑的准备，不能以短跑姿态参加到长跑的比赛之中，甚至根本就不是一个比赛，而是一个人的赛跑，必须按照长跑节奏，如果按照短跑节奏，流星瞬间消失可能很容易，做恒星做长跑必须做好这种准备。

——白岩松

新闻记者、主持人的首要品格应是正义感……再有，好的主持人对生活绝不会漠然，不关心也就不会投入。

——水均益

我们这样的新闻节目主持人，大多数情况下没别人伺候你，一个节目的选题、拍摄的点子、最后的结论等等，都得自己提出来，这些要是没有相当的知识背景，只靠长得帅气漂亮，靠临场发挥表演，靠吹靠侃，全都没戏。有时观众就着重听你片头片尾那几句话到不到位，这就需要主持人不断去丰富自己。

——方宏进

新闻节目的主持人应该是做得越长，越有说服力和信誉。干这行的生命力不在于一段时间里，在多少报纸杂志上露脸，而在于二、三十年中间，你都能够冷静、理智、深刻地对国家大事和世界风云发表点评，这才算是成功。这不是一个过把瘾就死的行当。不论社会发生什么样的动荡，出现什么样的潮流变换，都需要有人去冷静客观地对事件进行报道，需要有人发表理性深刻的评论，帮助大家注意事件和潮流中的种种机关和迷津。

——方宏进

在我们很多人的印象中，好象西方的节目主持人可以为所欲为，想怎么干就怎么干，事实上不是这样。我两次去美国，感受最深的是，人家的敬业精神实在是太强了。他们的主持人把工作看得比自己的生命更重要。我们的主持人干的不好可以换个节目再干，他们不行。一次干砸了，也许这辈子也别想再干了。当然这也反映了资本主义社会竞争的残酷性。但是，从另一个方面看，竞争也带来高素质、高效率和高质量，带来了他们勤劳奉献、孜孜敬业的精神。我们常讲爱国主义，但爱国主义不是空的。要爱国，你首先要爱你所从事的事业。一个对自己所从事的工作、事业都不认真、不热爱、不投入的人，很难说他真正爱国的。

——赵忠祥

人格高尚不是做给别人看的，这主要是自己的修行，自己的福分，自己的快乐。这种高尚本身可以给你自己带来心理上的平衡，营造自己的快乐和信心，自己本身就是受益的。如果觉得树立高尚的人格是为了给别人看的，修行是为了别人，这句成了一种“业障”。……这样做出来的所谓高尚人格，只是显得高尚而已，不是真正的高尚。

——方宏进

我始终认为主持人应做到屏幕上下一个样，受人欢迎和尊敬。

——鞠萍

一个拥有相当文化底蕴，具有风趣言谈，潇洒举止的节目主持人不仅成为电视台的门面，某种程度上也被视作一个城市的文化标志。但是节目主持人通常是一个极其危险的职业，他（她）的一言一行，一颦一笑必须经受得住观众苛刻的眼光。一个主持人可以在一夜走红，也会因为一个小小的失误而葬送前程。

——曹可凡

我心目中比较理想的主持人，他应该是一个过 40 岁的男人，他会更加客观、冷静，但是穿透力极强；他思想更加成熟，并且具有极大的悲悯之心；他做任何事情，状态会很平和，却把激情藏在心里，每句话里都能让人感受到背后的激情汹涌澎湃。我喜欢这样的主持人，我希望 10 年后的自己就是这样子。

——白岩松

节目主持人每一句感人肺腑、动人心弦的妙语都是长期“劳其筋骨，苦其心志”的结果。

——曹可凡

随着电视文化的飞速发展，其节目类型多种多样，传播内容包罗万象，这就要求节目主持人广泛阅读，博闻强识，融会贯通。无论政治历史、文化艺术、社会风情，还是天文地理、琴棋书画都应该有一定的涉猎。在知识结构上力求“专”、“深”与“广”、“博”相结合，做一个名副其实的“杂家”……一个有文化、有知识的主持人才能赢得观众，才能拥有长久的艺术生命力，在激烈的竞争中立于不败之地。

——曹可凡

对于任何一个节目主持人来说，只有先拥有一个大写而丰满的人，才能派生出一个被观众认可的主持人形象。

——白岩松

干嘛我要去“演”主持人？我应该是代表观众和电视工作者去参与、去感知，再将真实的情感，传递给观众。我既是同观众平等的知心朋友，又是观众的向导；既是新闻宣传工作者，又是文艺工作者；既传播各种知识，又给人以美的享受。主持人应具备新闻素质，又要有相当的文艺素质，是能编、写、导、播……的大杂家。

——陈铎

一个优秀主持人首先应该是一个心态健康的、善于与别人沟通和交流的人。

——周涛

任何事物都不可能永远处于一种永不停止的颠峰状态，一个栏目也好，一个人也好。但是我想，激情过后，只要葆有内心的一份灼热，状态的改变并不意味着什么。

——水均益

在成长的过程中，我觉得最重要的是善于学习，不要轻易地放过身边的每一个人或每件事所有可能给你带来的教育和收获。但在自己心中要有一杆秤，这杆秤是自己的自信，是自己的主心骨，不要轻易地改变这根主心骨的颜色。不论它是洁白或是赤红的，都很珍贵。

——沈冰

自从我从事这项工作以来，我就开始研究美国政治、历史。这已成了我的习惯。我每年都要重新编写一本书那么厚的材料。因为这是一种帮助我记忆的最好办法，我把它称作案头书。

——［美］沃尔特·克朗凯特

有些人认为女性可以吸引观众，尤其是漂亮的女性，因此多从艺术团体聘用女性来主持电视节目和电视专访等。可是我长得不美，也不怎么漂亮。我，不是一个演员！人们相信我，是因为我开诚布公地向观众报道消息。

——［美］芭芭拉·沃尔特

成功的秘诀是“肯干”。90%是汗水，10%是运气。我一天工作14小时，七年来没歇过一天。我常常在同一时间里不止干一件事情。比如一边化妆一边打电话；一边化妆一边向秘书口授稿子。我认为多姿多彩的生活是靠自己创造出来的。

——［美］靳羽西

我觉得每进一步都很不容易。十八年里，我觉得每一天都在奋斗。这种奋斗从来也不曾停止过，也许永远不会停止。今天，我并不觉得自己已经很成功，我需要学习和努力的事情还很多。我要通过的是一条漫长的隧道，前方洞口的光亮还不大看得见。

——［美］宗毓华

若让人们相信新闻，首先要让人们相信告诉他们新闻的人。

——［美］丹·拉瑟

我认为一个优秀的主持人应该有无穷的好奇心、广泛的训练和充沛的精力。

——［美］汤姆·布鲁考

我喜欢从矛盾的角度来看问题，感性和理性是一对矛盾，但不可分割，做新闻需要理性的分析和判断，但在内心，要有一份感性的人文关怀，这是节目的灵魂。

——沈冰

我觉得我的一辈子是在为了让更多的人变得更加美丽而工作，我的人生是因为他们的美丽而美丽的。

——［美］靳雨西

我不在乎拥有多少，而只在乎拥有什么。被赋予更大的权力意味着要承受更多的责任。

——吴小莉

个 性 篇

《一丹话题》使我多了一个面对世界的表达方式。走过初始阶段的主持人，便不再刻意研究某个词句，某个姿态，而更注重自己的整个状态。在《一丹话题》里，我往往处于一种特有的状态中：主动、活跃、由衷、敏感；按自己的方式去想，按自己的方式去说，没有感觉的题目我不会去做，没有感觉的话，我不会说，这似乎是一种把“真我”和“职业的我”结合在一起的最好的状态。

——敬一丹

节目主持人在话筒前是以“我”的面目出现，虽然他的身后有新闻机关和节目集体，但他是以具体的一个人的身份与听众交谈的，这就要求他表现出自己独特的个性。节目主持人的个性，是节目主持人的政治素质、生活经验、能力、性格、年龄、资历、文化修养、思考方式、审美趣味等的综合体现，它要受节目的制约，也要考虑到听众的需要，是个性与共性的统一体。

——敬一丹

我力争不说和我内心感受不一样的话。渐渐的，观众从我个性语言中对我就会有个了解，他们心目中的杨澜就是一个完整的形象，而不是自相矛盾。

——杨澜

美有无数种，我偏爱自己纯朴又不失智慧的一类，就像在无数色彩中我还是偏爱宁静纯粹的天蓝色。我觉得一个主持人要赢得观众，就要树立自己的个性，用自己的语言说自己真实的思想和感受。任何拔高和矫饰都逃不过观众的眼睛。

——杨澜

我哪有什么绝招！只是觉得当主持人，不应该做作，你就是你，应该让观众感到，面前这个人就是一个普通人……

——倪萍

我始终认为节目主持人，节目是第一位，有了节目才会有主持人，主持人不能脱离节目来谈自己的个人风格。

——周涛

每一个节目主持人都应有自己的特点，一定要敢于表现自己的特色和风格。

——［美］靳羽西

主持人需要具有个性和魅力，大家愿意同他做朋友。

——［美］詹姆斯·德

我很敏感。幸好，作为一个女人来说，敏感还算不得缺点。从某种意义讲，它更是一种性情和境界，因为敏感的眼睛更容易捕捉到美的瞬间。

——周涛

CBS 新闻部的管理者们在确定克朗凯特接班人时是根据他目前的价值和标准。而我从开始就把自己当作是一名新闻记者而不是新闻制造者或什么名人。

——罗格·马德

我们从来没有以个人的身份说过话，我们说话的方式有一定的个性，大家自己可以写稿子，提出自己对问题的看法和观点，自己采用多种多样的方式编辑节目，在演播室里录节目时也可以根据自己的风格对稿子加以改动，重要的是应该是代表中央电视台的意见。每个人都有自己的品味、自己的爱好，作为一个自然人就无所谓，别人无权指责。但是，如果在某个媒介的栏目做主持人，要表现的就应该是那个媒介、那个栏目的品味和格调。

——方宏进

主持人不同的个性特征是电视在多元文化背景下呈现出来的传播的多元性。个性化的表达使电视节目的包容性增加，扩大了节目在人群中的接受范围。不同个性的主持人吸引着不同的人群，而从总体上看，当一个电视媒体中各具特色的主持人越多，它对各类观众群的普适性就越强。虽然众口难调，但是这个媒体中不同风格的主持人适应着不同口味的电视观众，每一个主持人节目的针对性增加了，对观众的吸引力提高了，电视媒体追求传播最大化的原则才能够实现。

——白岩松

你要做第一个进入宇宙空间的人，而不是第二个。没有人记得住第二个人的名字。

——［美］靳羽西

性喜寒，爱丹青，好结交，近洁癖。发乎情，止乎礼仪。厌恶一切民族劣根。

宽容大多数人性弱点。价值观不以东西而论，见好就收。信奉开卷有益，得其益而忘其形，贪得无厌。孤独时冷若冰霜，在自己的精神世界里登高临远，负剑独行。

追求庙堂之高与江湖之远的书剑情结。在进退，沉浮，雅俗，苦乐，虚实，因果以及国家之间以逍遥面对现实。相信战胜自己永远强于超越他人。

——杨锐

我认为我决不可能成为鲁宾斯坦第二，既然我无法成为最好的，为什么还要去做呢。首先要把事业的准备工作做好。决策前要把有可能的失败都一一考虑好。如果你想用一年时间做准备，那么最好增加到两年，时间长，但有可能一炮打响；你还要小心翼翼地控制住这个环境和外部的压力。我常跟他们说：要成功，就要把痛苦放在脑后！

——［美］靳羽西

做工作就好比喝咖啡，好喝我就喝，不好喝就把它丢在一边，那是不行的。如果你眼前只有一个选择的话，那你一定要想办法把这件工作做到闪光。

——孙晓梅

采访篇

面临重大场面时的表现，我想最根本的就该是精力集中，集中在如何完成这次采访，而不是被“我的一举一动都在对方的眼中”、“我的节目将被一些人看到”等类似的问题所干扰，要集中精力听对方的回答，因为常常是问题与回答是相互派生出来的，这样才能在遇到出乎意想的情况时应变自如。

应变时的反应应该是坦诚的：不解时可追问，惊讶时也可表现出来，发现他离题太远要设法拉回来，有一些必须要对方回答的问题要直截了当，用大众化的明了语言，否则就会给对方提供避实就虚的机会。

再有，同样重要的就是采访前的案头准备。就是说，你们在屏幕上看到的流畅自如也是因为“有备而来”。采访前要将智慧开到最大的极限，设想各种可能，将采访对象研究透了之后，抢占主动。

在面对基辛格这样的国际政坛“大腕”时，与他套近乎、空谈都只能令他小看你，因此采访中首先要向他发难，让他心理上有所震动，不敢怠慢，再推出实质问题、精彩问题。最后可提出一些花絮性问题，如祝贺他的生日、与他一起与观众说再见，一气呵成！

——水均益

作为主持人一定要刺激采访对象，我要坐到极善掩饰的人面前，如果不刺激他，我会很难受，我可能暂时忘掉了观众、身份，我也会刺激他，老百姓也有同样的感觉。相反，有的人老百姓不想你去刺激他。

——白岩松

到了《东方之子》以后，我才开始认真思考。慢慢地我悟出记者的魂就是提问，怎么提问才能让采访对象说出他们想说、观众想听同时又是你想要得到的内容。这些做起来并不容易，对我来说是个特别特别漫长的摸索过程。

——董倩

我在任何一次采访中，在和“对手”谈话的时候，都提醒自己，要意识到另外一个存在，那就是摄像机后面的观众。……记者也要有一种意识，就是我们的谈话是给第三个人听的，是给观众听的。电视记者在谈话中要始终意识到现场没有而实际存在的观众——胸中有观众，这似乎是一种若有若无的感觉。

——敬一丹

不管什么人，部长也好，普通老百姓也好，所谓“配”，就是让对方感到“你懂我说的话”。不因为他是高官就仰视他，也不因为他是普通人就俯视他，心态要平和。要了解他的处境和他讲的内容，要设身处地地站在他的角度考虑。

——董倩

其实做记者，我认为根本没有什么小聪明可言，也没有什么捷径可走。你觉得你头脑聪明，现场发挥没问题，耍点小花样能够应付得了大风大浪，事实上恰恰相反，也许此时你是最失败的，在这方面是来不得半点虚伪和滑头的。

——王志

记者应该有一种调节气氛的能力，他在其中起的是一种平衡的作用，这样才能营造出一个比较公正、客观的氛围。

——王志

即使是独家采访，也要力求有独特之处。

——［美］宗毓华

如果不能采访，就没有资格做报道，那么就会离开主持人的位置。

以提问严格而著称，是我所追求的；而提问刁钻的名声，是我应避免的。我决不想背上这种骂声。

我曾经仔细研究过华莱士的采访风格：他的提问方式、措词的特征；他的语气、手势、表情以及迅速跳过一个问题转而自然地提出新问题的本领。像推选作家一样，我在这类记者中首推华莱士作为榜样加以学习。

——［美］丹·拉瑟

我想采用一种打破砂锅问到底的报道形式。听新闻时，我听到全国产品净增5%的消息。可是，它意味着什么呢？人们对此都避而不谈……我却要问一问，我们为什么要增加产品？它对观众来说意味着什么呢？

——［美］芭芭拉·沃尔特斯

无论是初识还是熟悉的明星，无论他们年纪比我长或小，我都把他们视为普通人，通过节目加深了对他们感性和理性的认识，发现了他们鲜为人知的闪光点，想尽办法展示每一个成功者在偶然性背后的必然性。

——朱军

华视记者的生涯，给我最好的训练是，我几乎认定，没有采访任务是完成不了的。这种坚定的使命感，曾使我凭一个电话号码，便找到了受访者的住所，而且完成了我的新闻故事。

——吴小莉

因人而异吧，我的感觉是，当你和访谈的对象是在用一种语言风格交流的时候，双方的交流是最通畅的，当然，不能忘了自己是主持人，还要引导谈话，我的采访风格的原则就是得体。

——沈冰

我们理想中的战地记者是这样的，他们要客观、独立、努力发掘真实情况。我们有责任知道我们的军队以美国人民的名义所干的事情。他们总是把战地记者挡在视线之外，这与美国民主制度应有的情况有很大距离。

——克朗凯特

面对不同的采访对象，你的方式应该是不一样的，但目的都是为了达到沟通。

——王志

只有善于主动了解采访对象心理，尊重采访对象，才有可能在平淡的生活中得到意想不到的收获，最终为节目中的亮点。

——敬一丹

对采访对象有一个原则：平视。平视到底是什么概念？这么多年我想这个问题，平视不应该是记者的眼光，应该是观众的眼光。当你面对强者的时候，你要给他压下去，当你面对弱者的时候要给他扶一下。

——王志

传媒的基础是沟通，沟通的基础是诚恳。诚恳是我的底牌。在真实和准确的前提下，希望我能尽量地把复杂的东西说得简单一些，明白一些。

——王小丫

我在几年的记者生涯中，从未问过采访对象“请问你有什么感想?”……有了这样一个戒律的约束，记者的状态就变得积极起来，状态积极了，思路也容易打开，语言也随之灵动了。

——敬一丹

编写篇

有了写作的基础，主持人润色稿件，出口成章就驾轻就熟了。我们的有些主持人语言表达能力差，其实是写作能力差的表现。写作能力是体现一个人整体综合素质的能力。要写作，就要有广博的知识，就要多读书、多积累；要写作，就要学会观察问题、发现问题、分析问题，就要有较强的逻辑思维能力。主持人的职业对人的素质的要求是多方面的、全方位的。通过提高写作能力可以使学生的整体素质尽快提高。

——赵忠祥

我特别反对主持人要别人给写稿子。主持人素质提不高是因为生活在编导、导演的笼罩之下，树荫之下，成了寄生藤了。你碰上好导演、好编辑了，给你写好稿子了，当然也有自己的努力，背词背顺点，有人说你真高，其实那不是你的。强调主持人的魅力、个性，讲真话不讲假话、编辑不了解你，不知道你喜欢什么……我主张多和编导联系，没有很好的文字能力不要紧，要表达自己的观点征求他们的合作，如果这点起码的权益和工作条件都争取不到的话，那你永远当不了一个主持人，说明你太没能力了。主持人的语言，所表达的内容，一定要在真实的基础上，千万别编。首先要做到真，至于表情达意则各有各的招了，各有巧妙不同。但要做到与人为善，表里如一，对国家的大好形势要充分宣扬，这表现在每个人的心态上、人格上，以真、善为前提才能做到美，否则就美不了。

——赵忠祥

以记者的心态去观察世界，世界就到处充满选题。很多选题都源于长久的思索，偶然的触发。……我捕捉话题往往在两端之间，一端是市场经济，一端是人。我在选题上的这些倾向在很大程度上是由我的个性决定的。

——敬一丹

我觉得我是一个肯下工夫，愿意经常出新招的节目主持人和策划。这个自我评语，我觉得对我是公正的，也是心安理得的。正因为我懂得日久必厌的道理，要使节目常播常青，就必须经常出新招。

——叶惠贤

嘴里要想有，脑里先要有；要想会说，必须会写；主持的艺术就是在没有准备的情况下做好准备。

——叶惠贤

我给他们分配写稿的题目，我自己也编写一些新闻，大家分工动手编写。他们写的稿件送给我之后，我还要编辑。每条新闻都是细心编写的。我用钢笔修改、重新改写，主要是这里改几个字，那里改几个字，不是说我比别人写得好，而是用我的风格改写。改用我的口气播出。我还经常向他们提出一些问题，我经常把稿件退给他们。我说这条新闻没有用我的讲话的方式进行编写，这条新闻没有讲这一部分或那一部分，这一问题或那一问题。他们还要重写。

——［美］沃尔特·克朗凯特

我们每天晚上竭力去做的事情就是要使各种事件具有某种连贯性。

——［美］约翰·钱塞勒

如何报道得很好又是一种很大的挑战，报到不好如果用常规的语言和状态，可能淹没在众多报道当中，这时候反而要动最大的脑筋使这种宣传报道做到通俗易懂，让老百姓爱看爱听。的确十六大和两会很多事情跟百姓有关，做不好变成程式性，做好了大家反而爱看。

——白岩松

做记者，每天像是个二、三分钟节目的制作人，从题材的发掘、受访者和事件现场的联络，到了现场后故事的铺排，画面的呈现和受访者的互动访谈，再到资料收集。

——吴小莉

人总是对不属于自己的东西感兴趣。我也不例外，就像看多了尼采，崇尚超人一样，我自己在现实中，也寻找着能触发自己灵感的东西。

——周涛

电视新闻节目主持人的任务就是说话。我今晨10点起床，工作一整天。我读了全部电讯稿，给许多人打了电话。这样新闻就到手了。让我们一起来研究它，我充当你（观众）的向导就是了。

——［美］约翰·钱塞勒

我们新闻工作者必须做到准确和诚实。

——克朗凯特

如果你希望做一个优秀的电视人，写作水平太重要了。回想起来，当我1962年进入哥伦比亚广播公司的时候，我认为自己是一个非常优秀的写作者。但是你整天在舍瓦瑞德和科林伍德世界的身边转悠，和布林克利的世界进行竞争，你发现——我很快发现我的写作并不是我想像的那么好。于是我认为，要想出色的完成电视工作就必须把东西写得更完美。

——丹·拉瑟

语言篇

主持人所用的语言：第一，应是标准的普通话；第二，要使自己的语言有文化气质、文化品位。不能痞气，也不能像胡瓜一样讲荤段子，搞下流。幽默可以，幽默不等于下流。主持人的语言怎么算到位，就是言之有物，在表达一个事情时要受到过新闻训练，新闻有五个W，即时间、地点、人物、发生了什么事、为什么，同时要准确、鲜明、生动。新闻语句要用短句，不要用长句子，穷于修饰，绕来绕去落点不对。要用短平局面的语言，不要把“嗯、啊、啦”等当作自己放松的表现，那是掩盖你内心紧张的表现。“嗯、啊”不这样有人说不出下面的话来，这成了毛病。语言要精练到什么程度呢？把你的解说词，编好以后记录下来，进行训练的时候，一层一层往下剥，凡是不要的，再辉煌的地方我也不要，伸出的枝杈全都给削掉，削到再削一个字就不成句子为止，我想那就到位了。

——赵忠祥

声音的训练从理论上讲非常简单，无非是气息的控制、声带闭合与共鸣腔的调节这三个部分。然而关键是练，是实践。练功，其实就是功夫，就是坚持不懈，不但锻炼人的机能，也磨练人的意志。冬练三九，夏练三伏，寒暑不辍，这不是一件容易的事。

——赵忠祥

主持人语言尽量贴近生活，不是贴近生活当中不优美的东西，而是贴近生活当中，我们提炼出来的，我们找到的最好的表述方式和最优美的包装，使得我们平时的讲话就做到言之有物，有逻辑性，准确、鲜明、生动，在话筒前和生活中没有什么截然的区别。工作时语言生活化，生活当中又有规范化，用这样的标准来修炼自己，这就叫功夫、基本功。我想只要你练，时间就可以改变一切。

——赵忠祥

我把每一场转播都当作是一次考试。尤其是在当今信息社会，观众要求越来越高，不光要求现场解说得好，还希望从中获取赛场外的信息。这就要求我们付出艰辛的劳动，只有收集到大量第一手资料，采集真实的情节，抓住瞬间的动态，解说时才能有血有肉，有声有色。

——宋世雄

我们所说的“口语化”绝非指淡而无味，对于主持语言我们要求：第一平常但不能平淡，要精彩；第二平淡要有内容，每一句话力争做到“言之有物、言之有趣、言之有益”。

——水均益

电视主持人，是“一”对“多”的交流，不是你在发言让别人听你的话，你必须要在无法与观众直接交流的情境中达到使人感到在交流的效果。

——水均益

我经常谈的是经济话题，我对自己有一个要求：经济话题由我来谈，不能把话说得像经济专家，求深度，也不能让观众觉得很艰涩，主持人如能以平常心去体味，以平常话去表达，就有可能深入浅出。我经常与观众站在同一起点上开始接触某个经济问题的 ABC，随着采访的展开，又同观众一起一步步走向深入。在这样的位置上，更能体会观众心理，更能注意把枯燥的经济话题社会化、软化，找到贴近观众的切入点。

——敬一丹

这半年，我注意了一下美国的电视节目主持人。美国大的仪式节目主持人，语言的魅力来自取悦观众的两种方式。一种是特别动感情，一种是特别幽默。一般是两种结合。先是幽默，让你喜欢他，后是被他感动得要哭了，他们的表达方式很好，常常是寓情于事。……觉得这件事跟他今晚主持的节目毫无关系，但听到后来他话锋一转，你会觉得他把后面的节目连接得非常巧妙，真是相映成趣。于是，你会对他的机智、幽默由衷地敬佩，然后，你会不知不觉和他及他主持的节目在情感上产生共鸣。这些名牌主持人都习惯于用具体的事来表达抽象的感情。

——杨澜

节目主持人在镜头前应该摒弃一切矫揉造作，故弄玄虚；堆砌辞藻，花里胡哨；唠唠叨叨，喋喋不休，力求使自己的语言准确简约，流畅生动，生活化，口语化，同时通过节奏的快慢、语调的扬抑、声音的强弱这些语言的外部表现形式，来传达节目主持人的思想和情感，让观众听来节奏鲜明、和谐悦耳，给人带来美的享受。但是主持人的语言不是一成不变的，它必须随着时代的脉搏一起跳动，而且在不同类型的节目中，其语言特色也不尽相同。

——曹可凡

相声艺术确实给我的语言表达打下了坚实的基础。但是，说相声同主持节目又是两码事。相声演员谈话可乐，但不一定可信，而节目主持人的话，则既要精炼、风趣，又要可信，有分寸感。

——叶惠贤

谈话确实需要相互配合，好的谈话者可以给你留有余地，给你鼓励和信心。好的谈话需要放松的心态和相互的信任。

——崔永元

运用形容词和副词的关键是恰如其分。所用的修饰词需有助于使被修饰的名词或动词意思更为明确。小心，形容词对你的报道是危险的。

——［美］约翰·钱塞勒

主持篇

主持人要想成为节目的积极组成部分，就不能照本宣科，而应有切身的个人感受，感受是具体事情引发出来的。所以，当节目需要你说一篇散文式的抒情语言时，你可以抒情。更多的时候，还是需要故事性的情节，观众才容易明白你要说什么，为什么要这样说。我觉得，这应当是今后我们电视节目主持人努力的方向。否则，遇到好稿子还能发挥得不错，遇到一般的稿子就无话可说了。只能是冲着观众拼命地微笑，再加上“恩、哎”之类的口语，亲亲切切地把稿子里的话背完。所以，主持人的阅历、修养很重要，遇到挑不起气氛的稿子，你不妨讲讲自己与节目内容有关的事情，也许会把死气沉沉的场面搞活。

——杨澜

我所说的主持人其实是一门分寸的艺术，主要是指情绪把握的分寸。情绪把握得体，就能很好沟通节目与观众之间的联系。

——杨澜

张扬有个分寸，隐蔽也有个度；此中界限很模糊，但观众和你的对谈会感觉到。每个主持人的处理不同，当然结果就不同。

——胡健

节目主持人心目中一定要有节目的整体效果，要清醒地知道自己的位置。一个节目主持人若在镜头前一点自我表现欲望都没有，那还不如去当观众。但反之，也不能太把自己当回事了，总想拿个劲，想表现自己，这样做的结果会适得其反，观众肯定特烦你。

——杨澜

电视播音员最致命的弱点就是丧失了在镜头前的新鲜感，缺乏新鲜感就丧失了激情，丧失了激情，就会使观众看到一个对工作与生活没有兴趣的形象。感情一要自然，二要充实，缺一不可。在镜头前的振奋感和运动员保持竞技状态一样，要有跃跃欲试、不可按捺的冲动与激情。

——赵忠祥

主持人不是节目的主体，而是推动主体运转的人。主持人的话不在多少，而在于其流露的思想及其与听众互相沟通的能力。

——左安龙

新闻评论类主持人的生命在于提问和评论中，在于你能够冷静、理智、深刻、及时地对国家大事和世界风云进行报道，发表点评，他是节目的标牌。

——白岩松

主持人应该是一个能倾听并善于倾听的人。他在现场，更多的时候是要能鼓动起请来的客人、嘉宾和观众，让他们畅所欲言，看到你就想说话，有说不完的话，让他们觉得不说真话对不起你，没有必要在这个地方装假。这些完全是要靠主持人营造的，而且他会要求他的工作人员和他一起配合，把摄影棚完全虚拟的环境改造成一个真实的谈话场。这是谈话节目主持人在现场最重要的作用。

——崔永元

做一个电视文艺节目主持人，我注意首先理解观众的心理需求，带领观众加入节目，观众才会一如既往地喜欢你。第二要有丰富的知识，演员靠创造角色、靠台词、剧本，进入角色的内心境界即可，但主持人不同。面对观众，不知临场出现哪些意料不到的情况；一举手，一投足，一个眼神，一个字，甚至你的内心世界，都毫无遮拦地袒露给电视观众。观众需要的不仅是一个带真诚微笑的倪萍，更需要一个知识面广、头脑灵活、素质好、修养高的倪萍。第三，各地电视节目主持人纷纷脱颖而出，竞争激烈。要立于不败之地，必须寻找一条具有自己独特风格的主持人之路。

——倪萍

体育转播完成了从广播到电视的飞跃，解说员要适应这个形式，就要努力摆脱现场的局限，更多地报道运动员的内心世界，报道他们的喜怒哀乐，报道他们是如何克服自己内心的压力，摆脱软弱、狭隘和恐惧的，报道运动员在艰苦的训练和激烈的比赛中是如何战胜自我的。

——宋世雄

晚会主持人与报幕员有区别吗？当然有！作为主持人，我在台上承上启下于两个节目间，是台上演员与台下观众交流的中心。我是主动控制场面、积极活动的中心人物。仅就画面而言，舞台上的报幕员，基本是固定站在台侧面对观众说话。

——陈铎

作为一个节目主持人，除了需要具备幽默诙谐的语言、机智敏捷的反应、从容潇洒的风度和驾驭自如的能力外，很重要的一条，不能机械被动地照本宣科，而要主动地了解这档节目的主题、内容、参加演员的情况。针对不同节目不同对象，运用不同的艺术语言，达到渲染主题、调节气氛、主宰节目、代表观众的目的。

——叶惠贤

一般说来，1000 字的稿子我几分钟即可背出，所以不论是排练，还是正式演出，我都不看稿子，否则对观众就不够尊重，也有隔膜感。……有些同志说我主持节目“活”，但我认为首先必须要“懂”，然后才能“活”，才能应付自如。我主持节目时，除了调动自己多年的知识积累外，还事先对节目中的所有知识性的问题完全弄懂，有时还得亲自学一遍、做一遍，这样上场也就“活”了。

——叶惠贤

没有自信，就不能摆脱镜头前的紧张感，就不能获得主持的松弛感，主持起节目来，也就谈不上从容不迫、潇洒自如，更何来的即兴？

——叶惠贤

要做到讲而不念，首先要弄清稿件的中心内容，把稿件的思想变成自己的思想，把稿件的语言变成自己的语言，然后试着用自己的话去讲清意思，最好不要逐字逐句地背诵稿件。要做到这点很不容易，特别是新闻稿件，往往时间很紧迫，内容又是各种各样的，困难更多一些。由于电视是听、看并进，播出的稿件更要口语化，速度也要比电台广播稍微快一些。

——沈力

我觉得不同的场合下，主持人需要有不同的表现，你必须根据当时的对象、当时的场景、当时的要求决定你今天应该怎样表现。

——沈冰

定位是时效、前瞻、贴近，三十五分钟说透一件事，它不是一个新闻的拼盘，而是一个层层递进的深度报道，全方位报道，多角度报道。

——王小丫

无论是初识还是熟悉的明星，无论他们年纪比我长或小，我都把他们视为普通人，通过节目加深了对他们感性和理性的认识，发现了他们鲜为人知的闪光点，想尽办法展示每一个成功者在偶然性背后的必然性。

——朱军

进华视半年，对做电视新闻的技巧已完全掌握，反而对每天例行式的出机、赶新闻、上新闻、陀螺似忙碌的生活有些茫然。

——吴小莉

谈话节目主持人是先在现场设套儿，静而耐心地等大家伙儿一个个往里跳，等差不多了，套口一扎，完活儿。娱乐游戏节目主持人也是先在现场没一套儿，所不同的是，你自个儿得先跳进去，不知四六儿的勇气多少你得有，而后，大家伙儿纷纷往里钻，和你同归娱乐。所以，我很注意与现场观众情感桥梁的搭建，用料没别的太多，就是一个——投入。陈汉元先生说我在现场和观众的情绪，简直就像是对恋人，而且是热恋中的人。我倒没细致自检过，但我觉得陈先生说的挺妥贴。

——李咏

在我的节目中，我不是一个能我“宣”你“效”的理想者，观众的互动参与想必也绝不是单纯的物欲所使。在当下这样一个物质越来越丰富而人的情感越来越淡薄的世态里，我们想极力粉饰的是一种良性的对抗和刺激，调动参与者的兴奋，完成对娱乐生活的享受。你情我愿，没有丝毫的被动。您玩好，在下在这儿候着您。

——李咏

现场应当弥漫着两个字——公平。作为裁判我说的很清楚：打断是我们的权利。如果不打断的话，我们都要在这里守夜。我可以打断你，你也可以打断我。打断可以让谈话有节奏。你还要考虑电视机前的观众的耐性。不信咱们可以试一试，做一期不打断的，我估计观众在自个儿家里就把你给打断了。

——崔永元

如果说谈话要有度，但只要求我——一个谈话节目主持人，那这个世道也太不公平了。这个原则应当对所有的谈话参与者都适用。……有的人说着说着就说大了，我们还要让他注意控制分寸和尺度。有句古话说，有理不在声高，就是这个道理。既要让大家说，还不要让大家说过分，这就是最好的境界。

——崔永元

做现场直播最重要的考验来自于对心理的考验，很多朋友关注直播，直播不是对能力的考验和对技术的考验，是对心理的考验。这要错了可就立即出去了，可是当过了心理坎的时候，直播一点不可怕。对我比较大的挑战是选题比较糟糕而让我去做的时候，这十年中最大的挑战来自这类节目。好选题不必担心，做得最差的也是85分，最差的选题做好了也是40多分，这是对我最大的考验，好像对所有的人都是这样。

——白岩松

在电视上，那是新的。我不敢说以前一定没有人这样做过，可事实上，当亨特利和布林克利突然出现在屏幕前，在1956年的习惯面前，那是一个保守得多的时候，那时CBS一直是一个人主持节目，而且做得是那样出色，事实上，NBC也长时间是单个人主持节目。

——丹·拉瑟

我说的话最俗不过的，说的都是大妈的话，看过的再高的书，转化到我脑子里都俗了，我老找俗道理，如果说我崇尚一种风格的话，我就不希望高深，不希望人家琢磨半天才琢磨懂的话，我就说大白话，再高深我也要用大白话说清楚了。

——倪萍

群体意识篇

我是中央电视台这棵大树上的一片叶子，我为这个机体输送过经光合作用而形成的养分，也受这棵大树的支撑能在阳光下闪烁。尽管任何一片叶子都迟早会脱落，但是，这棵大树注定根深叶茂，日益繁盛。没有中央电视台就没有我。

——赵忠祥

主持人需要和各方面有一个好的人际关系。人缘好很重要，你人缘不好，有再大能力人家可以不请你。

——赵忠祥

他们参与了节目编辑、制作、灯光设计、文稿整理打印等大量工作，他们辛勤的付出使我更珍惜这可贵的合作关系，更切实地体会到一个集体对一个节目的决定作用。

——敬一丹

从事广播电视工作30多年，深知这个工作的权威性与群众性，因此不敢懈怠渎职；深知我身后从采编到播出，有多多少少人在辛劳地配合。我们是出场人，为数不多，而他们默默无闻，却是一支庞大的队伍。

——陈铎

别把花环老罩在我的头上。我得了金话筒最高荣誉奖，这很幸运。但更幸运的是，我所在的集体是一个很好的集体，这比得奖更幸运。

——小叶

回顾这15年，我似乎首先应当开出一份长长的致谢名单。电视就是这样，一个主持人的背后有无数人的劳动，而主持人所体现的正是他们集体劳动的成果。也许不必致谢，因为他们对我的帮助绝不仅仅是出于对我的负责和爱，而是出于对观众的负责，出于对我们共同的事业的爱，那么就让我们一起来感谢观众和我们的电视事业吧！是它造就了我们。

——鞠萍

作为主持人一样，和节目捆绑在一块儿，绕着跑了一大圈之后，也才开始逐渐明白自个儿应该这样儿或那样儿，不断整改自个儿的状态以求相对稳定。其实，一个节目到相应完善，就是一个调整来调整去的过程。

——李咏

我们从来没有以个人的身份说过话，我们说话的方式有一定的个性，大家自己可以写稿子，提出自己对问题的看法和观点，自己采用多种多样的方式编辑节目，在演播室里录节目时也可以根据自己的风格对稿子加以改动，重要的是应该是代表中央电视台的意见。每个人都有自己的品味、自己的爱好，作为一个自然人就无所谓，别人无权指责。但是，如果在某个媒介的栏目做主持人，要表现的就应该是那个媒介、那个栏目的品味和格调。

——方宏进

对我来说，凤凰是一所主持人的大学，课程是自学加实习。给你一个舞台，让你自由地扑腾。其实也残酷，因为只有舞台和你，要不就飞翔，要不就还是扑腾。

每当我以为差不多能毕业了，老师就会用新的题目告诉我：你还是个小学生，从头再来吧！

——窦文涛

主持人带领整个节目的方向很重要，但主持人和好的制作单位的配合，必须一半对一半，否则会太偏于个人色彩。个人色彩会令节目突显，但不见得寿命一定长。

——胡瓜

我对华视有极深的感情，不只因为它是我的第一份工作，因为那里有我许多挚友，更因为它是我成长茁壮的地方，为今日的我奠定基础，练好基本功，让我可以行走江湖。

——吴小莉

受众意识篇

如果我们不了解观众的心情，没有这种迫切和观众见面、给观众讲最有意义的事情和介绍最好的节目的愿望，就不可能使观众感到你对他们是亲切热情的。……缺乏出自内心的真正的热情，是不可能完成任务的。

——沈力

我们在为受众服务的时候，一定要把握住一点，要用你的高文化品位来引导受众。

——赵忠祥

节目主持人的对象感运用强调具体化。他一般不做“一对众”的设想，而把交流设想成“一对一”或“一对几”。这种心理状态是“我”与观众谈话的必然要求，他以个人对个人的形式来适应观众接受心理，有时是向着一位真实存在的观众直接呼唤，有时是把听、视对象设想成一位熟悉的朋友。

——敬一丹

要常常想到那些在小镇上见过的朋友们，在广播时，要想象自己是喝了一两杯酒以后，站在酒吧间里，对着那些朋友，使用着他们的语言，向他们叙述所见所闻。

——［美］爱德华·默罗

我觉得我是在同荧屏前的观众谈心，我是服务员，也是导游，我和观众一起同步前进，漫步在综艺大观里，我应该把观众领入电视直播现场的境界之中。

——倪萍

电视节目主持人应该是大众的‘情人’。当你从荧屏上出现时，家家户户，不论男女老少，文化程度高低，也不论什么职业，大家都能喜欢你，都觉得你不烦人，这才行。我国的广大电视观众还是喜欢比较朴实、自然、随和的形象，这符合他们的文化传统和欣赏习惯。我是为广大电视观众服务的，他们需要、喜欢什么样的形象，我就努力塑造什么形象。

——倪萍

我知道观众对我的期待，这种期待让我在八年里一刻不停地向前跑，这种期待让我在做任何事情的时候都有所顾虑，或许永远都无法潇洒人生。别说停一停、歇一歇、等一等了，就连出趟远门都得跟观众请假。

——元元

我深知一位演员失去了观众是最大的悲哀和痛苦，而一个电视节目如果没有了观众，就等于宣判了它的死刑。

——叶惠贤

我觉得主持人怎么样，这应该让观众来说，因为主持人是做给观众看的，这个标准应该让观众来评定。

——王小丫

我主持节目就像面对一个人说话，而不是许多人，不是像在大会上讲话。因为做电视节目主持人，你就是坐到人家家里去了，坐在人家面前．像我和你坐在家里交谈一样。

——［美］靳羽西

虽然我主持节目时知道自己将同几百万观众见面，但我却把它看作仅仅在同一位“老朋友”谈话。

——［美］靳羽西

因为电视是一瞬而逝、不可重复的，所以我一直训练自己必须在第一时间让观众明白我要表达的是什么。当我准备节目时，我总会调一个角度，看看自己如果在对这件事情完全不了解的情况下，是否还能明白自己原来要说的。因为我的表达完成了只是第一步，而最重要的是观众是否理解了。

——王小丫

关键问题是作为主持人，你站在一方公众的平台上，那你怎样透过屏幕去和受众建立或培植一段情感，最低限度也得达成一对等关系。

——李咏

我就是普通人，所有普通人面临的喜怒哀乐也都是我面临的，只是我的职业让大家都知道了我的名字。

——王小丫

有无数的动力促使我们做好《艺术人生》，让几千万观众呼吸到真实的空气，让浮躁的电视安静下来。如果说“人文关怀”意味着绝对将电视观众的利益置于节目的首位，那么“人文关怀”这一个似乎并不时髦的词也许会仍然令人感动。对人的重视，对人的挖掘，对人的自律，这一切多么美好。

——朱军

主持人站在媒体与受众之间的点上，让大家伙儿对你产生亲近感并认为你人情味十足，话是好说，但活儿做起来就不容易了，所以让观众产生亲近感的主持人才会少吧。

——李咏

记得在首届金话筒颁奖晚会上，我用了四个小时的时间，在1000只纸鹤上签上我的名字，用她们来回报亲爱的观众朋友。那虽然只有一分钟的小专题片《一件棉袄》，凝聚着无数人对我的厚爱，这份爱、这份温暖，我将终生难忘。

——鞠萍

在这15年中，我曾得过许多奖励，三次捧金，每次都让我不安，催我上进。尤其是来自观众的奖励，那15万多封热情洋溢的小朋友的来信，更使我永世不忘！我是一个很普通的人，我无以为报，只有尽我菲薄的能力了。

——鞠萍

中国的普通人，有着惊人的艺术才华，有着强烈的价值取向。人们需要释放，人们需要交流，人们需要抚慰。因而，人们对《艺术人生》投以极大的热情，他们在现场歌唱，他们与嘉宾谈天说地，他们与嘉宾拥抱，他们是需要被重视、被关怀的可爱的亿万的观众。他们以收视率来支持他们心目中的善良与正直。

——朱军

资料来源

《主持人》第2—10辑，中国广播电视出版社出版。

《广播电视播音与节目主持人》，辽宁人民出版社1991年12月版。

《电视的采编与创作》，春风文艺出版社1991年10月版。

徐德仁、施天权：《时代的明星——漫淡电视节目主持人》，复旦大学出版社1990年12月版。

陆锡初：《节目主持人概论》，中国广播电视出版社1991年4月版。

壮春雨：《节目主持人教程》，浙江广播电视专科学校1993年6月版。

《中国应用电视学》，北京师范大学出版社1993年6月版。

《荧屏岁月记》，人民出版社1993年7月版。

敬一丹：《一丹话题》，北京广播学院出版社1995年4月版。

叶子主编《中国电视名记者谈采访》，长城出版社1999

年 12 月版。

孙金岭：《直问中国电视人》，中国海关出版社 2002 年 1 月版。

汪文斌 胡正荣：《世界电视前沿》，华艺出版社 2001 年 11 月版。

埃德温·埃默里、迈克尔·埃默里：《美国新闻史》，新华出版社 1982 年 12 月版。

芭芭拉·马图索：《美国电视明星》，中国广播电视出版社 1987 年 7 月版。

《中国广播电视学刊》，中国广播电视学会主办。

《现代传播》，北京广播学院学报。

《电视研究》，中央电视台主办。

http：//www. sina. com

http：//www. cctv. com

http：//www. chinatv—net. com

http：//www. radiohof. org

http：//www. museum. tv

http：//www. absglobal. com

http：//www. cbs. com

http：//www. nbc. com

http：//www. msnbc. com

主要参考书目

威尔伯·施拉姆、威廉·波特：《传播学概论》，新华出版社 1984 年 9 月版。

埃德温·埃默里、迈克尔·埃默里：《美国新闻史》，新华出版社 1982 年 12 月版。

肖恩·麦克布赖德《多种声音 一个世界》，中国对外翻译出版公司 1981 年 11 月版。

《当代世界广播电视》，复旦大学出版社 1991 年 8 月版。

汪文斌 胡正荣：《世界电视前沿》，华艺出版社 2001 年 11 月版

芭芭拉·马图索：《美国电视明星》，中国广播电视出版社 1987 年 7 月版。

丹尼尔·杰·切特罗姆：《传播媒介与美国人的思想》，中国广播电视出版社 1991 年 6 月版。

《中国应用电视学》，北京师范大学出版社 1993 年 6 月版。

施天权：《广播电视概论》，复旦大学出版社 1992 年 5 月版。

邵培仁　叶亚东：《新闻传播学》，江苏人民出版社 1995 年 1 月版。

李彬：《传播学引论》，新华出版社 1993 年 10 月版。

唐·库什曼、杜·卡恩：《人际沟通论》，知识出版社 1989 年 3 月版。

恩斯特·卡西尔：《人论》中译本，上海译文出版社 1985 年 12 月版。

丹纳：《艺术哲学》，人民文学出版社1983年版。

滕守尧：《审美心理描述》，中国社会科学出版社1985年11月版。

《中西美学艺术比较》，湖北人民出版社1986年8月版。

《西方美学家论美和美感》，商务印书馆1980年5月版。

《罗丹艺术论》，人民美术出版社1978年版。

（美）鲁道夫·阿恩海姆：《艺术与视知觉》，中国社会科学出版社1984年3月版。

钱冠连：《美学语言学》，海天出版社1993年5月版。

《比较政治学》，上海译文出版社1987年版。

朱光烈：《现代文化批判与新现代化道路》，北京广播学院出版社1994年7月版。

杨伟光：《中央电视台大事记》，人民出版社1993年7月版。

孙玉胜：《十年》，生活·读书·新知三联书店2003年8月版。

徐德仁　施天权：《时代的明星》，复旦大学出版社1992年5月版。

张颂：《播音语言通论》，北京广播学院出版社1994年3月版。

《广播电视播音与节目主持人》，辽宁人民出版社1991年12月版。

赵美成　李齐：《通向明星之路》，国际文化出版公司1993年1月版。

约翰·布雷迪：《采记技巧》，新华出版社1986年8月版。

敬一丹：《一丹话题》，北京广播学院出版社1995年4月版。

叶子主编：《中国电视名记者谈采访》，长城出版社1999年12月版。

孙金岭：《直问中国电视人》，中国海关出版社2002年1月版

《中外记者经验谈》，中国人民大学出版社1983年版。

《电视的采编与创作》，春风文艺出版社1991年10月版。

《主持人》第1－10辑，中国广播电视出版社。

主要参阅刊物

《现代传播》1992—2003。

《电视研究》1992—2003。

《中国广播电视学刊》1992—2003。

跋

赵忠祥

白谦诚同志转来一部书稿，希望我能看看，并希望我发表些看法。这部书稿就是俞虹同志的《节目主持人通论》（以下简称《通论》）。

我在翻阅这厚厚一叠，计有十二章的书稿时，首先惊讶于俞虹的细心、用功和认真积累的态度，这是一种我十分佩服与赞同的治学精神。如果你翻一遍这部《通论》，就会发现作者几乎读遍了迄今为止在国内出版和发表的节目主持人以及理论工作者的书籍和文章。我佩服并惊异于她是如何搜得这些散见于各种书报杂志的文章的。仅从前期的材料准备过程中，就可想见她所下的这番扎实的苦功。

写书是需要刻苦的，尤其是有关理论的著述。一篇文章尚费时费力，何况提一本《通论》，更何况能在短短几个月的时间内成书。且不论她著作的周详与否，仅就能下这一番功夫，就值得尊重。作者在消化和吸收他人研究成果的基础上，提出了自己的学术观点，其中很多观点是颇有创见的。俞虹从业时间并不长，能在做学问上做到这个地步也确实令我这从业多年的人感到是一种挑战。

主持人理论，在1985年前后曾吸引了许多人的注意与探讨，但后来逐渐有所降温。这原因大约是一些理论工作者该说的差不多都说了，注意力没有更多地关注到在实践中，在中国的广播电视的发展中，主持人不断进步的现状。纵观今日主持人队伍的现状，整体水准比之前十年，甚至比之前五年当不可同日而语。一大批年轻主持人，奋发进取，在各自主持的栏目与节目中已日渐得心应手，而且有几位年轻人脱颖而出，以自己的努力和较为到位的工作格局，得到了观众的钟爱。我想，其中很多位主持人的成功，当归功于和得益于理论的引导。但毋须讳言，当他们寻找与需求理论的进一步指点时，却遇到理论“降温”这样的局面。俞虹这部著作的问世，也许是一个可喜的征兆，是否可以让我们指望，理论方面再出现一个更上一层楼的高潮呢?

我衷心希望涉及主持人节目与主持人发展方向的理论能更深入、更广阔、更切实、更联系中国的实际向前发展。

谨借为俞虹写跋而发一点感想:

一、主持人节目与节目主持人无论在国内抑或国外，都是广播电视发展到一定阶段，为了更能吸引受众的注意力与情感的需求，应运而生的，是时代的产物。主持人的个性魅力永远从属于他赖以生存的栏目，从属于使其成名的媒体，从属于民族、国家的利益。因此，在研究主持人的个体成功典型时，无论对美国的或中国的主持人，都不应忽略主持人为自己所从事的职业和为自己所在的媒体，以及为自己所赖以存活的社会制度与国家利益的自觉的服务精神。离开这一群体性的前提与制约，单独谈主持人本身的成功之路，会违背客观现实，也会把年轻人带入迷途。尤其是中国的节目主持人，我们在强调个性魅力等方面时，必须强化喉舌意识，否则会使个别人走上歧路。

二、中国的主持人理论工作者，首先要把注意力放在中国，是为解决中国主持人的实践而进行研究和总结的。借鉴国外成功的经验是完全必要的，也是永远需要的，但那目的，只是提供可行性的参考依据。

三、中国广播电视这几年的发展，是神奇而令人赞叹的。在这几年的工作中，成绩是有目共睹的。这其中既包含了主持人节目大量涌现并日趋成熟的部分，也理所当然地包括着全国各地的主持人们的努力在内。

如果我们的理论工作者，对自己国内的主持人现状根本视而不见，我认为，这种理论对现实的指导就很难发挥作用。我在拙作《岁月随想》中发表的《道是无情却有情》一文，披露与阐述了我与杨澜创作《正大综艺》串词的艰辛，目的也包含着向理论工作者发出信息，希望有人来了解与评议一番。所以我再次呼吁理论联系实际，联系中国的实际。我们甚至可以把它提到爱国主义这一高度。希望评论家、理论家，多爱一点中国的主持人。

这个跋其实不像跋，我说的这些想法，既不是冲俞虹而来，也不是因她而发，只是借题发挥而已。我还要说明的是，我从未见过俞虹同志，但我要说一声：谢谢！希望她能再接再厉，为我国节目主持人的理论建设作出更大的贡献，也希望能有更多的人做更多的理论探讨。

1996年2月14日

（本文作者为中国广播电视学会主持人节目研究会会长、中央电视台播音指导、北京广播学院播音系兼职教授）

第一版后记

又是一个不眠之夜过去了，半年了，我终于为这本书写下了最后一个句号。望着窗外纷飞的雨雪，不知即将放飞的雏儿，将停落在何方？

平生与书为伴，读书、教书、看书，直到自己动了笔，才深知写书之苦，实在难于言表。时常有卡壳的时候，于是正文不见出活儿，随记、杂感却洋洋洒洒地写下不少，如今回过头来看看，倒着实留下了心灵的轨迹。

“不问收获，只管耕耘。我像一头套上犁的痴牛，或是一只蒙上眼拉着磨的瘦驴，汗水浸湿了脚下的路，依然默默地只管走着、走着……只是努力在用心走出最好。”——写于酷暑时节。

“要长时间地耐得住寂寞，耐得住单调乏味，耐得住物质生活的诱惑，甚至要耐得住秋高气爽、明媚阳光的呼唤。艰苦地跋涉、跋涉在这主持人理论探寻的道路上。”——写于仲秋时节。

…………

然而，当我今天手捧着完成了的书稿时，最想说的却惟有一句：谢谢，谢谢！

谢谢浙江大学新闻学院为我创造、提供的条件与帮助。特别感谢李寿福教授、黄旦副教授认真审阅书稿，提出了许多建设性意见。桑义燐教授也为本书的写作做了宏观的指导。

谢谢浙江大学出版社、图书馆电脑室的同志们为这本书尽早面市给予的大力支持、特别感谢何明春副编审、宋德康老师，为使这本书能更好地面对读者所付出的艰辛劳动。

尤其要向远在北京的专家、学者们表示深深的谢意。我与他们几乎素不相识，有的至今尚未谋面，只是因为主持人的教学、研究有了一面之交。但当我将书稿交给他们时，无一推托，都在百忙中挤时间审阅，并提出中肯意见。主持人节目研究会会长赵忠祥老师、理事长白谦诚老师欣然为本书作序、跋。所有这些老师给予的默默的、诚恳的帮助，使我由衷地感动。我深深地体会到，这不仅仅是对我个人的支持与帮助，更倾注了他们对节目主持人事业的关注与奉献。翻阅一页页书稿，总会看到风格各异、墨色不同的字迹，这些笔迹分别是由白谦诚高级编辑，新中国第一代播音员、主持人沈力老师，北京广播学院吴郁副教授和著名节目主持人敬一丹女士留下的。特别是白谦诚老师，除了提出了许多具体的、指导性的意见，甚至细细地校勘了全书，所付心血，令人感叹。我几乎舍不得交出这份书稿了。看着它，我可以读到真诚的心，可以和智者交谈，可以获得启迪。还要指出的是，与中央电视台专题部孙慧编导的交往、交谈，确实使我获得了不少启示，在此也表示谢意。

当然，没有前人的艰辛探索与广泛深厚的理论积累，也没有今天的这本书。

同样，如果没有亲人、朋友的呵护、支持与奉献，在这样短的时间里拿出书稿也是难以想象的。

因此，这本书无疑凝聚了众多人的智慧和心血。它属于大家，服务于大家，同时衷心地希望能听到大家的评说和指正。

书稿的句号是划上了，但理论的探索与追求是没有止境的。主持人事业正方兴未艾，它正以极大的生命力在发展、完善着。主持人理论是交叉学科的共生体，它自身的多重性使其站在了边缘学科的位置上，对它的研究尚处于起步阶段。本人择取了“通论”这个大题目，旨在为全面梳理与构建我国节目主持人的理论框架，抛出一砖。希望能在主持人们的书架上增添一本可读的业务书籍。固然，由于媒介不同，广播和电视主持人各有特色；由于节目类型不同，新闻、专题、综艺、少儿各类主持人又各具风格。因此，“通论”难通，顾此失彼，在所难免，只是努力在求同存异中探索。由于才学有限，资料有限、时间有限，难免挂一漏万，留下许多遗憾。当然，遗憾也恰恰是未来事业发展的契机与动力。

俞虹

1996年1月20日于杭州

修订版后记

真巧，8 年前也是这个时候——初冬，在西子湖畔，落叶飘黄的时节，写完了这本书的初稿。今天，同样是初冬，北京已经经历了一场大雪的覆盖，我在温馨的小窝里，敲完了修订版的最后一个字。8 年的时间，能够做的事太多，可以带来的变化无穷。从写书到敲书，书写的状态发生了改变；从教书到读书，生活的状态有了变化；从杭州到北京，生存的环境也发生了变迁。但是毕竟，我还是我，真正发生巨大变化的是我所写的对象——节目主持人事业。

记得赵忠祥老师在《跋》中曾经这样写道："如果你翻一遍这部《通论》，就会发现作者几乎读遍了迄今为止在国内出版和发表的节目主持人以及理论工作者的书籍和文章。"回想当时的情景，也许确实是能找到的书、资料、报刊几乎都看了。但是，这不是说明看得多，只是因为相关资料太有限了。那时，人们还没有对主持人有这么大的关注度，尤其在理论研究上。今天可不同了，仅我自己拥有的主持人方面的书籍资料就是以前的 10 倍以上，更不要说在图书馆、书店里那些方方面面的与主持人相关的书了。因此，现在被眼花缭乱的书所淹没，反而来不及看书了。原来试图将新的研究成果反映在书中的愿望，也没能很好的实现，由此刚完成的修订稿就已经成为遗憾了。

但是，在我修订的过程中，手边一直没有离开过三本书，它们都是初版的本书。一本是 1996 年 4 月 1 日这本书新鲜出炉时我第一个拿到的，也是从此一直伴随着我教学、留下许多标记的书；一本是吉林市宣传部副部长、朋友李伦于1998年3月逐字逐句边看边批后回寄给我的；另一本也是仔仔细细、密密麻麻留下批注的，那是广州大学新闻系应天常副教授的笔迹，在2000年9月做完的。我从内心里非常感谢他们，为他们的真诚所感动，并努力将他们的意见体现在修订版中。当然，给这本书提出了建设性意见的还有许多一直关心我的同仁、朋友们，他们的见解也已经融于我的笔端。这些朋友们的鼓励与支持，是我发展的动力，也是支撑我前行的力量。

对修订工作的帮助和支持还直接来自我的研究生、学生和年轻的朋友们。附录部分的增补与修订的基础工作是由他们承担的。沈学政负责国内部分，褚克非完成了国外部分，并承担了书稿的校对、编排；陈立三、果林香、陈刚、夏荫也都鼎力相助，还有顾晓燕、杜鹍等等……年轻的朋友们，我由衷地谢谢你们，我的生活因为有了你们而更精彩。

最需要提及的一定是本书的策划编辑李亚明先生，这绝不是客气。如果没有他“立志当黄世仁”，每天一早电话催稿，以我的散淡、慵懒不知要“修改”到何时。

更要感谢的是我事业发展中的三位良师：李寿福教授、白谦诚高级编辑、黄会林教授。是你们为我搭建了事业发展的平台，使我得以更开拓、更坚实地向前走。

总算理解了为什么所有的颁奖仪式中，获奖人总有说不完的谢……我仅仅是完成了一件工作，就有那么多的人让你感激不尽。写了这么多，似乎还仅仅是刚开头——

我的先生永远是默默地给予我支持并在关键时候伸出有力臂膀的人；我的儿子永远是我最大的骄傲与欣慰；而我的一切

的一切永远属于亲爱的爸爸妈妈。这一切又怎一个谢字了得!

8 年前，我不经意间走进了节目主持人理论研究的学术领域，今天，让我感到幸运的是自己已经融入了中国节目主持人——这个充满活力、阳光灿烂的事业之中了，并能够为此做一些力所能及的事情。我将执着于此，耕耘、奉献，无怨无悔。

2003 年 12 月 4 日 于北京 温馨家园

中外著名电视主持人简介

中国篇（以姓氏笔画为序）

水均益（1963·9 — ）

出生地：甘肃兰州。

父母职业：父亲兰州大学外语系教授。

教育背景：1984年毕业于兰州大学外语系，获英国语言与文学专业学士学位。

职业生涯：1984—1993年新华通讯社国际部，从事国际新闻采编工作。1989—1991年，新华社驻埃及中东总分社，任驻外记者。

主持经历：1993年加盟中央电视台后，任《东方时空》和《焦点访谈》的记者、主持人。在海湾战争、科索沃战争、阿富汗反恐战争、伊拉克战争期间，多次赴战地采访报道；参与过澳门回归、新千年直播报道、财富论坛、中美撞机事件等重点和大型节目的报道和主持工作；已专访过近60位国家元首、政要以及世界级知名人士。2000年，创办《东方时空·世界》并任制片人和主持人。2003年5月开始任央视新闻频道《国际观察》制片人、主持人。

特性描述：长期从事国际新闻采访报道，善于提问、机敏睿智、见解独到、思想深刻。

其他：是国内著名的战地记者和公认的著名国际新闻主持人；曾多次获得中国电视新闻奖，全国节目主持人第二届、第五届金话筒奖获得者。

王小丫

1. 出生地：四川凉山。
2. 父母职业：父亲新闻工作者，母亲机关干部。
3. 教育背景：四川大学经济系毕业，后考入北京广播学院电视文学系研究生班。
4. 职业生涯：毕业后在一家经济类报社当了六年记者。
5. 主持经历：1997年进入中央电视台经济部工作；主持的第一个栏目是《商务电视》里的一个小节目《黄金旅游》，做一个电视导游。曾主持《供求热线》、《金土地》、《经济半小时》以及首届《全国律师电视辩论大赛》、《小丫跑两会》系列报道、《99年财富论坛》、中央电视台2000年经济年度人物颁奖庆典等节目。2000年，主持《开心辞典》。现为《开心辞典》和《经济半小时》的主持人。
6. 特性描述：亲和机智、热情活泼、美丽大方、聪明智慧。
7. 其他：曾获“华鹤杯”全国电视经济节目主持人十佳奖(第一名）和最佳评论奖、2000年中国电视节目榜“最佳财经节目主持人”（《新周刊》、新浪网、激动网主办）、首届中国电视界“最受欢迎女主持人奖”。2001年获第五届金话筒提名奖，2003年获得第六届金话筒奖。

赵忠祥（1942－ ）

1．出生地：北京。
2．职业生涯：高中毕业后开始播音工作。
3．主持经历：1960年2月参加中央电视台播音主持工作至今。1960－1985年主要播报新闻及各类节目；1985年后专职主持专题及综艺节目。由他解说的《动物世界》倾倒亿万观众，与杨澜共同主持的《正大综艺》被公认为黄金搭档。此后主持《人与自然》并担任策划人。80年代以来，参与主持15届中央电视台《春节联欢晚会》。
4．特性描述：中国节目主持人事业的开拓者之一，以其沉稳厚重、智慧大气、情理融通的主持风格影响了无数后来的从业者，深受广大观众喜 爱。至今仍活跃在荧屏上。
5．其他：中央电视台播音指导，全国政协委员，中国野生动物保护协会常务理事，中国环境科学学会常务理事，主持人节目研究委员会会长，荣获“政府奖”、“五个一工程奖”、“中国广播电视学会奖”、“开拓奖”特别金奖、“金话筒”特殊荣誉奖等各类奖项。北京广播学院兼职教授。出版著作：《岁月随想》和《岁月情缘》。

1．出生地：安徽淮南。
2．父母职业：父亲中学物理教师。
3．教育背景：1986－1990年，北京广播学院播音系，大学本科毕业。
4．职业生涯：1990年，毕业后分配到北京市政府。
5．主持经历：1993－1995年，就职于北京电视台，主持《北京新闻》、《影视圈》；1995－2000年就职于中央电视台，主持《综艺大观》；期间主持过《综艺走廊》；2001年，开办以环保为主题的综艺节目《真情无限》，任制片人、主持人。
6．特性描述：典雅清新、诚挚亲切、端庄热情。
7．其他：第四届全国主持人“金话筒奖”金奖；第二届全国播音主持作品（政府奖）一等奖；德国国家电视台颁发的“金皇冠”最佳主持人奖。

周 涛

1. 出生地：台湾。
2. 父母职业：父母经商，从事房地产买卖和面粉厂。
3. 教育背景：高中毕业。
4. 职业生涯：当兵期间，被分配到康乐队；退伍后，在《雁在林梢》表演，后进入演艺圈。
5. 主持经历：先在台视主持《周末1250》、《综艺龙虎榜》；后转入华视主持《欢乐奇兵》、《连环泡》(1986年开播)、《钻石舞台》(1986年开播)、《百战百胜》(1987年开播)、《金曲龙虎榜》(1989年开播)；1996年，开始主持《非常男女》。以后参与主持《世界真奇妙》、《真情相对》、《旗开得胜》。
6. 特性描述：诙谐热烈，反应迅速，善于调动现场气氛。
7. 其他：曾拍摄电视剧《天才保姆》以及广告等。

胡 瓜（1959·6 — ）

1. 出生地：青岛。
2. 教育背景：17岁，考入山东省话剧团；1979年，考进山东艺术学院。研究生学历。
3. 职业生涯：在校期间，拍摄了电影《女兵》，电视剧《山菊花》；毕业后曾在山东话剧院做了7年话剧演员，主演电影：《女兵》、《山菊花》、《祁连山的回声》、《美丽的大脚》；主演电视剧：《中国姑娘》、《雪城》等。
4. 主持经历：1987年主持电视系列短剧《人与人》；1990年11月1日，正式调入中央电视台，主持《综艺大观》；同时，主持多次大型文艺晚会和春节联欢晚会；2000年12月开始，担任《聊天》的主持人和制片人。
5. 特性描述：本色朴实、真挚热情，主持风格具有浓郁的民族性，注重以情感人。对节目的驾驭控制能力强。
6. 其他：中国广播电视学会节目主持人委员会副会长，北京广播学院兼职教授。1995年获第五届“星光奖优秀主持人”；第一、二、三届“金话筒奖”金奖。电视剧《雪城》获第六届大众电视“金鹰奖”最佳女配角；2003年获“金话筒”特别荣誉奖。出版《日子》一书。

倪 萍（1959 — ）

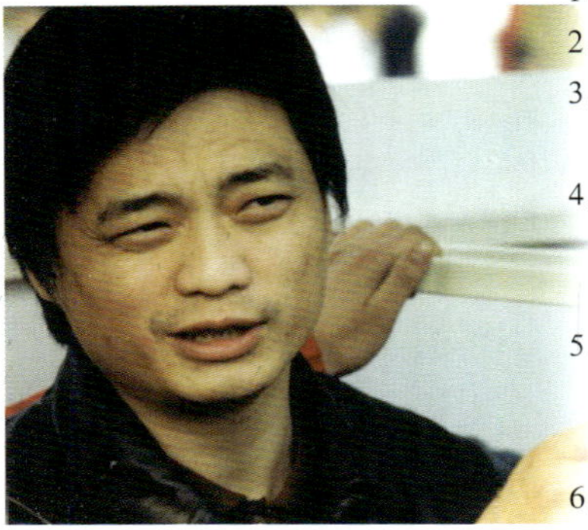

崔永元（1963·2 — ）

1. 出生地：天津。
2. 父母职业：父亲军人。
3. 教育背景：1981年至1985年就读于北京广播学院新闻系采编专业，大学本科毕业。
4. 职业生涯：1985年毕业后分配到中央人民广播电台，任《午间半小时》的记者和编辑；1993年开始介入中央电视台的《东方时空》，担任策划；1998年6月，调入中央电视台。
5. 主持经历：1996年3月16日，开始主持《实话实说》，现为《实话实说》栏目的制片人。2003年5月开始主持《小崔说事》。
6. 特性描述：幽默机敏、轻松风趣、平民风格。
7. 其他：在担任《午间半小时》编辑记者时，两次获得“中国新闻奖”一等奖；1999年，荣获全国第四届“金话筒奖”金奖；2000年被观众评为“最受欢迎的主持人”。出版著作《不过如此》。

敬一丹（1955·4 — ）

1. 出生地：哈尔滨。
2. 父母职业：法律工作者。
3. 教育背景：1974－1976年，毕业于北京广播学院播音系；1983－1986年，获得播音主持硕士学位。
4. 职业生涯：知青时，先后担任过工地广播的播音和林场广播站的播音，后考入北京广播学院。毕业后，分配到黑龙江人民广播电台，播音主持了将近5年。5年后，考上北京广播学院研究生，研究方向是节目主持人。毕业后，留校任教。1988年，正式调入中央电视台。
5. 主持经历：1988年，进入中央电视台经济部，主持《经济半小时》；1993年，创办并主持《一丹话题》栏目；1995年，加盟新闻评论部，在《焦点访谈》、《东方时空》中出任记者、主持人；1996年起，担任《焦点访谈》、《东方时空》总主持人；并主持了香港回归、澳门回归、建党80周年等一大批具有全国影响的大型直播节目。现为《东方时空》、《焦点访谈》、《声音》的主持人。
6. 特性描述：沉稳理性、冷静深刻、朴实从容、坦诚平和。
7. 其他：中央电视台播音指导；全国政协委员；节目主持人委员会副理事长、学术委员；北京广播学院兼职教授；第一、二、三届“金话筒奖”金奖获得者；1996年1月，被评为全国十佳电视节目主持人。出版书籍：《一丹话题》、《声音》、《话筒前》、《一丹随笔》。

窦文涛（1967—　）

1．出生地：河北省石家庄市。
2．教育背景：1985—1989年，就读于武汉大学新闻系，大学本科毕业。
3．职业生涯：大学毕业后即从事新闻传播工作。
4．主持经历：1989—1996年到广东电台工作，同时兼职于广东电视台，期间主要担任包括新闻、娱乐等各类节目主持人；1996年3月加盟凤凰卫视，担任《相聚凤凰台》的主持人；1997年4月，开始主持《时事直通车》；1998年4月，主持《锵锵三人行》。现主持《锵锵三人行》、《明星三人行》。
5．特性描述：幽默风趣、轻松随意、机智灵敏。
6．其他：1991年以个人主创节目《你好，南极人》获“中国新闻奖”一等奖；1994年，被评为全国十佳节目主持人，获“金话筒奖”；1999年开始，制作推出了《老窦一家亲》、《老窦酒吧》，尝试一种新的节目样式。

鞠萍（1966·1—　）

1．出生地：北京。
2．父母职业：父亲军人，母亲工人。
3．教育背景：1981–1984年就读于北京幼儿师范学校，中专学历；1985年4月在北京广播学院播音系干训班学习；1986–1989年就读于中国记协新闻学院、北京师范大学学前教育函授班，获大专学历。
4．职业生涯：曾在北京幼儿师范学校任教两年。
5．主持经历：1984年11月调入中央电视台，1985年6月1日开始主持《七巧板》，成为第一位专职主持青少节目的主持人；1995年6月1日至1997年3月，任青少部《大风车》栏目的制片人、责编；1997年3月至2000年3月，任《大风车》的编导和主持；2001年11月，任《顽皮家族》的制片人和主持人。
6．特性描述：稚趣浓郁、童心纯真、多才多艺、灵敏聪慧。
7．其他：高级编辑。中国广播电视学会节目主持人委员会副会长。1986年，获全国专栏节目评奖“优秀主持人奖”；1988年在“如意杯”全国电视节目主持人“十佳”评选中获第一名；1991年，获全国节目主持人“开拓奖”金奖；1992年，获“全国少年儿童校外教育先进工作者”荣誉称号；1993年，获广电部十杰青年称号；1993年、1995年获第一、二届“金话筒奖”金奖；1995年，《大风车》栏目获全国青少年电视节目“金童奖”优秀栏目奖；1997年获第二届中直机关十大杰出青年称号；1998年被选为海淀区人大代表。2003年出版《萍聚》。

国外篇（以姓氏字母为序）

大卫·布林克利
David · Brinkley
（1920·7 — 2003·6）

1. 出生地：北卡罗来纳州威尔明顿。
2. 父母职业：父亲铁路办事员。
3. 教育背景：中学未毕业。
4. 职业生涯：1938－1941年服务于《威尔明顿新闻星报》。1941－1943年入伍服兵役。1941－1943年为美联社工作，先后任驻亚特兰大记者，佐治亚州亚特兰大分社、蒙哥马利分社、夏洛特分社社长。1943年入NBC。1946年开始担任NBC驻华盛顿记者。1951－1981年担任NBC《NBC晚间新闻》的记者及主任。
5. 主持生涯：1956－1970年，与切特·亨特利搭档主持《亨特利·布林克利报道》。1976－1979年主持《NBC晚间新闻》。1981年起，主持ABC的《布林克利一周（This Week with David Brinkley)》。
6. 特性描述：布林克利具有非凡的自信心，非常擅长抨击官僚主义。他精通新闻写作技巧，思路清晰，是新闻广播电视工作者中最有才华、最富独创性的人之一。
7. 其他：自幼就对语言非常有兴趣。英俊潇洒，深受女性观众喜爱。

汤姆·布罗考
Tom · Brokaw
（1940·2 — ）

1. 出生地：南达科他州韦伯斯特。
2. 父母职业：父亲建筑工人。
3. 教育背景：南达科他大学文学士。
4. 职业生涯：在中学和大学读书时成为几家电台的业余播音员。1960–1962年任衣阿华州苏城电台播音员。1962年起任NBC下属的奥马哈KMTV、亚特兰大WSB–TV和洛杉矶KNBC–TV电视台播音员、编辑。1973–1982年任NBC驻白宫记者。
5. 主持生涯：曾与简·波利一起主持《今日》节目。1971–1973年任NBC《第一个星期二》节目主持人。到80年代初期时，汤姆·布罗考已经对自己在格调轻松的《今天》中的形象不满意了，他向NBC的新闻部总裁提出，他的下一个工作应该是晚间新闻的节目主持人。1982年至今，主持《NBC晚间新闻》。
6. 特性描述：汤姆·布罗考善于在采访时提出尖锐、中肯的问题，在报道中机智、灵活、流畅，有权威性和独到见解，并始终保持着严肃、客观的态度，擅长人物访问。后来实践证明，布罗考，作为NBC的主持人，其主持的《NBC晚间新闻》成为NBC和CBS、ABC抗衡的王牌节目。
7. 其他：80年代后期，布罗考曾两度来中国采访，拍摄节目，在美国引起较大的反响。

约翰·钱塞勒
John·Chancellor
（1927·7— ）

1. 出生地：芝加哥。
2. 父母职业：房地产和旅馆业商人。
3. 教育背景：就学于伊利诺斯大学（未获学位）。
4. 职业生涯：1947—1950年担任《芝加哥时报》记者。1950—1961年加入NBC电视台，担任驻中西部记者，驻维也纳、伦敦、莫斯科记者。1963—1965年任NBC驻布鲁塞尔、华盛顿记者。1965—1967年应林登·约翰逊总统的邀请担任"美国之音"台长。1967—1970年入NBC驻华盛顿全国事务记者。
5. 主持生涯：1961—1962年《今日》节目主持人。1970年开始接替大卫·布林克利的职位，主持《NBC晚间新闻》直至1981年。1981年底，晚间新闻主持人的位置由汤姆·布罗考和罗格·马德担任后，钱塞勒作为高级评论员在节目中出现。
6. 特性描述：钱塞勒机智过人，精力充沛，擅长深度报道，50年代因报道捉拿逃犯理查德·卡彭特和小石城骚乱而出名。
7. 其他：钱塞勒的播音风格略显拘谨。在他主持《晚间新闻》期间，NBC受到CBS和克朗凯特的巨大挑战。面对"全美国最可信赖的男人"，钱塞勒和NBC都显得无所作为。

宗毓华 Connie·Chuns
（1946·8— ）

1. 出生地：华盛顿特区。
2. 教育背景：就读于马里兰州大学，主修生物学，但是在毕业时却获得了新闻学学士学位。
3. 职业生涯：1969年，宗毓华在华盛顿特区WTTG电视台谋得一份抄写员的工作。同年，她晋升为该台新闻撰稿人、现场报道记者，开始了她的新闻生涯。1971年，她进入了CBS，担任驻特区记者。在这段时间，她多次报道重大新闻事件，如"水门事件"、国会山和1972年总统大选。
4. 主持生涯：1976年，宗毓华加入CBS设在洛杉矶的联盟台KNXT。此后的七年中，她先后主持该台下午4点30分、6点和23点的新闻节目，并且同时担任CBS《早晨新闻》、《CBS新闻》(周末版)的定期主持人。1983年8月，她离开CBS，加盟NBC，主持《NBC晚间新闻》、杂志型新闻节目《1986》和NBC《日出新闻》。1989年，回到CBS，出任《星期六晚与宗毓华》新闻系列节目的主持人。1990年开始，担任《与宗毓华面对面》的主持人。另外，自1989年开始，她就一直担任《CBS晚间新闻》的固定主持人，和丹·拉瑟一起主持这一著名的新闻节目。
5. 特性描述：宗毓华在幼年时就开始接触西方文化，语言表达毫无障碍。另外，她能够很好地适应压力，并以强调个性、勇敢进取的面貌投入到激烈的竞争中，从而一举获得成功。
6. 其他：先后荣获过电视艾美奖、美国法庭协会银质奖、皮博迪奖、俄亥俄州立奖、1991国家明星奖、美国广播电视全国表扬奖、1975年杰出妇女奖。并被《美国新闻与世界报道》评为1990年最佳"采访记者"。《时代周刊》称她为"当今美国最受欢迎的电视记者之一"。

沃尔特·克朗凯特
Walter·Cronkite
(1916.11—)

1. 出生地：密苏里约瑟城。
2. 父母职业：父亲牙科医生，母亲舞蹈家。
3. 教育背景：就读于得克萨斯大学，在完成学业期间辍学离开学校。
4. 职业生涯：1933–1935年任《休斯敦邮报》特约记者、国际新闻社和斯克里普斯—霍华德报社记者；1936–1937年任堪萨斯城KCMO电台播音员，1937年在俄克拉荷马城的WKY电台担任体育解说员；1937年进入合众社，先后任战地记者、纽伦堡审判首席记者、莫斯科分社社长；1948–1950年任中西部电台记者；1950年进入CBS，任记者、播音员。
5. 主持生涯：自1952年起，他一直担任美国历届两党代表大会的新闻报道主持人。1962年，被任命为CBS《晚间新闻》节目主持人，曾主持过《美国的防务》、《宇宙》、《奥秘所在》、《二十世纪》、《历史的见证》、《CBS报道》等节目。1962年，开始任CBS《晚间新闻》节目主持人。1966年，其主持的《晚间新闻》跃居美国三大电视网晚间新闻收视率之首。并从1967年起，把收视率首位的格局一直维持到1981年3月6日他退休之时。其职位由丹·拉瑟接替。
6. 特性描述：稳重、平和、敏锐是他数十年一贯的主持风格。
7. 其他：克朗凯特在职业生涯中多次获得嘉奖，如获“总统自由勋章”、美国“地平线基金会”奖、沃什伯恩奖、电视艾米奖以及国家电视艺术和科学院的两次特别奖——评论员奖和节目主持人奖、国际无线电和电视协会金质奖。他在《美国新闻与世界报道》杂志举办的对美国决策人物一年一度的民意调查中，曾连续被选为1975年至1978年以及1980年五届“美国十大最有影响的决策人物”之一，被称为“国家的守护神”。

切特·亨特利
Chet·Huntley
(1911.1—1974.3

1. 出生地：蒙大拿州卡德威尔。
2. 父母职业：小牧场主。
3. 教育：华盛顿大学美术专业，文学士。
4. 职业生涯：1933年成为西雅图KPCB电台记者、播音员，此后在斯波坎BHQ电台、波特兰KGW电台和洛杉矶KFI电台工作；1939–1951年任CBS下属的洛杉矶KNX电台广播评论员、新闻播音员、新闻分析员；1951–1955年在ABC工作；1955年起加入NBC。
5. 主持生涯：1956年10月至1970年3月，一直主持著名节目《亨特利·布林克利报道》。亨特利与其搭档布林克利被誉为主持人中“第一代超级明星”，布林克利的幽默感与亨特利的权威配合默契；《亨特利·布林克利报道》引进了一种新颖的报道形式，将纽约的亨特利和华盛顿的布林克利融合在一起。这种节奏和形式很明显地超越了传统的“读新闻”的工作方式，超前地创造了一种新的格调，将电视晚间新闻导向了一个新的纪元。1960年到1966年之间，《亨特利·布林克利报道》的收视率一直居三大公司之首。
6. 特性描述：在美国著名主持人的队伍中，亨特利是为数不多的完成大学学业的主持人，他的写作能力出众，由他所撰写的新闻稿文字优美流畅。同时，他的播音风格端庄流畅，给观众很强的信任感。亨特利以在电波中提出自己的个人想法提高了自己的知名度，但他也曾经由于以自己的看法发表自己的主观评论而受到谴责。
7. 其他：亨特利非常具有男子气概。身高1.88米，体重89公斤，相貌英俊，常令女士倾倒。在职业生涯中，他坚持学习研读学术刊物。1942年因广播系列节目反对歧视美籍墨西哥人获皮博迪奖。50年代公开批评麦卡锡主义。

彼特·詹宁斯 Peter · Jennings
（1938.7 — ）

1. 出生地：加拿大多伦多。
2. 父母职业：广播记者。
3. 教育背景：高中未毕业。
4. 职业生涯：1959—1961年安大略省布洛克维尔CFJR电台记者，此后任CBC广播、电视记者、渥太华CJOH—TV电视台记者；1968—1973年ABC流动记者；1969—1974年中东分社社长；1975—1978年首席驻外记者。
5. 主持生涯：9岁开始在加拿大广播公司（CBC）电台任少儿节目主持人；CBC1957年电视舞会《13俱乐部》主持人；1963年11月22日，美国总统肯尼迪遇刺，詹宁斯是第一个赶赴现场的加拿大记者。1964年到美国加入ABC，1965年4月—1967年底任晚间新闻节目《彼得·詹宁斯报告新闻》主持人；70年代初，詹宁斯首次通过电视采访了巴勒斯坦解放组织领导人阿拉法特；他还成功地报道过古巴的局势；赶赴现场报道埃及总统萨达特遇刺事件。1983年，46岁的詹宁斯第二次出任《ABC今晚世界新闻》的节目主持人，凭着他出色的新闻才能，近30年的新闻工作经历，成熟、自信的风度，独到的见解和敏锐的洞察力得到了舆论界的普遍认可。
6. 特性描述：对新闻业务非常熟悉，即席发挥能力强，敏锐深刻，风度潇洒。
7. 其他：1964年第一次当ABC主持人时，缺乏知识和经验，后主动放弃了主持人的位置，重新开始了记者生涯。经过近20年的刻苦钻研，他终于成为一名经验丰富的杰出主持人。1986年，他被《新闻周刊》入选当年美国新闻界“十佳”。

拉里·金 Larry · King
（1933.11 — ）

1. 出生地： 纽约布鲁克林。
2. 父母职业：父亲是军工厂的工人，并且拥有一个饭店。
3. 教育背景：为了减轻母亲抚养家庭的压力，金没有进入高等学校接受教育。
4. 职业生涯：20多岁时，在一个偶然的机会下，金遇见了一位CBS的员，他建议金到佛罗里达去。在那里，金开始了辉煌的职业生涯。1957年，金担任迈阿密WIOD-Radio的DJ（disk jockey）。1965年，金开始为《迈阿密先驱者（Miami Herald）》和《迈阿密新闻（Miami News）》撰写专栏。1972年至1975年，金成为了一名自由职业者。1975年，他回到了迈阿密从事广播工作。
5. 主持生涯：1958年开始主持一个四小时的早间广播脱口秀节目。1978年，金开始担任晚间广播脱口秀节目《拉里·金脱口秀（The Larry King Show）》的主持。1985年，拉里·金开始在CNN担任《拉里·金（Larry · King Live)》的主持。同时，他还在每周六晚主持《拉里·金周末（Larry · King Weekend）》。
6. 特性描述：思维敏捷，善于捕捉问题，犀利准确。不仅口才出众，拉里·金的文字能力也非常强。
7. 其他：拉里·金获得了众多荣誉，其中包括ACE脱口秀主持人奖、电视艾美奖、皮博迪奖。另外，他还入选了广播杂志（Broadcasting Magazine）和国家播音员协会（National Association of Broadcasters.）评选的名人堂。

特德·科佩尔
Ted·Koppel
（1940·8 — ）

1．出生地：英格兰兰开夏郡（Lancashire，England）。
2．父母职业：父亲是一家轮胎厂的厂主。
3．教育背景：曾经就读于Syracuse University，文学系。之后，他在斯坦福大学取得了大众传播研究和政治学学位。
4．职业生涯：在加入ABC前，科佩尔在纽约城的WMCA无线广播台工作。1963年，他23岁加入ABC，很长时间担任着ABC的新闻播音员和记者。1968年，他在迈阿密地区负责报道拉丁美洲的新闻。1969-1971年，科佩尔长驻香港，负责报道从越南到澳大利亚的新闻。从1971-1980年，他是ABC新闻的主要驻外记者。从1975年开始的一段长约2年的时间中，他为ABC周六晚间新闻播音。另外，从1964年开始，他就是历次总统选举的主要报道者。
5．主持生涯：1980年起，科佩尔开始一直主持《夜线（Nightline）》节目，使该节目风格稳定，并且被认为是每天的新闻节目中最出色的一个部分。当然，科佩尔也是《夜线》的主要编辑。
6．特点描述：科佩尔博学多才，擅长语言。能流利地使用英语、俄语、德语和法语。同时，他喜好网球，甚至在自己的家中建造了一个网球场。
7．其他：科佩尔获得过美国电视艾美奖、皮博迪奖等新闻专业奖项，并且因为在新闻生涯中的出色表在哈佛大学Joan Shorenstein Barone中心授予了在出版、政治和大众方针方面的第一个金匠人终成就奖。除此之外，他是国际新闻传播者和大众传播协会著名的Gabriel个人成就奖的获得者。同时他入选了名人堂。

爱德华·默罗
Edward·Murrow
（1908 — 1965）

1．出生地：北卡罗莱纳州吉尔福德。
2．父母职业：农场工人。
3．教育背景：大学。
4．职业生涯：1935年，默罗加入哥伦比亚广播公司（CBS）。1936年默罗做了第一次广播讲话。1961年，新当选的总统肯尼迪很赏识默罗的才华，请他出任美国新闻署署长。1963年，疾病迫使默罗辞职退休。
5．主持生涯：1940年8月24日星期六，3000万美国家庭坐在收音机旁收听默罗的现场广播——“这里……是伦敦”。1948年美国两党代表大会召开之际，默罗第一次出现在电视屏幕上，评论两党会议。1951年11月8日，默罗和弗兰德利创办了《现在请看》电视节目。1956年，默罗采访了周恩来，成为第一个采访中国总理的美国电视记者。《现在请看》停办后，默罗继续主持《面对面》节目，这是他1953年10月开办 的人物专访，该节目于1959年6月26日停办。
6．特性描述：优秀的记者素质，丰富的媒体经历，强烈的敬业精神。
7．其他：默罗曾荣获各种大奖，其中包括美国总统自由勋章、英国帝勋章、电视艾米奖等。

1. 出生地：印第安纳州 印第安纳波利斯。
2. 父母职业：其父为一家牛奶公司的营业部主任。
3. 教育背景：取得印第安纳大学政治学学士，并且在27岁时获得该大学名誉博士学位。
4. 职业生涯：毕业后曾为印第安纳州民主党工作。之后被印第安纳州WISH电视台选中担任记者兼周末节目主持人。
5. 主持生涯：曾经主持过《Dateline NBC》、《Time and Again》、《Real Life with Jane Pauley》等节目。当然，在26岁时接替芭芭拉·沃尔特斯担任美国收视率最高的早晨新闻节目《今日》的主持人，当属波利最大的成功（1976—1989）。
6. 特性描述：她的主持风格是恬静、优雅、安然、平易。观众赞美说简·波利有一张“早晨的笑脸”，看她主持的早晨新闻节目就像吃玉米片、喝咖啡一样可口舒服。波利平静的报道风格正适合早晨新闻节目的内容，因而她成为美国早晨电视新闻节目的最受欢迎的标准主持人。
7. 其他：《华盛顿邮报》的电视批评家汤姆谢勒司认为：“她把热情和恬静融为一体。她或许不能很好地主持夜间新闻，但在早晨新闻中，我们不需要尖刻激烈、咄咄逼人的主持人。”因为早晨新闻一般都是动态性的，很少有深度的报道，因而观众需要一温文尔雅的主持人向他们娓娓而谈。

简·波利
Margaret·Jane·Paul
（1950·10 — ）

1. 出生地：得克萨斯州沃顿。
2. 父母职业：父亲是石油管道建筑工人，母亲是女招待。家境贫寒。
3. 教育背景：像许多担任电视网的主持人一样，他受的教育不太系统。他早年就读于休斯敦州立学院，主修新闻。课余时间他还到油田打短工，挣钱交学费。
4. 职业生涯：1950－1954年，他在得克萨斯州亨茨维尔KSAM电台担任记者，其间于1951－1952年兼任美联社和合众社驻亨茨维尔记者；1954－1959年，他担任了《休斯敦记事报》和休斯敦KTRH电台记者；1960－1961年在CBS下属的KHON－TV电视台担任记者；1961－1981年担任CBS驻达拉斯、新奥尔良、华盛顿、伦敦、西贡记者，以及驻白宫首席记者。
5. 主持生涯：1981年3月6日，接替克朗凯特任CBS《晚间新闻》主持人，之前曾任著名的《60分钟》节目主持人。
6. 特性描述：丹·拉瑟以现场即席报道著称。在长达30年广播电视记者生涯中，他做过多次高水平的现场报道，足迹遍布世界五大洲。他精心培育的形象—— 一种优秀的都市作风和简朴的乡村孩子气的结合物贯穿了他的整个主持生涯。

丹·拉瑟
Dan·Rather
（1931·10 — ）

芭芭拉·沃尔特斯
Barbara Walters
（1931·9 — ）

1．出生地：波士顿。
2．父母职业：父亲拥有一家拉丁区夜总会。
3．教育背景：萨拉·劳伦斯学院英国文学专业文学士。
4．职业生涯：沃尔特斯先是在全国广播公司的公关部工作了一段时间，既当秘书同时还为一些节目撰稿。60年代初，芭芭拉参加了有名的早间电视节目组“今日节目”做撰稿人。1953—1964年开始担任WPTY—TV电视台播音员、记者。
5．主持生涯：从1964—1976年开始任NBC电视网《今日》节目主持人，也是该节目第一位女性主持人；1976年春被ABC以百万美元的巨额合同挖走。1972年，美国总统尼克松对中国进行了具有历史意义的访问，在当时获得访问中国的美国记者当中，芭芭拉是惟一的一位女记者。1975年，她陪同福特总统再次访问了中国。
6．特性描述：相貌端庄、举止大方、思路敏捷、精力旺盛、提问时言词犀利、反应机敏、直指问题的核心。以采访一些公众关注的焦点人物而闻名。在实行明星制的美国电视界，芭芭拉·沃尔特斯的名望与一些大牌电影明星不相上下。一些公众人物在首次公开亮相时都一定要找芭芭拉·沃尔特斯采访。她也是美国第一个黄金时间电视新闻节目女主持人。《时代》周刊称她“以智慧战胜美女模特儿”。
7．其他：在她的主持生涯中，曾采访了自尼克松以来的每一位美国总统。她对莱温斯基的采访，创造了收视率的新高。1976年她获得全美播音奖。被《时代》周刊列入“一百名最有影响的人物”。身高5英尺5英寸，1990年入选名人堂。

奥普拉·温弗瑞
Oprah·Winfrey
（1954·1 — ）

1．出生地：美国密西西比州。
2．家庭情景：自小父母离异，与祖父母一起生活。6岁时，温弗瑞来到密尔沃基，与母亲一起生活。14岁之后，她与父亲生活在一起。
3．教育背景：1973年取得田纳西州大学学士学位。
4．职业生涯：1979年，温弗瑞开始担任纳什威尔WTVF—TV的播音员。1976年至1983年的7年间，温弗瑞一直在巴尔地摩生活，在这个时期，她为ABC附WJZ—TV工作，担任新闻播音。
5．主持生涯：在WJZ—TV工作期间，温弗瑞开始担任一个脱口秀节目《People Are Talking》的主持人。1984年，离开纳什威尔的温弗瑞来到了芝加哥，主持《芝加哥早晨（A.M. Chicago）》的早间秀，取得极大了的成功，因此在次年，节目时间被扩充到一个小时，并且改名为《温弗瑞脱口秀（Oprah·Winfrey Show）》。它成为了温弗瑞的标志节目，也足以被称为电视史上最成功的节目之一。1986年，温弗瑞成立了自己的制作公司Harpo，Inc。
6．特性描述：善于与人沟通，极富亲和力，真诚热情，特别能够营造现场氛围。温弗瑞在她的节目中采访过众多名人和政要，最著名的当数美国前总统比尔·克林顿。另外，温弗瑞还是一名多才多艺的艺人——除了在脱口秀节目上取得众多成功以外，也参与了多部动画片和电影的演出。
7．其他：因为在职业生涯中有非常突出的表现，温弗瑞获得了很多奖项。1993年，她获得了Horatio Alger奖；1994年，她被选入了名人堂。1995年，《温弗瑞秀》在艾美奖的颁奖中获得了最佳脱口秀奖，温弗瑞本人也得到了最佳主持人奖。

布莱恩·威廉斯
Brian · Williams
（1959 — ）

1. 出生地：新泽西州德尔斯敦。
2. 教育背景：辗转12所大学，但是一直没有修完学位。
3. 职业生涯：威廉斯曾经在白宫当过一段时间的见习文员。之后，他在全国广播协会当办事员。后被推荐给堪萨斯州匹兹堡市KOAM电视台，在实习期内，他接触了大量的新闻报道形式。辞职后，威廉斯在华盛顿WTTG—TV电视台找到了一份打字幕的兼职工作。随后，他在CBS纽约附属电视台WCBS担任主持人和记者。1993年，开始在NBC任职。
4. 主持生涯：现任微软全国广播公司（MSNBC）新闻台《和布莱恩·威廉斯看新闻》节目主持人。这也是美国众多有线电视网上第一个以主持人名字命名的新闻节目。2002年起NBC邀请他代替汤姆·布罗考担任《午夜新闻》的主持人。
5. 特性描述：威廉斯为人个性鲜明，聪明诙谐，天赋极高。进取心强，非常敬业，几乎把所有的时间都献给了电视。他很善于利用各种手段加强深度报道，把握分寸的能力极为成熟。
6. 其他：1987年，威廉斯以其在股市风波中的报道获得了第一个电视艾美奖。1989年有关柏林墙倒塌的报道使他获得了个人的第二个艾美奖。迄今，他已经三次问鼎美国电视新闻业的最高荣誉——电视艾美奖。

迈克·华莱士
Mike · Wallace
（1918·5 — ）

1. 出生地：马萨诸塞州布鲁克林。
2. 父母职业：新闻工作者。
3. 教育背景：就读于密执安州大学。
4. 职业生涯：早年在密执安州大学广播中心工作，后到底特律广播电台任职。1956年起，开始在纽约WABD电视台工作。1968年起开始担任《60分》节目的记者和主持人。
5. 主持生涯：1956年于WABD电视台工作时，担任《夜间快讯》的主持人。在这个时期，他以顽强的职业作风和机智尖刻的采访风格引起了电视新闻界的注意。1968年，在华莱士50岁时，他加入CBS，成为《60分》节目的创始人，并且担任这个节目的记者和主持人。
6. 特性描述：敏锐理性，语言犀利简洁，风格硬朗严谨。迈克·华莱士开创了美国电视硬性采访派的采访风格。他习惯在采访前进行非常细致的调查研究工作，准备大量问题。在采访中，他则保持着十足的韧性，善于把话题引向纵深，取得最佳采访效果。
7. 其他：1986年，华莱士在北京中南海采访邓小平，成为第一个电视采访邓小平的西方记者。2000年他来到中国再度采访中国最高层领导——时任总书记江泽民。华莱士作为《60分》的元老，自开办以来从未离开。他以自己的敏锐和严谨，将《60分》推上了美国电视节目的王座。如今，他被誉为美国一流新闻记者，成为美国年轻从业者的楷模。